디자인 사고 기반의
앱인벤터

김진묵 문정경 저

YD 연두에디션
Edition

저자 약력

김진묵 교수

광운대학교 컴퓨터과학과 공학박사
선문대학교 IT교육학부 부교수

문정경 교수

공주대학교 컴퓨터공학부 공학박사
호서대학교 혁신융합학부 조교수

디자인 사고 기반의
앱인벤터

발행일 2021년 2월 25일 초판 1쇄

지은이 김진묵 · 문정경

펴낸이 심규남

기 획 염의섭 · 이정선

표 지 이경은 | **본 문** 이경은

펴낸곳 연두에디션

주 소 경기도 고양시 일산동구 동국로 32 동국대학교 산학협력관 608호

등 록 2015년 12월 15일 (제2015-000242호)

전 화 031-932-9896

팩 스 070-8220-5528

ISBN 979-11-88831-71-5

정 가 24,000원

P·R·E·F·A·C·E

최근 4차 산업혁명 관련 기술(인공지능, 사물인터넷, 빅데이터, 센서 네트워크 등)을 기반으로 한 혁신과 성장, 가치 창출의 중심에 소프트웨어가 중심이 되는 사회로 변화하고 있다. 이런 시대에 살고 있는 대학생들은 단순한 지식을 습득하는 것 뿐만 아니라, 현실 생활에서 발견하게 되는 불편한 문제들을 공감하고, 이를 해결하기 위해서 창의적인 아이디어를 제안하며, 제안한 아이디어를 실제로 체험해 볼 수 있는 프로토타입을 제작하고, 이를 바탕으로 컴퓨터나 스마트 장치를 활용하여 앱으로 구현할 수 있는 능력을 갖추어야만 한다.

그러므로 집필진은 소프트웨어 코딩 교육에 대한 필요성을 깊이 인식하고 학생들이 디자인 사고의 기초적인 개념을 이해할 수 있도록 할 뿐만 아니라, 스스로 디자인 사고 기반의 문제 해결을 위한 코딩을 수행할 수 있도록 흥미를 유발하고 문제해결 역량을 강화할 수 있도록 본 교재를 출판하고자 한다.

이 책을 사용하는 독자들은 실생활에서 발견한 불편한 점을 해결하고자 스스로 시도할 수 있는 기본 방법론을 이해하고, 단계적으로 제시된 사례를 통해서 발견한 문제를 해결할 수 있는 방법을 쉽게 시도해 볼 수 있다. 이 과정을 통해서 독자는 처음 접하는 스마트폰 앱을 작성하는 과정에서 느낄 수 있는 어려움을 해소할 수 있을 뿐만 아니라, 자신이 만들고 싶은 앱을 스스로 작성하고 수정해 보는 과정을 통해서 만족감을 체험할 수 있다. 그리고 문제해결을 위한 도구로 앱 인벤터를 좀 더 자주 사용할 수 있는 기회가 되길 바란다.

마지막으로 이 책을 집필하기까지 기획, 원고 작성, 프로그램 감수, 코딩 검토를 위해서 도움을 주신 모든 분들에게 감사의 마음을 전한다. 그리고 이 책이 출판되기까지 수정 및 감수, 편집을 도와주신 연두출판사 관계자들에게도 진심으로 감사합니다.

2020년 12월

저자 일동

강의계획서(2시수 기준)

15주 수업의 2시간 시수를 기준으로 모든 장을 학습하는 것을 목표로 한다.

학습자의 경우 각 장의 본문과 프로그램을 예습·복습을 하고, 수업 진행 도중 해당 내용과 프로그램을 반복하여 학습을 진행한다. 또한 본문의 프로그램을 실습한 후 정리하기 진행하고, 연습 문제에 대한 풀이를 권장한다.

교수자의 경우 1시간 중 15분 이내를 본문의 내용을 설명하고 실습을 진행한다. 그날 배우는 컴포넌트로 어떤 앱을 만들 수 있는지 생각할 수 있도록 하고 2교시에는 샘플을 선택하여 만들거나 팀별 원하는 앱을 만들 수 있도록 지도한다.

프로젝트는 학습자의 전공이나 관심 분야에 해당하는 분야의 문제를 하나 선정하게 한 후, 해당 문제에 대한 문제 해결 과정 및 프로그래밍, 결과 보고서 작성 등에 대한 프로젝트 진행을 권장한다.

주	해당 장	해당 내용	팀별회의
1	디자인사고 이해와 창의적 해결방법 실습	· 디자인사고와 창의적 소프트웨어 · 앱인벤터의 기초 이해와 컴포넌트 사용하기	
2	디자인사고 1단계(공감하기)	· 텍스트 음성 변환기 · 음성인식 텍스트 변환기 · 언어 번역기	팀별회의
3	디자인사고2단계(정의하기)	· 랜덤 메뉴 선택하기 · 안전지킴이 · 영어단어장과 안전지킴이	
4	디자인사고3단계(아이디어)	· 여행지 선택하기 · 그림 그리기와 공유하기	팀별회의
5	디자인사고4단계(프로토타입)	· 나 여기 있어 · 카메라와 갤러리 · 캠코더와 공유	
6	디자인사고5단계(테스트)	· 타이머 만들기 · 알람 만들기 · 게임타이머 만들기	팀별회의
7	변수와 리스트	· 사칙연산 계산기 · 학점 계산기 · 계산기 완성하기	
8	**중간고사**	· UI/UX 디자인 mp3 player 만들기	
9	게임 만들기	· 블랙홀 게임 · 두더지게임	팀별회의
10	데이터베이스	· tinyDB 친구관리 · firebaseDB 친구관리	
11	생활편의를 위한 앱	· 유통기한 확인 앱 · 미세먼지 수입 앱	팀별회의
12	건강을 위한 앱	· 약 먹을 시간 알림 앱 · BMI 계산기	
13	설문조사와 퀴즈 앱	· 성격테스트 앱 · 퀴즈 앱	팀별회의
14	프로젝트 발표	· 샘플) 배달 앱, 친구 사이 앱, 학교생활 앱	
15	**기말고사**	· 프로젝트 발표 및 평가	

강의계획서(3시수 기준)

15주 3시수로 구성된 강의에 대해서 모든 장을 학습하는 것을 목표로 한다.

학습자의 경우, 각 장의 본문과 프로그램을 예습, 복습을 하고, 수업 진행 도중 해당 내용과 프로그램을 반복하여 학습을 진행한다. 또한 본문의 프로그램을 실습한 후 정리하기와 연습문제 풀이를 권장한다.

교수자의 경우, 각 시간 단위로 1교시에는 15~20분 이내로 DT에 관한 이해하기를 수행한다. 그리고 30분 동안 각 강의시간에 해당하는 날짜에 사용할 컴포넌트와 어떤 앱을 만들 것인지에 대해서 설명하고 이해시킨다. 2교시와 3교시에는 각 주차마다 제시한 문제 사례를 해결하기 위한 팀별 활동을 수행하도록 하고, 이를 통해서 문제 해결을 위한 앱을 같이 작성할 수 있도록 지도한다.

1주차부터 7주차까지 1장부터 7장의 내용을 문제 사례를 중심으로 살펴본 후 8주차에 중간고사(필기와 실습문제)를 구성해 실시한다. 그리고 9주차부터 14주차에 걸쳐서 교재 8장부터 13장에 기술된 내용을 다룬다. 15주차에 기말고사를 실시하거나 팀별 프로젝트를 수행한 후 발표하는 것으로 대체할 수 있다. 이때 교재의 11장부터 13장에서 다룬 사례들을 참고하거나 실제 생활에서 수강 학생들이 문제점을 발견하고 문제 해결을 위한 팀별 활동을 수행하도록 3시간 중 1시간을 배정해서 수행할 수 있다.

주	해당 장	해당 내용	팀별회의
1	디자인사고 이해와 창의적 해결방법 실습	• 디자인사고와 창의적 소프트웨어 • 앱인벤터의 기초 이해와 컴포넌트 사용하기	
2	디자인사고 1단계(공감하기)	• 텍스트 음성 변환기 • 음성인식 텍스트 변환기 • 언어 번역기	팀별회의
3	디자인사고2단계(정의하기)	• 랜덤 메뉴 선택하기 • 안전지킴이 • 영어단어장과 안전지킴이	
4	디자인사고3단계(아이디어)	• 여행지 선택하기 • 그림 그리기와 공유하기	팀별회의
5	디자인사고4단계(프로토타입)	• 나 여기 있어 • 카메라와 갤러리 • 캠코더와 공유	
6	디자인사고5단계(테스트)	• 타이머 만들기 • 알람 만들기 • 게임타이머 만들기	팀별회의
7	변수와 리스트	• 사칙연산 계산기 • 학점 계산기 • 계산기 완성하기	
8	중간고사		
9	UI/UX디자인	• UI/UX디자인 • MP3 플레이어 만들기	팀별회의
10	게임만들기	• 블랙홀 게임 • 두더지게임	
11	데이터베이스	• tinyDB 친구관리 • firebaseDB 친구관리	팀별회의
12	생활편의를 위한 앱	• 유통기한 확인 앱 • 미세먼지 수입 앱	
13	건강을 위한 앱	• 약 먹을 시간 알림 앱 • BMI 계산기	팀별회의
14	설문조사와 퀴즈 앱	• 성격테스트 앱 • 퀴즈 앱	
15	기말고사 또는 팀 프로젝트 발표		

C·O·N·T·E·N·T·S

CHAPTER 1

디자인사고 이해와
창의적 해결방법 실습

1.1 디자인 사고와 창의적 소프트웨어

1.1.1 소프트웨어

컴퓨터는 크게 하드웨어와 소프트웨어로 나뉜다. 하드웨어 (Hardware, HW)는 컴퓨터 기계 자체의 집합체를 가르킨다. 소프트웨어(Software, SW)는 컴퓨터 프로그램 및 이와 관련된 문서들까지 포함된다. 즉, 하드웨어가 컴퓨터 시스템의 물리적인 기반을 제공하는데 반해 소프트웨어는 사람이 원하는대로 기계를 작동하게 만드는 명령어의 집합이라고 할 수 있다.

소프트웨어는 흔히 컴퓨터 프로그램과 같은 의미로 사용한다. 하지만 음악회나 각종 행사에서 사용되는 식순과 같은 작업의 순서를 나열한 것도 해당된다. 이와 같이 작업의 순서를 차례로 나열한 것을 프로그램(program) 이라고 한다. 예를 들어, 프로그래밍 언어인 C언어 코드와 졸업식에서 사용되는 식순도 프로그램이라 한다.

```c
#include <stdio.h>

int main()
{
    int fa, ce;
    printf("변환할 화씨를 입력 : ");
    scanf("%d", &fa);

    ce= (fa-32) * 5 / 9;

    printf("화씨 %d는 -> 섭씨 %d이다 \n", fa, ce);

    return 0;
}
```

식 순
1. 개 회 사
2. 국 민 의 례
3. 학 사 보 고
4. 졸 업 장 수 여
5. 상 장 수 여
6. 학교장 회고사
7. 내 빈 축 사
8. 학교를 떠나며
9. 졸업식 노래 및 교가제창
10. 폐 회 사

1.1.2 창의적 소프트웨어

'소프트웨어 중심사회'란 소프트웨어가 혁신과 성장, 가치창출의 중심이 되고 개인의 삶의 질을 향상시키며, 기업과 국가의 경쟁력을 좌우하는 사회를 말한다.

관련 동영상 : https://youtu.be/YN0ZIMCfII8

소프트웨어는 그 자체로 거대한 시장을 형성하고 있다. 과거에는 제조업이 시장의 중심이었다면, 현재는 세계 SW시장이 자동차, 반도체, 휴대

폰 시장과 그 규모가 비슷하다. 또한 기업의 시가총액도 SW 분야 1위인 애플이 5,896억달러인 반면 자동차분야 1위인 도요타가 1,884억달러로 압도하고 있다. 또한 새로운 일자리의 대부분이 SW관련분야에서 발생되고 있다. 미국의 대형서점인 '보더스'가 파산하여 2만여 직원이 실업자가 된 것이 가장 큰 예이다. 유엔 미래연구보고서는 4차 산업혁명으로 약 710만개의 일자리가 사라질 것이라고 밝혔다. 미국 보스턴 컨설팅 그룹(BCG)은 보고서를 통해 "2025년에는 로봇과 소프트웨어 등 인공지능이 전 세계 일자리의 25%를 대체할 것"이라고 전망했다. 즉, SW로 인해 전통적인 일자리가 없어지기도 하지만 SW는 좋은 일자리를 더 많이 창출하기도 한다. 또한 가트너가 제시한 10대 전략기술 트렌드를 보면 거의 모든 항목이 소프트웨어 기술로 채워져 있다. 이것은 미래의 산업에서 중심이 되는 기술이 SW 기술이 된다는 것이다.

2011년부터 2016년까지 가트너가 제시한 10대 전략 기술 트렌드

	2017	2018	2019	2020	2021
1	인공지능과 고급 머신러닝	인공지능 강화시스템	증강분석	초자동화	행동 인터넷
2	지능형 앱	지능형 앱 분석	인공지능 주도 개발	다중경험	전체경험전략
3	지능형 사물	지능형 사물	자율주행 사물	기술의대중화	개인정보보호가 강화된 컴퓨팅
4	가상현실 증강현실	디지털 트윈	디지털 트윈	인간증강	분산형 클라우드
5	디지털 트윈	클라우드에서 엣지로	강화된 엣지컴퓨팅	투명성과 추적가능성	어디서나 운영가능
6	블록체인	대화형 플랫폼	몰입하는 경험	강화된 엣지컴퓨팅	사이버보안 메시
7	대화형 시스템	몰입 경험	블록체인	분산형 클라우드	지능형으로 구성한 비즈니스
8	매시 앱 및 서비스 아키텍처	블록체인	스마트공간	자율주행 사물	AI엔지니어링
9	디지털 기술 플랫폼	이벤트기반 모델	디지털윤리와 개인정보보호	실용적인 블록체인	초자동화
10	능동형 보안 아키텍처	지속적이며 적응할 수 있는 리스크 및 신뢰평가 접근법	양자컴퓨팅	AI보안	조합적혁신

그러나 우리나라의 SW 생태계는 악순환의 고리에 빠져 있는 상태이다. SW의 가치 인식 부족으로 불법 복제가 만연해있고, 응용 SW를 무상 배포하는 일이 많다. 또한 아이디어를 무단으로 모방하는 일이 많다. 이로 인해 기업의 경쟁력이 약해져 있다. 세계 100대 패키지 SW 기업 중에서 국내기업이 없다는 것이 이를 증명하고 있다. 그로인해 선진국에 비해 개발 역량이 낮다. 이는 낮은 임금과 과도한 근무시간의 열악한 처우로 이어진다. 따라서, 우수 인력 기피 현상이 일어나면서 SW관련학과 졸업생이 점차 감소하고 있다.

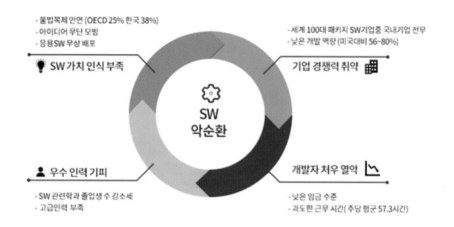

따라서 소프트웨어 중심사회는 아이디어와 상상력을 소프트웨어를 통해 실현하고 문제를 해결하는 사회를 뜻하며, 소프트웨어를 매개로 하여 창의성을 바탕으로 한 문화가 일상화되는 사회를 말한다. 즉, 디지털 창조 경제시대를 살아야 하는 학생들에게 꼭 필요한 창의적 사고력, 문제해결력 및 소통능력을 키워주는 것이 창의적 소프트웨어 교육이라 할 수 있다.

창의적 소프트웨어 디자인은 소프트웨어를 이용하여 창의적인 문제해결 능력을 향상시키기 위해 창의적인 문제해결 방법론인 디자인사고(Design Thinking)을 융합한 개념이다. 즉, 일상생활에서 당면한 문제를 창의적으로 해결하기 위해 관찰과 공감을 통해 현재 상태의 문제를 정하고, 더 나은 상태로 변화시키기 위한 혁신적인 과정을 IT와 디자인의 적극적인 융합으로 해결할 수 있다.

개인이나 기업, 국가에서는 각 분야별 산업 및 사회 전반에 혁신적인 마인드를 고취시키고, 디자인 사고 기반의 소프트웨어 개발을 통해 논리적 사고력과 창의적 사고력, 문제 분석 능력을 강화하기 위한 것이다.

1.1.3   디자인 사고란?

디자인 사고는 사람과 사물에 대한 공감적 관찰을 통해 문제를 재해석하고, 시각적 아이디어 도출을 통해 직접적인 고객(사용자)을 포함한 이해 관계자를 이끌어내, 빠른 시일 내에 가시적인 프로토타입을 공동 제작하는 액션전략이다.

Research User Needs (공감)   Visualize Solutions (아이디어)   Prototype and Improve (테스트)

디자인 사고는 일련의 마음가짐(mind-set)이다. 즉, 디자인 사고는 우리가 변화를 만들어 낼 수 있다고 믿는 것이고, 세상에 긍정적인 영향을 주는 새로운 솔루션을 도출하기 위한 체계적인 문제해결과정이다. 요소로는 게임하듯 즐기기, 비판 금지, 초기에 자주 실패하기, 말하지 않고 보여주기, 과정 중시, 열린 마음, 사용자에 대한 공감, 놀이처럼 즐겁게, 축하하기, 각자의 의견 존중 등과 같은 것들을 포함하고 있다.

나아가 디자인 사고를 마인트 시프트(mind-shift)라고도 한다. 즉, 전문가 중심의 사고에서 사용자 중심 사고로 이동하여 실시하는 공감 및 문제 발견, 실수를 용인하는 것으로 기존 마인드가 새로운 마인드로 이동하는 마인드 시프트이기도 하다.

① 디자인 사고는 인간 중심적이다.

디자인 사고는 사람들의 니즈(필요사항) 및 동기부여를 이해하고 공감하는 것에서부터 시작된다. 여기서 사람들이라는 것은 당신과 일상 생활을 함께하는 사람들이다. 디자인의 수혜자인 고객을 대상으로 관찰하고, 이들과 공감하면서 피드백을 받는 것이 고객이 가진 진정한 문제를 찾아내고 해결하는 접근법이라 할 수 있다. 결국 우리가 디자인을 해주고 피드백을 받는 사람들과 공감하는 것이야말로 고객을 위해 좋은 디자인을 하기 위한 기본이다.

② 디자인 사고는 협동적인 과정이다.

디자인 사고는 여럿이 머리를 맞대면 혼자 하는 것보다 훨씬 문제해결 능력이 강해진다는 것을 기본으로 한다. 다양한 사람들의 관점은 디자인 사고를 풍부하게 하고, 다른 사람들의 창의적인 사고는 서로의 사고를 자극한다. 즉, 서로 다른 다양한 전공 분야를 배경으로 가진 사람들 또는 다른 관점을 가진 사람들과 협업하는 것이 필요하다. 이는 다양성으로부터 놀랄만한 통찰을 얻을 수 있고, 해법을 위한 돌파구를 찾을 수 있다.

③ 디자인 사고는 낙관주의에 기반한다.

디자인 사고는 기본적으로 참여하는 모두가 긍적적인 변화를 만들 수 있다고 믿는 데에서 시작한다. 문제가 크거나, 시간이 촉박하거나, 예산이 적어도 관계없이 긍정적인 생각을 지녀야 한다.

④ 디자인 사고는 '실험'을 중시한다.

디자인 사고는 항상 새로운 것에 대한 시도를 강조한다. 이 시도는 실험과 실수와 실패를 통해 배우고, 피드백을 얻는 과정을 반복 수행한다. 즉, 직접 무언가를 해보거나 만드는 등과 같이 실험을 실제로 해 보는 것으로 생각하고 학습하기 위함이다.

또한, 문제를 가진 고객이나 사용자가 실제로 경험하게 하고 대상을 구체적으로 볼수 있도록 한다. 이를 위해 우리는 문제를 그림으로 표현하거나 스토리텔링을 통해 들려주어 효과적으로 의사소통을 할 수 있다.

1.1.4 디자인 사고의 역사

1969년 미국의 학자인 허버트 사이먼(Herbert A. Simon)이 발행한 〈The Sciences of the Artificial〉에서 'Design as a "Way of thinking"'(디자인에 있어 생각하는 법)을 언급하였다. 이것을 시작하여 1973년에 로버트 맥 킴(Robert Mc Kim)의 〈경험에서의 시각적 사고〉에서 디자인사고와 연관된 내용을 찾을 수 있다. 그 이후 1987년에 피터 로우(Peter Rowe)가 〈Design Thinking〉이라는 책을 출간하였다. 이 책은 건축과와 도시계획자들이 사용한 접근법에 대한 내용이 담겨져 있었다. 이는 초기 디자인 연구에서 중요한 문헌이다. 1980년대부터 1990년대 사이에는 디자인 사고가 미국의 스탠퍼드 대학에서 "창의적 행동방법의 디자인 사고"라는 주제로 교육이 진행되었다. 1991년 IDEO의 설립자인 데이비드 켈리(David M.Kelly)에 의해서 비즈니스 목적으로 사용되었다. 이후 일반 디자인 회사였던 IDEO는 서비스 디자인 회사로 바뀌었다.

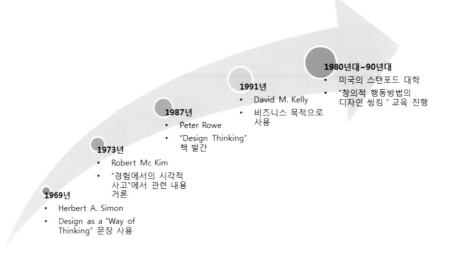

1969년
- Herbert A. Simon
- Design as a "Way of Thinking" 문장 사용

1973년
- Robert Mc Kim
- "경험에서의 시각적 사고"에서 관련 내용 거론

1987년
- Peter Rowe
- "Design Thinking" 책 발간

1991년
- David M. Kelly
- 비즈니스 목적으로 사용

1980년대~90년대
- 미국의 스탠포드 대학
- "창의적 행동방법의 디자인 씽킹 " 교육 진행

1.1.5　디자인 사고의 관점

디자인 사고는 고객의 문제를 혁신적으로 해결하기 위해 사용하는 방법이다. 문제를 해결하기 위해서 세 가지 특성을 가진다. 그것은 고객 문제에 해당하는 적합성, 기술과 자원에 대항하는 실현가능성, 경제성에 해당하는 지속성이다. 적합성은 "사람들이 진심으로 바라고 원하는 것이 무엇인가?"에 대한 특성이다. 즉, 고객 문제에 적합한 해결책을 찾는 것이다. 실현가능성은 "기술적, 조직적 측면에서 실현 가능한 것은 무엇인가?"에 대한 특성이다. 마지막으로 지속성은 "경제적, 재정적으로 지속 가능하게 하는 것은 무엇인가?"에 대한 특성이다. 이 세 가지 특성이 접목되는 시점이 혁신적인 문제를 해결할 수 있는 시점이 된다.

토론토대학 로트만 비즈니스 스쿨의 로져 마틴 (Roger Martin) 교수는 "디자인 사고는 분석적 사고의 숙련성과 직관적 사고의 창조성이 역동적 균형을 이루는 통합적 사고이다. 따라서 어

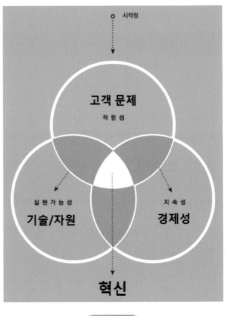

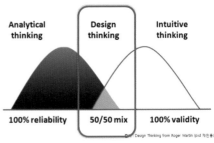

그림 Design Thinking from Roger Martin (pxd 재인용)

떻게 만드는가와 무엇을 왜 만들어야 하는가 사이의 균형을 찾는 과정이야말로 디자인사고
이다."라고 주장하였다. 분석적 사고는 과거 중심, 데이터 중심, 사례 중심으로 문제를 분석
한다. 이는 급변하는 미래를 대비하기에는 부족한 점이 있다. 또한 직관적 사고는 일어날 가
능성이 있는 미래에 관점을 두고 결정하는 사고방법이다.

1.1.6   디자인 사고 프로세스

[디자인사고의 프로세스]

(1) Harvard Business Review의 3단계 프로세스

2008년 Harvard Business Review에서 디자인 사고의 3단계 프로세스를 발표하였다. 이는
비즈니스 측면에서 의사결정을 할 때 적용되는 방법으로, 영감을 통해 사업상의 문제점을
파악하고 아이디어화를 통해 해결점을 찾는다. 이후 해결책을 실행하고 다시 영감을 얻는
과정을 반복한다. 프로세스에서 영감과 관련해서 성공을 기대하며 진행하는 것이 핵심이다.
아이디어화는 보통 브레인스토밍을 가장 많이 사용하며, 실행단계에서는 경험을 설계하는
입장에서 진행한다.

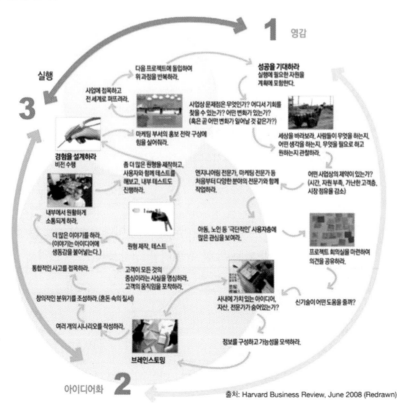

출처: Harvard Business Review, June 2008 (Redrawn)

(2) 스텐포드대 d.school의 모델

미국의 디자인 회사인 IDEO의 CEO인 팀 브라운이 디자인 사고 과정을 7단계로 나누었다. 각 단계는 정의, 조사, 아이디어 발상, 프로토타이핑, 선택, 실행, 학습으로 반복된다. 이것을 스탠포드 공대 디자인 스쿨의 버나드 로스 교수가 IDEO의 팀 브라운과 함께 개발한 모델은 5단계로 줄었다. 현재 스탠포드의 버나드 로스교수와 IDEO의 팀 브라운이 함께 개발한 이 모델이 가장 많이 사용되고 있다.

① 공감하기

이 단계는 디자인 사고에서 인간중심의 프로세스의 핵심이다. 고객의 문제를 이해하고 공감하는 단계이기 때문이다. 공감을 위해서는 실제로 고객들을 만나 공감대를 형성하고 실제 상황과 행동 등을 관찰한다. 이를 통해 고객들이 특정 방식으로 행동하는 이유, 신체적이나 정신적인 요구 등에 대해 고객의 입장에서 이해한다.

② 정의하기

공감 단계에서 얻은 내용을 통해 문제점을 정의하는 단계이다. 의미가 있고 실제적인 문제를 정의하는 것이 중요하다. 이는 수집한 정보를 연결하고 패턴을 발견하는 과정이다. 이를 통해 진정한 문제를 발견할 수 있으며, 이것이 디자인 사고의 핵심이 될 수 있다.

③ 아이디어 내기

정의된 문제를 해결하기 위한 아이디어를 만들어내는 단계이다. 아이디어 발상을 할 때 처음부터 해결하려 하는 것이 아니라 가능한 한 광범위한 생각을 하도록 노력해야 한다. 이렇게 다양한 아이디어가 나왔다면, 이를 정리하는 과정이 필요하다.

④ 프로토타입 만들기

도출된 아이디어를 실제와 비슷하게 프로토타입을 만드는 단계이다. 이는 시제품이 될 수 있고, 스토리 또는 그림 등으로 만들어질 수 있다. 만들어진 프로토타입으로 고객에게서 피드백을 얻을 수 있다. 피드백 과정에서 다시 수정될 수 있다.

⑤ 테스트하기

프로토타입이 완성되었다면, 이것을 실제로 제품이나 서비스로 생성하여 고객에게 피드백을 받아 개선해가는 단계이다. 고객이 실제 생활에서 사용해보는 것이 가장 좋지만, 그렇지 못하다면 비슷한 상황을 만들어서 테스트할 수 있다.

1.1.7 디자인 사고의 적용사례

[디자인사고의 실패사례와 성공사례]

(1) 플레이 펌프

아프리카의 물 부족문제를 해결하기 위해 아이들의 놀이터와 물을 끌어 올리는 펌프를 연결시켜, 아이들이 놀이 기구를 타면 물을 끌어올리는 방법으로 해결책을 찾았다. 이 플레이펌프는 미국의 재정지원으로 아프리카에 1800여 개가 설치되었다. 하지만, 플레이펌프는 효과를 거두지 못했다.

실패의 원인으로는 어린이 한 명이 하루 종일 2리터 이하로 물을 끌어들이는 수준으로 물을 끌어 올리는 효율이 좋지 않았다. 또한 사후 관리가 되지 않았다. 플레이펌프가 고장이 나도 설치한 단체에서 수리를 해주지 않았기 때문에 펌프를 이용하지 못했다. 또한 아프리카는 더워서 아이들이 힘을 써가면서 활발히 놀지 않아 펌프의 효율이 좋지 못했다.

(2) 미얀마 농부 문제 해결

스탠포드 공대 학생들이 미얀마 농부들의 물 공급 문제를 돕기 위해 현지를 방문했을 때 디자인 사고를 통해 농부들의 문제점을 해결한 사례이다. 실제로 학생들이 방문하여 함께 생활하면서 문제에 대해 깊게 공감하였다. 그래서 진짜 문제는 물 문제가 아니라 조명이라는 것을 알게 되었다. 미얀마 농부들은 촛불이나 모닥불로 의지해 생활하고 있었다. 그래서 전기가 공급되지 않는 농촌에 사용가능한 조명을 설치하는 방법을 고민한 끝에 태양열을 이용한 저전력 LED 조명을 설치한 사례이다.

(3) 엠브라스 이노베이션

스탠포드대학 소셜벤처팀은 개발도상국에서 매년 400만 여명의 조숙아가 인큐베이터 등의 시설 부족으로 한달을 넘기지 못하고 사망하는 문제를 해결하고자 하였다. 연구자들은 2년여간 인도 전역을 돌아다니며 산모, 조산원, 간호사, 의사, 상인들과 대화를 나누며 진짜 문제를 도출하였다. 인도 및 네팔의 오지에는 교통 및 전기 공급에 큰 문제가 있었다. 이들은 이러한 사실을 고려해서 인큐베이터를 설치하는 것에서 해결방향을 바꾸었다. 따라서 인큐베이터 보다 저비용으로 문제를 해결할 수 있는 엠브라스를 디자인하여 많은 아기들을 구할 수 있었다.

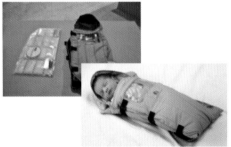

1.2 팀구성 및 회의 진행하기

팀 회의 1. 틀을 벗어나 생각하기

창의력을 발휘하기 위해 기존 생각의 틀을 벗어나야 한다. 문제를 해결하기 위해 그 문제에 집중하여 고민하는 것도 중요하지만, 관점을 달리하거나 더 크거나 작게 본다거나 틀을 벗어나 시도해 보면 의외로 문제가 쉽게 풀릴 수 있다. 다음은 이러한 자세를 연습하기 위한 간단한 활동이다.

- 소요시간 : 한 과제마다 8분 내외
- 준비물 : 종이, 펜 혹은 연필, 이쑤시개나 성냥개비
- 추천 활용처 : 효과적인 아이디어 발상을 위한 워밍업 방법으로 그룹 모임이나 워크샵 과정의 초반에 참여자들의 흥미와 상호 친밀감을 향상하는데에도 활용할 수 있다.

- 과제1 : 성냥개비 6개를 이용하여 같은 크기의 정삼각형 4개를 만든다.

- 과제2 : 종이에서 한번도 펜을 떼지 않고 9개의 점 모두를 지나는 선을 그려본다.

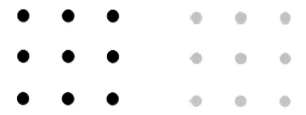

⏳TIP 각각 3가지 이상 답이 나온다.

팀 회의 2. 감정을 시각적으로 표현한 표정 발견

사람의 감정과 표정을 가장 간단하게 표현할 수 있는 방법을 찾아본다. 사람들마다 다르게
나타나는 표정 속에 드러나는 공통적인 감정과 느낌을 찾아보고 특징을 잡아 시각화해 본다.

- 소요시간 : 한 과제마다 8분 내외
- 준비물 : A4종이, 펜 혹은 연필, 다양한 사람들의 표정이 담긴 이미지
- 추천 활용처 : 감정을 시각적으로 표현하는 기초 조형 연습과 무형의 정보를 관찰하고 이를 시각화하는
  연습에 활용하면 좋다.

- 과제1 : 똑같은 모양과 크기의 동그라미 12개를 그린 후 가장 전형적이라고 생각되는 사
  람들의 감정표현 12가지를 담은 표정을 그려본다.

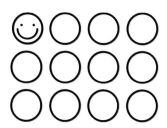

- 과제2 : 일상의 사물이나 장면에서 사람의 표정을 닮은 형상이나 굴곡을 찾아보자. 과제1
  에서 그린 전형적인 12가지 표정 중 한가지를 정한 후 주위에서 그 표정을 닮거나 연상시
  키는 각종 사물이나 장면의 사진을 찾아보고 사진을 찍어 한곳에 모아본다.

TIP 이 과정을 다양한 신체활동과 주제에 응용해 볼 수 있다. 예를들어, '한국인의 전형적인 헤어스타링 12가지', '기분을 나타내는 손짓 12가지' 등으로 응용이 가능하다.

1.3 앱인벤터 기초 이해와 이벤트 컴포넌트 사용하기

1.3.1 앱인벤터 소개하기

앱 인벤터는 미국의 MIT(메사츄세츠 주립) 대학의 미디어 랩 연구실에서 만들었다. 스마트폰
에서 사용하는 앱을 Java나 Object C와 같이 복잡한 프로그래밍 언어를 사용하지 않고 누구
나 쉽게 만들 수 있도록 해주는 도구이다. 복잡한 문법이 존재하지 않고 블록을 쌓는 방식으
로 그래픽적인 요소가 많이 가미된 도구이다. 실제로 스마트 폰에서 동작하는 앱을 개발하
기 위해서는 고급 프로그래밍 언어를 사용해야하는데 이것을 배우기에는 많은 노력과 시간
이 필요하다. 앱 인벤터는 프로그래밍 언어를 배우는 시간을 줄여주고, 논리적인 해결능력만
있으면 누구나 사용할 수 있다. 따라서 앱 인벤터를 이용하여 앱을 개발하는 과정에서 생기
는 문제를 해결하는 과정을 겪으면서 창의력과 문제해결력을 키울 수 있다.

앱 인벤터와 비슷한 도구로는 엔트리와 스크래치가 있다. 블록을 쌓아서 코딩을 하는 방식
은 비슷하지만, 스마트 폰의 센서와 기능을 활용하여 스마트 폰에서 직접 실행할 수 있는 장
점이 있다. 예를 들어, GPS를 활용하여 현재 위치를 알려주는 앱을 만들거나, SMS 문자 메
시지를 보내는 등의 앱을 만들 수 있다.

1.3.2 개발환경 설명

앱 인벤터의 초기버전(ver 1.0)에서는 인터넷 익스플로러에서도 사용이 가능했다. 대신 자바
가 반드시 설치되어 있어야 정상적으로 실행되었다. 2.0으로 업그레이드 되면서 인터넷 익스
플로러는 지원하지 않는다. 크롬에서 가장 안정적이며 Microsoft Edge와 Firefox 브라우저
에서도 실행가능하다.

앱 인벤터를 실행하기 위해서는 다음의 내용을 필수로 준비되어야 한다.

- 구글 크롬 브라우저
- 구글(http://www.google.com) 계정
- 실행을 위한 안드로이드 폰 또는 앱 인벤터 애뮬레이터(2020년 12월 현재 아이폰은 지원 안됨)

(1) 구글 크롬 브라우저 설치

구글 크롬 브라우저를 설치하기 위해서는 internet explorer나 Microsoft Edge 브라우저를 실행한 후 http://www.google.com/chrome 에 접속한다. 사이트에 접속하면 크롬 브라우저를 설치할 수 있는 [chrome 다운로드]라는 버튼을 찾을 수 있다. 이 버튼을 클릭하면 아래 그림과 같이 설치프로그램이 다운로드 된다. 하단 팝업창의 [실행] 버튼을 클릭하면 자동으로 설치된다.

설치 후 크롬이 디바이스를 변경할 수 있도록 허용할 것인지 묻는 창이 뜨면 [예]를 클릭한다. 이제 바탕화면에 크롬 바로가기 아이콘이 생성되며 크롬 브라우저가 실행된다.

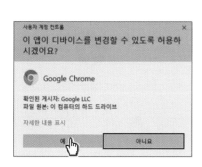

(2) 앱 인벤터 홈페이지 로그인

구글 크롬 브라우저가 준비되었다면, 앱 인벤터 홈페이지 http://appinventor.mit.edu에 접속하여 좌측 상단의 Create Apps! 를 클릭한다. 자신이 사용하는 구글 아이디와 비밀번호로 로그인할 수 있다.

(3) 구글 계정 만들기

만약 구글 계정이 없다면 계정을 만들어야 한다. 만약 안드로이드 폰을 사용하고 있다면, 이미 구글 계정을 가지고 있다. 먼저, 구글 계정 생성하는 방법은 아래 순서를 따른다.

성, 이름, 구글 아이디, 비번 입력

전화번호 인증

인증코드 입력

이메일과 생일 입력

진화 활용 동의

개인정보 보호와 이용약관

로그인 하기

서비스 약관

로그인 완료

튜토리얼 사용

튜토리얼은 미리 작성된 샘플 프로젝트 세 개를 미리 볼 수 있는 창이다. 이 창은 프로젝트를 작성하기 시작하면 이후에는 나타나지 않는다. [HELLO PURR] 프로젝트를 클릭하여 살펴본다.

■ 안드로이드 폰에서 구글 계정 확인하는 방법

안드로이드 폰에서 구글 계정을 확인하기 위해서는 아래 그림과 같이 안드로이드 메뉴 중 [설정]-사용자 아이콘-[계정 정보]에서 확인할 수 있다. 안드로이드 OS 버전마다 메뉴가 다를 수 있다.

계정 정보를 확인했으면 로그인 후 먼저 언어 선택부터 한다. [English]−[한국어]를 선택한다.

1.3.3 화면 설명

① [디자이너] 버튼을 클릭하면 화면디자인 창으로 이동한다.

② 팔레트(Palette) : ③ 뷰어에 배치할 수 있는 컴포넌트 목록을 보여준다. 컴포넌트는 앱을 제작하는 데 필요한 요소로, 여러 가지를 사용해서 앱을 만든다. 컴포넌트는 화면을 구성하는 가장 작은 요소라 볼 수 있다. 팔레트는 여러 구역으로 나뉜다. 그림에서는 "사용자 인터페이스" 팔레트를 보여주고 있다. 다른 구역을 보려면 아래의 "레이아웃"이나 "미디어" 등의 필요한 팔레트를 클릭한다. 각 팔레트에는 해당하는 컴포넌트들을 포함한다.

③ 뷰어(Viewer) : 이곳은 스마트 폰의 화면이라고 볼 수 있다. 이곳에 컴포넌트를 배치하여 앱의 화면을 설계한다. 뷰어는 앱 화면을 개략적으로 보여준다. 예를들어, 실제 앱에 표시된 문자열의 줄 바꿈 위치가 뷰어에서 본 것과 다르게 나타날 수 있다. 실제 화면을 보려면 폰이나 애뮬레이터에서 확인한다.

④ 컴포넌트(Components) : 프로젝트에서 현재 사용하고 있는 컴포넌트를 목록으로 보여준다. 그림에는 화면에 해당하는 "Screen1"이라는 컴포넌트만 있다. 새로운 컴포넌트를 ③ 뷰어에 끌어다 두면 "Screen1" 컴포넌트 밑에 새로운 컴포넌트가 추가된다.

⑤ 미디어(Media) : 프로젝트에 포함된 그림이나 소리와 같은 미디어 파일이 추가되면 파일명을 목록으로 보여준다. 앞의 그림에서는 아무것도 추가되지 않은 상태이다.

⑥ 속성(Properties) : 컴포넌트의 속성을 보여준다. ③ 뷰어 영역에서 컴포넌트를 선택하거나 ④ 컴포넌트 목록에서 하나의 컴포넌트를 선택하면, 선택한 컴포넌트의 속성이 표시된다. 속성은 필요에 따라 값을 변경할 수 있는 컴포넌트의 세부 내용이다. 예를 들어, "버튼" 컴포넌트를 클릭하면 배경색, 활성화, 글꼴 등 여러 속성이 나타난다.

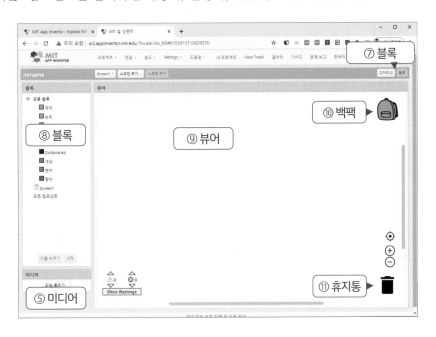

⑦ [블록] 버튼을 클릭하면 코딩 화면으로 이동한다.

⑤ 미디어는 디자이너 화면의 미디어와 같다. 디자이너 화면에서 미디어를 추가하면 블록 화면의 미디어에도 동일하게 추가된다.

⑧ 블록(Blocks) : 살펴보면 "공통 블록"과 "Screen1"이라는 항목이 있다. Screen1에는 디자이너 화면에서 가져다 놓은 컴포넌트들의 목록이 있다. 각 컴포넌트를 선택하면 여러 종류의 블록이 나타난다. 이 블록을 ⑨뷰어의 빈 공간에 끌어다 놓아서 앱이 동작을 제어할 수 있다. 즉, 블록을 이용하여 프로그래밍한다고 할 수 있다.

⑨ 뷰어(Viewer) : 디자이너 화면의 ③뷰어와 이름은 같지만 다른 영역이다. 블록 화면의 뷰어는 왼쪽의 블록들을 어떻게 쌓느냐에 따라 앱의 동작을 내 마음대로 제어한다.

⑩ 백팩 : 뷰어 내에 그림으로 존재한다. 블록을 끌어다 백팩에 넣으면, 같은 블록을 계속 꺼내서 사용할 수 있다. 다른 프로젝트로 복사해야 하는 경우에 사용할 수 있다.

⑪ 휴지통 : 뷰어 내에 그림으로 존재한다. 블록을 끌어다 휴지통에 넣으면 블록이 지워진다.

1.3.4 스마트 기기 연결하기

(1) 연결 : 작업하는 것을 실시간 확인하기 위한 연결
    ① 스마트기기와 PC가 같은 와이파이를 사용하는 경우
    ② USB 케이블로 연결하는 경우
    ③ 에뮬레이터로 연결하는 경우

(2) 빌드 : 스마트폰에 앱 설치
    ① .APK용 QR코드 제공하는 경우
    ② .APK 파일을 내 컴퓨터에 저장하는 경우

(1) 연결

앱인벤터 작업을 실시간 확인하면서 진행할 수 있다.

① AI 컴패니언 : 스마트기기와 PC가 같은 와이파이를 사용하는 경우. 앱 인벤터에서 제공하는 AI 컴패니언 어플을 다운받으면 QR코드를 읽어주거나 적혀있는 6개 코드를 입력하여 스마트 폰에서 연결할 수 있다. (안드로이드 폰 Play 스토어에서 MIT ai2 companion을 다운로드한다)

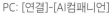

PC: [연결]-[AI컴패니언]   스마트폰_앱 실행

② USB : AI 컴패니언와 같은 방식으로 사용한다. 와이파이가 연결되어있지 않은 경우 USB 케이블로 스마트 기기와 컴퓨터를 연결하여 사용한다.

③ 에뮬레이터 : 에뮬레이터 프로그램을 통해 가상의 스마트 기기를 사용하여 PC에서 작성 중인 앱을 실행할 수 있다. 그러나 에뮬레이터는 아직 오류가 많고 속도가 느려서 스마트 기기로 연결하는 것을 추천한다.

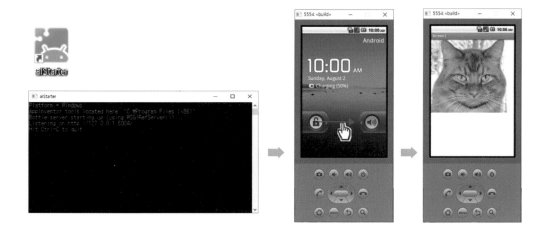

바탕화면의 aiStarter를 실행한다. 그리고나서 [연결]-[에뮬레이터]를 클릭한다. ⇒ aiStarter 설치 방법은 다음 페이지를 참고한다.

④ 다시 연결하기 : 스마트 폰이나 에뮬레이터와 연결을 끊었다가 다시 연결한다.

⑤ 강제 초기화 : 스마트 폰과 에뮬레이터와의 연결을 처음 상태로 되돌린다.

(2) 빌드

작성한 프로젝트를 스마트 기기에 설치한다.

① 앱(.APK용 QR코드 제공) : 앱 설치파일(.apk)파일용 QR코드를 만들어 화면에 보여준다. 사용자가 스마트 기기에서 QR코드를 읽으면 설치파일이 다운로드 된다.

- [빌드]−[앱(.APK용 QR코드 제공)] 이 QR코드는 2시간 동안만 유효하다.

- 스마트폰에서 MIT ai2 companion을 실행한 후 [scan QR code]를 터치한다.

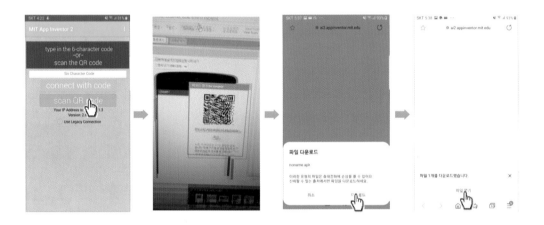

모니터의 QR코드를 스캔한 후 [다운로드]를 클릭한다. [파일열기]를 터치하여 프로젝트 설치를 시작한다.

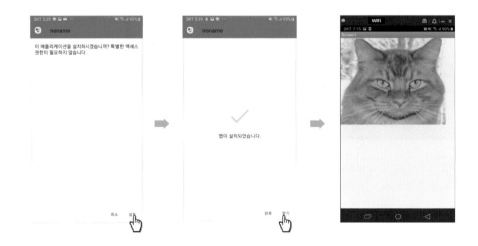

애플리케이션 설치 화면에서 [설치]를 클릭하고 [열기]를 클릭하여 프로젝트를 최종 실행 한다.

② 앱(APK를 내 컴퓨터에 저장하기)

앱 설치파일(.apk)파일을 생성하여 컴퓨터에 저장한다.

- [빌드]-[앱(.APK를 내 컴퓨터에 저장하기)]를 클릭하면 파일을 만든 후 내 컴퓨터의 다운로드 폴더에 저장된다.

- 이 파일을 스마트폰에 저장하여 직접 설치한다.

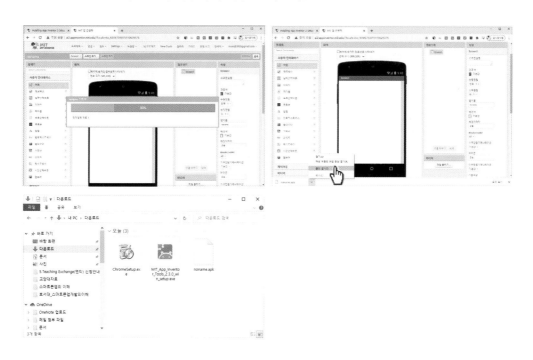

[앱인벤터 애뮬레이터 준비하기]

■ aiStarter 설치하기

① appinventer.mit.edu 사이트로 이동하기

② [Resources]-[Get Started] 메뉴 선택하기

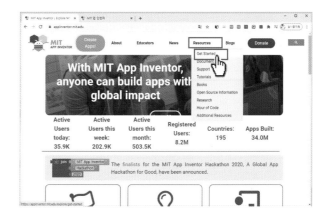

③ 1.Setup Instructions 선택하기

④ 세 번째 Instructions 클릭

⑤ Windows 선택하기(자신의 OS 선택)

⑥ Download the installer 클릭

⑦ 허용여부 −[예]

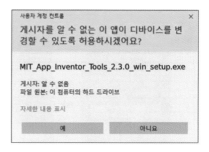

이제 설치가 완료되고 바탕화면에 아이콘이 생성된다. 더블클릭하여 플랫폼이 실행되어있어야 에뮬레이터를 사용할 수 있다.

[에뮬레이터 실행과 업그레이드]

[연결]−[애뮬레이터]를 클릭

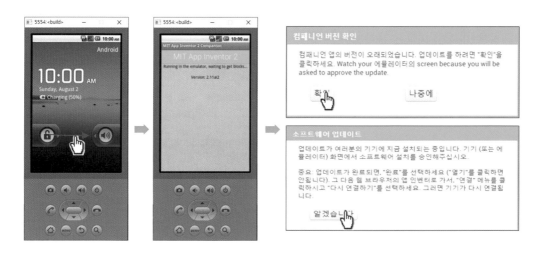

잠금장치를 풀어주고 기다리면 버전을 확인할 수 있다. Version 2.11로 여러분이 보는 화면과 다를 수 있다. 버전이 오래되면 새로 추가된 컴포넌트를 사용할 수 없으므로 업그레이드를 위해 [확인]을 클릭한다. 업그레이드 설치 승인 상자가 다시 나오면 [알겠습니다]를 클릭한다.

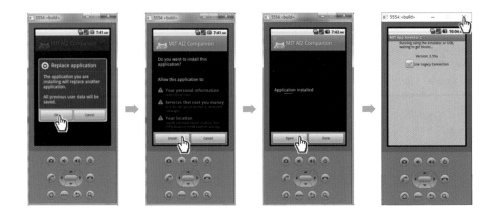

응용프로램 대체 안내 [OK] 클릭 – 응용프로그램을 설치할거면 [Install]을 클릭 – 애플리케이션이 인스톨되었다고 나오면 [Open]을 클릭한다. Version 2.51임을 확인한다. 이 버전은 시간이 지나면 변경된다. 창을 종료한 후 다시한번 [연결]-[에뮬레이터]를 클릭하여 실행 결과를 확인한다.

이 업그레이드 작업은 PC에 한 번만 진행하면 이후에는 나타나지 않는다.

1.4   샘플 작성하기

[배경색 바꾸기] 버튼을 클릭하면 스크린의 배경색이 노랑색으로 바뀌고, [배경색 원래대로] 버튼을 클릭하면 스크린의 배경색이 흰색으로 바뀌는 앱

1.4.1   결과보기

(1) 컴포넌트와 블록 설명

■ 컴포넌트

블록	설명
 버튼	이벤트를 지정할 수 있는 컴포넌트

■ 블록

블록	설명
언제 배경색바꾸기 .클릭했을때 실행	버튼을 클릭하면 내부의 블록이 실행되는 제어 블록
지정하기 Screen1 . 배경색 값	지정한 컴포넌트의 배경색을 지정할 수 있는 블록
	색상 값을 가지는 블록. 컴포넌트의 속성에 색상을 지정할 때 사용

1.4.2   디자이너

새로운 프로젝트를 작성하기 위해 [프로젝트]–[새프로젝트 시작하기]를 클릭한다. 프로젝트 이름은 "ColorChange"로 입력 후 [확인] 버튼을 클릭한다.

사용자 인터페이스 팔레트에서 버튼을 뷰어창에 2개 넣어준다.

컴포넌트 창에서 [버튼1]을 선택한 후 [이름바꾸기]를 클릭한 후 "배경색바꾸기"를 입력 후 [확인]버튼을 클릭한다.

속성 창에서 아래쪽에 [텍스트]도 동일하게 "배경색바꾸기"로 입력한다.

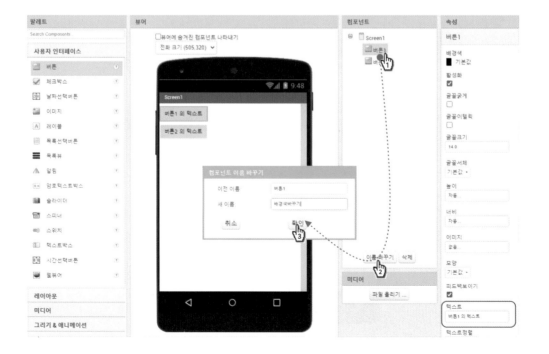

컴포넌트 창에서 [버튼2]도 선택하여 [이름바꾸기]를 클릭한 후 "배경색원래대로"를 입력 후 [확인]버튼을 클릭한다. 속성 창에서 [텍스트]도 동일하게 "배경색원래대로"를 입력한다.

버튼의 이름은 지정해 주지 않아도 컴포넌트가 생성되는 순서대로 "버튼1", "버튼2", "버튼3" 과 같이 "버튼" 뒤에 일련번호가 붙는다. 이름은 바꾸지 않아도 되지만 나중에 버튼이 많을 때는 블록에서 작업을 할 때 명확하지 않을 수 있기 때문에 이름을 지정해 주는 것이 좋다.

1.4.3 블록

[배경색바꾸기] 버튼을 클릭했을 때 Screen1의 배경색을 노랑색으로 지정하려고 한다. 그러기 위해서는 [배경색바꾸기] 버튼을 클릭하고 그 안에 있는 블록을 선택해야 한다.

그리고, Screen1의 배경색을 변경하기 위해서는 [Screen1]을 선택하고 그 안의 [지정하기 Screen1의 배경색] 블록을 가져와서 딸깍 소리가 나게 끼워준다. 이때 블록 앞에 x표시는 우측 홈에 값이 지정되지 않았기 때문에 나타나는 표시이다. 옆에 적당한 블록을 끼워주면 x 표시는 사라진다.

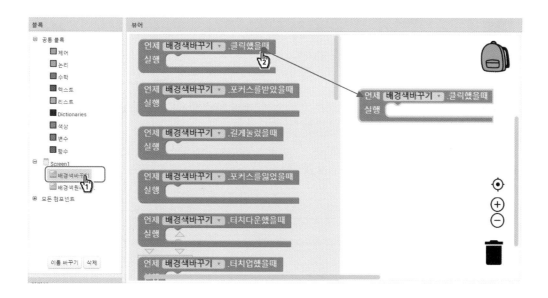

① 블록에 쓰여진 '배경색바꾸기' 이름은 왼쪽의 [배경색바꾸기] 컴포넌트를 말한다. 이 [배경바꾸기를 클릭했을 때] 블록을 끌어 뷰어창에 배치한다.

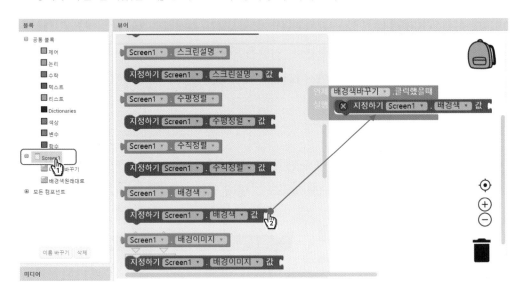

② [Screen1] 컴포넌트에 무언가 작업하기 위해서는 블록창에서 [Screen1]을 선택한 후 그 내부의 블록중에서 원하는 기능을 가진 블록을 선택한다. Screen1의 배경색을 지정하기 위해서는 [Screen1.배경색 값] 블록을 가져다 위 블록에 넣는다.

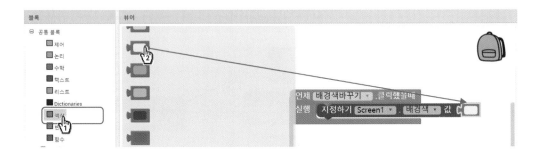

③ 원하는 색은 [공통블록]의 [색상]에서 선택할 수 있다.
  완성된 블록은 다음과 같다.

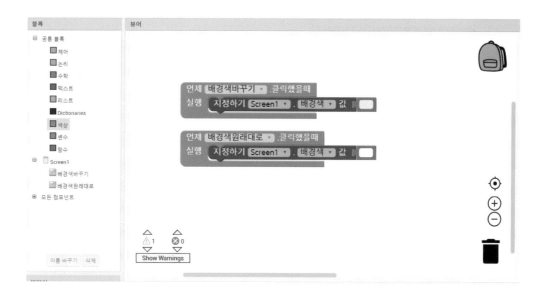

이제 작성한 프로젝트를 스마트폰에 설치한다.

④ [빌드]–[앱(.APK용 QR코드 제공)]

⑤ 스마트폰에서 MIT ai2 companion을 실행한 후 [scan QR code]를 터치한다.

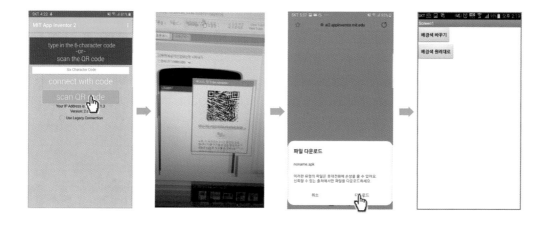

모니터의 QR코드를 스캔한 후 [다운로드]를 클릭한다. [파일열기], [설치], [열기]를 터치하여 프로젝트를 설치하고 실행한다.

정·리·하·기

1. 컴퓨터는 크게 외형적인 구성요소인 하드웨어와 하드웨어를 움직이게 하는 프로그램인 소프트웨어로 구성된다.

2. 소프트웨어 중심사회란 소프트웨어가 혁신과 성장, 가치창출의 중심이 되고, 개인의 삶의 질을 향상시키며, 기업과 국가의 경쟁력을 좌우하는 사회를 말한다.

3. 창의적 소프트웨어 교육을 위해서는 논리적 사고력, 창의적 사고력, 문제 분석 능력 3가지 구성요소를 가져야 한다.

4. 창의적 소프트웨어 디자인 방법이란, 기존의 소프트웨어를 효과적으로 개발하기 위한 다양한 방법들 중에서 창의적 문제 해결 방법인 디자인 사고법(Design Thinking)을 소프트웨어 개발 방법론으로 접목해 보고자 함이다.

5. 디자인 사고법의 특징은 인간 중심적, 협동적 과정, 낙관주의적 접근, 실험적인 시도를 중시한다는 것이다.

6. 디자인 사고법은 1969년 허버트 A. 사이먼이 "Design as a "way of thinking" 이라는 말로부터 시작되어,1990년대 미국 스탠포드 대학에서 제시한 "창의적 행동방법의 디자인 사고"라는 개념으로 발전하였다.

7. 디자인 사고법은 고객의 문제를 혁신적으로 해결하기 위해서, 적합성, 실현가능성, 지속성이라는 3가지 시점으로 구별해서 접근한다.

8. 디자인 사고법의 프로세스는 크게 하버드 비즈니스 리뷰에서 제안한 3단계 프로세스와 스탠포드의 5단계 모델이 대표적이다.

9. 앱 인벤터는 MIT 미디어랩이 개발한 소프트웨어 개발 도구이다. 본 교재에서는 앱 인벤터 2.0버전을 기준으로 여러 가지 예제 프로그램을 개발하였다.

10. 앱 인벤터는 직접 스마트폰이나 태블릿에 작성한 프로그램을 다운로드 해서 설치하거나 PC에서 시뮬레이터를 사용해서 실행하고 테스트할 수 있다.

1. 소프트웨어 중심사회에서는 하드웨어보다 소프트웨어의 중요성이 커지고 있다. 다음 중 소프트웨어에 대한 설명으로 올바르지 않은 것은 무엇인가?

   ① 소프트웨어는 컴퓨터 프로그램 및 이와 관련된 데이터를 포함한다.
   ② 소프트웨어는 사람이 원하는대로 기계를 작동하게 만드는 명령어 집합이다.
   ③ 소프트웨어는 흔히 컴퓨터 프로그램과는 다른 의미이다.
   ④ 소프트웨어는 C언어나 자바와 같은 프로그램 언어로 작성된 프로그램이다.

2. 창의적인 소프트웨어 교육에 대한 설명이다. 다음 중 올바르지 않은 것은?

   ① 창의적 소프트웨어 교육을 위해서 문제 분석 능력이 필요하다.
   ② 창의적 소프트웨어 교육을 위해서 직관적 실천 능력이 필요하다.
   ③ 창의적 소프트웨어 교육을 위해서 논리적 사고 능력이 필요하다.
   ④ 창의적 소프트웨어 교육을 위해서 창의적 사고력이 필요하다.

3. 다음은 디자인 사고에 대한 설명이다. 괄호( )에 알맞은 용어를 적어라.

   > 디자인 사고법이란 사람과 사물에 대한 (　　　　)을 통해 문제를 재-해석하고, 시각적 아이디어 도출을 통해서 직접적인 사용자와 이해 관계자 사이의 요구를 이끌어내고, 빠른 시일내에 가시적인 (　　　　)을 공동 제작하고자 하는 액션 전략이다.

4. 다음은 디자인 사고법에 대한 설명이다. 올바르지 않은 것은?

   ① 디자인 사고는 인간 중심적이다.
   ② 디자인 사고는 독단적 사고 과정이다.
   ③ 디자인 사고는 낙관주의에 기반한다.
   ④ 디자인 사고는 '실험'을 중시한다.

5. 다음은 디자인 사고법의 역사에 대한 설명이다. 올바르지 않은 것은?

   ① 디자인 사고는 peter Rowe가 1969년 처음 발표하였다.
   ② 1973년 Robert Mc Kim이 경험에서의 시각적 사고에서 연관된 내용을 거론하였다.
   ③ 스탠포드 대학에서 "창의적 행동방법의 디자인 사고"라는 주제로 교육을 진행하였다.
   ④ 1991년 David M. Kelly가 비즈니스 목적으로 디자인 사고법을 사용하였다.

6. 디자인 사고법은 분석적 사고법의 숙련성과 (   )의 창조성이 역동적 균형을 이루는 통합적
인 사고 방법이다.

7. 하버드 대학의 비즈니스 리뷰에서 제안한 디자인 사고는 3단계 프로세스로 구성된다. 각각의
과정에서 수행해야 하는 일을 기술하시오.

(1) 영감 :
(2) 아이디어화 :
(3) 실행 :

8. IDEO의 팀 브라운은 디자인 사고 과정을 7단계로 구성하엿다. 각각의 단계를 적으시오.

9. 스탠포드 디자인 스쿨의 버나드 로스 교수는 기존의 팀 브라운이 제안한 7단계 사고 과정을 5
단계 모델로 재-구성했다. 이에 대해서 순서대로 적고 각각의 과정에서 수행하는 내용을 간단
히 적으시오.

10. 미국 MIT 대학의 미디어 랩에서는 블록 코딩 방법을 사용해서 스마트폰이나 태블릿에서 사용
할 수 있는 앱을 개발할 수 있는 도구를 개발하였다. 이것은 무엇인가?

CHAPTER 2

디자인사고(1)

디자인 사고를 통해 문제 해결을 할 때, 고객이나 상대방의 요구사항을 파악하는 것이 가장 중요하다. 니즈(Needs)라는 것은 사람들이 가진 욕구라 할 수 있다.

욕구가 만족되지 않은 상태가 지속되는 것을 '문제'라고 한다. 왜냐하면 문제가 지속되면 불편함과 스트레스를 받기 때문이다. 예를 들어, 안전하게 차를 운전하고 싶은데 도로가 정비되지 않아서 위험하면 문제이다. 이 경우에는 도로를 잘 정비하는 것이 '문제 해결'이라 할 수 있다.

니즈는 명시적 니즈와 잠재적 니즈로 나눌 수 있다. 명시적 니즈는 밖으로 드러나 보이는 것이다. 사람들이 지각하는 니즈로 "무엇이 필요합니까?"라고 질문하면, 대답할 수 있는 경우의 항목들이다. 이와 반대로 잠재적 니즈는 밖으로 표출되지 않은 것이다. 즉, 말로 표현하기 어려운 욕구이다. 또는 스스로도 잘 알지 못하기 때문에 물음에 대한 대답을 잘 하지 못하는 경우이다. 이러한 잠재적 니즈를 파악하기 위해 디자인 사고에서는 '**공감하기**'라는 단계가 있다. 공감은 **관찰, 인터뷰, 체험하기** 등의 방법을 사용한다.

니즈의 두 종류를 빙산으로 비유하기도 한다. 즉, 명시적 니즈는 밖으로 드러나 있는 소수의 빙산이다. 물밑의 큰 빙산은 잠재적 니즈를 뜻한다. 그만큼 문제점의 근본적인 해결을 위해서는 잠재적 니즈를 파악하는 것이 중요하다. 잠재적 니즈는 말로 표현하지 못하거나, 적절한 어휘나 단어를 찾지 못한 경우, 관습이나 습관, 체면 때문에 표출하기 어려운 욕구 등도 해당된다. 그렇기 때문에 디자인 사고에서는 이 잠재적 니즈를 해결하는 것에 많은 신경을 써야한다.

잠재적 니즈의 형태

2.1 공감하기(1단계)

2.1.1 공감이란 무엇인가?

공감은 디자인 사고에서 문제의 해결을 위한 기초 단계이며, 가장 중요한 단계이다. 일반적으로 문제는 사람의 욕구가 충족되지 않아 생긴 것이다. 앞에서 언급한 것과 마찬가지로 욕구는 눈에 보이는 부분이 있고, 밖으로 표출되지 않은 부분이 있다. 문제의 근본 원인을 찾고자 디자인 사고를 사용하는 것이다. 즉, 밖으로 표출되지 않은 진짜 문제를 찾아내기 위해서는 사람에 대한 깊은 이해가 필요하다.

공감을 위해서는 다음과 같은 의문을 가지고 진행해야 한다.

① 왜 그런 행동을 하는가?
② 신체적 및 정서적으로 필요로 하는 것은 무엇인가?
③ 필요한 것은 어느 정도이며 왜 필요한가?
④ 세상을 어떻게 보고, 생각하는가?
⑤ 의미 있는 것은 무엇인가?
⑥ 표현하지 못한 숨은 욕구는 무엇인가?

즉, 공감은 사람들을 진정으로 이해하고 파악하기 위한 노력이다. 사람들의 말과 행동은 종종 속마음과 다를 때가 있다. 그렇기 때문에 사람들의 행동을 관찰할 필요가 있다.

공감과 동감을 구분해야한다. 일반적으로 비슷한 감정을 느끼거나 미안한 마음 또는 동경하는 마음을 갖는 것을 공감이라 생각하지만, 이는 동감에 해당된다. 공감은 사람의 행동을 관찰하고, 질문하거나, 상대방의 입장에서 직접 체험하면서 상대방이 느끼는 것과 동일하게 느끼는 것이다.

공감의 관점
출처 : The PR News

2.1.2 공감의 방법

공감하는 방법은 크게 **조사, 질문, 관찰, 체험**으로 나뉠 수 있다. "**조사**"는 서적이나 논문 또는 기사와 같은 자료 등의 기본 바탕이 되는 지식 및 정보를 조사하는 것이다. 이것을 데스크 리서치라고도 한다. "**질문**"은 계획하여 사람들과 만나면서 궁금한 것을 물어보는 것이다. 질문은 사람들이 인지하지 못한 것을 알아낼 수 있다. 이것

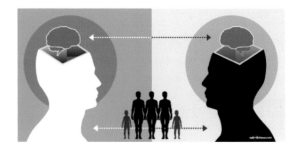

타인의 입장에서 이해
출처 : https://m.blog.naver.com/ian3714

을 필드 리서치라고도 한다. "**관찰**"은 생활 속에서 드러나는 사람들의 행동과 현상을 유심히 살펴보는 것이다. "**체험**"은 사람들이 하는 행동이나 경험을 직접 겪어보는 것이다.

(1) 조사하기

일반적으로 조사는 데스크 리서치 방법이다. 데스크 리서치는 숨은 문제를 찾기 위해 사람들에 대한 기반 지식이 필요하다. 기반 지식들을 일일이 사람들에게 질문할 수는 없다. 오히려 역효과가 될 수 있기 때문이다. 인터넷을 통해 다양하게 검색엔진을 활용하거나 기사, 통계 자료 등을 찾으며 일반적인 현상에 대한 조사는 배제한다.

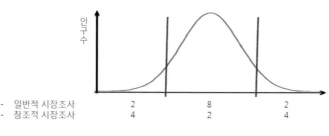

디자인 사고의 조사 대상

(2) 관찰하기

사람들의 환경을 전반적으로 살펴본다. 즉, 사람들이 생활하는 곳에서 직접 살펴보는 것이 좋다. 즉, 사람들이 자연스럽게 행동할 수 있는 공간이 가장 적절한 관찰 환경이다. 이때, 사람들의 행동을 관찰한다.

여기서 사람들의 말이나 행동에서 나타나는 모순을 주목한다. 예를 들어, 말로 표현하는 내용이 표정이나 행동과 일치하지 않는 것을 중심으로 관찰한다.

(3) 질문하기

사람들과 직접 만나서 겉으로 드러나지 않은 요소를 조사하는 방법이다. 필드 리서치는 무엇을 물어볼 것인가가 중요하다. 답변자로부터 단답형 답변이 나올 수 있는 질문은 피한다. 즉, 제약 없는 질문으로 구성한다. 예를 들어, "~의 경험에 대해 말해주세요" 또는 "~에 대한 좋았던 경험과 나빴던 경험은 무엇인가요?"와 같은 질문이 좋다.

질문의 예
- 그 도구가 약하기 때문에 불편한가요?　　<나쁜 예>
- 그 도구가 불편한 이유가 무엇인가요?　　<좋은 예>

출처 : 경기과기대, 박상혁. 질문의 유형

답변자의 대답을 이끌어 낼 때 **"왜 그렇게 했는지?"**에 대해 물어보는 것은 더 깊은 원인을 찾아 낼 수 있다. 이와 같이 **"왜?"**라는 질문을 5번 반복하면 의외의 문제에 당면할 수 있다.

(4) 체험하기

공감에서 숨은 문제를 찾는 방법 중에서 가장 효과적인 방법이 체험하기이다. 예를 들어, 몸이 불편한 사람들의 문제를 이해하기 위해 며칠 동안 눈을 가리고 생활한다거나, 휠체어를 타고 다니는 등의 체험을 하는 경우가 있다.

패트리샤 무어(노인학자, 산업 디자이너)는 29세의 나이에 80세 할머니 분장을 하고 3년동안 노인의 불편함을 체험하였다. 당시 생산된 제품과 디자인은 옥소의 굿그립스(Oxo good grips)를 만들었다. 그 중 하나는 손에서 미끌어지지 않는 감자칼이다. 관절염이 있는 사람도 편안하게 잡을 수 있는 고무재질 손잡이를 붙이거나 홈을 파서 미끄러지지 않게 만들었다.

2.2   팀 회의 진행하기

[생활속의 불편한 점]

■ 1단계 공감하기

- 불편했던 점 생각하기 : "생활 속에서 불편했던 점은 무엇이 있는가?" 알아낸 점을 작성한다.

  - 조사하기
  - 관찰하기
  - 체험하기

- 더 깊이 생각하기 : 왼쪽의 항목에 대해서 근본적인 문제점을 생각할 수 있도록 질문을 하고 그에 대한 답변을 적는다.

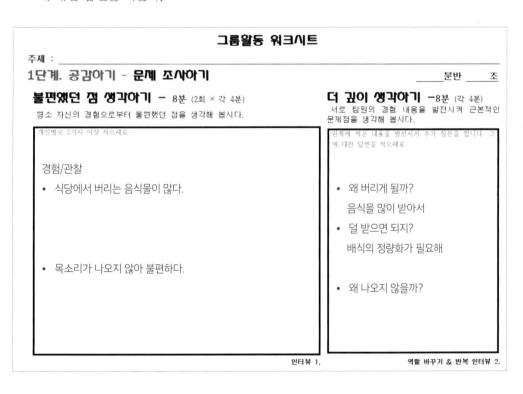

그룹활동 워크시트

주제 : _____

1단계. 공감하기 - 문제 조사하기   _____분반 ____조

불편했던 점 생각하기 - 8분 (2회 × 각 4분)
평소 자신의 경험으로부터 불편했던 점을 생각해 봅시다.

개인별로 2가지 이상 적으세요.

경험/관찰
- 식당에서 버리는 음식물이 많다.

- 목소리가 나오지 않아 불편하다.

인터뷰 1.

더 깊이 생각하기 -8분 (각 4분)
서로 팀원의 경험 내용을 발전시켜 근본적인 문제점을 생각해 봅시다.

왼쪽에 적은 내용을 발전시켜 추가 질문을 합니다. 그에 대한 답변을 적으세요.

- 왜 버리게 될까?
  음식을 많이 받아서
- 덜 받으면 되지?
  배식의 정량화가 필요해

- 왜 나오지 않을까?

역할 바꾸기 & 반복 인터뷰 2.

그룹활동 워크시트

주제 :

1단계. 공감하기 - 문제 조사하기

불편했던 점 생각하기 - 8분 (2회) × 각 4분)

평소 자신의 경험으로부터 불편했던 점을 생각해 봅시다.

개인별로 2가지 이상 적으세요.

인터뷰 1.

더 깊이 생각하기 - 8분 (각 4분)

서로 팀원의 경험 내용을 발전시켜 근본적인 문제점을 생각해 봅시다.

왼쪽에 적은 내용을 발전시켜 추가 질문을 합니다. 그에 대한 답변을 적으세요.

역할 바꾸기 & 반복 인터뷰 2.

분반 _____ 조

2.3 텍스트 음성변환기

[텍스트 박스]에 원하는 글을 입력하고, [버튼]을 누르면 음성으로 읽어주는 앱이다.

2.3.1 결과보기 textReader.aia

2.3.2 컴포넌트와 블록 설명

■ **컴포넌트**

블록	설명
📖 텍스트박스	사용자가 글을 입력할 수 있는 컴포넌트

■ **보이지 않는 컴포넌트**

블록	설명
💬 음성변환	주어진 글을 소리 내어 읽어주는 요소. 말소리와 높이와 속도 조절 가능

- **블록**

블록	컴포넌트	기능
언제 말하기 ▼ .클릭했을때 실행	버튼	버튼에 사용하는 블록으로 버튼 클릭시 내부 블록을 실행
호출 음성변환1 ▼ .말하기 메시지	음성변환	글을 음성으로 읽어주는 블록
텍스트박스1 ▼ . 텍스트 ▼	텍스트박스	사용자가 입력하는 글을 담는 블록

⬇ **미디어파일 준비하기**

icon_man.png, backgroundman.png

2.3.3 디자이너

❶ 새로운 프로젝트를 작성하기 위해 [프로젝트]–[새 프로젝트 시작하기]를 클릭한다. 프로젝트 이름은 "textReader"로 입력 후 [확인] 버튼을 클릭한다.

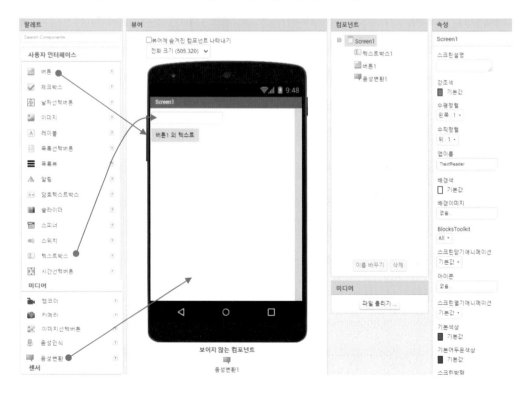

❷ 사용자 인터페이스 팔레트에서 [텍스트박스] 컴포넌트를 뷰어창에 넣는다.

❸ 사용자 인터페이스 팔레트에서 [버튼] 컴포넌트를 뷰어창에 넣는다.

❹ 미디어 팔레트에서 [음성변환] 컴포넌트를 뷰어창에 넣는다.

❺ 이미지 파일 두 개를 업로드 한다. 미디어 창의 [파일 올리기] 버튼을 클릭하여 추가하거나 탐색기에서 두 개 파일을 선택한 후 미디어 창으로 드래그한다.

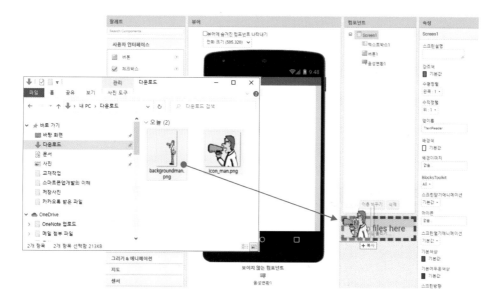

❻ Screen1 속성 편집하기

컴포넌트 창에서 Screen1을 선택하고 전체 속성을 변경한다.
수평정렬은 가운데, 배경이미지는 backgroundman.png를
선택하고, 아이콘은 icon_man.png 파일을 선택한다. 아이콘
은 앱의 아이콘을 말한다.

❼ 텍스트박스1의 속성 편집하기

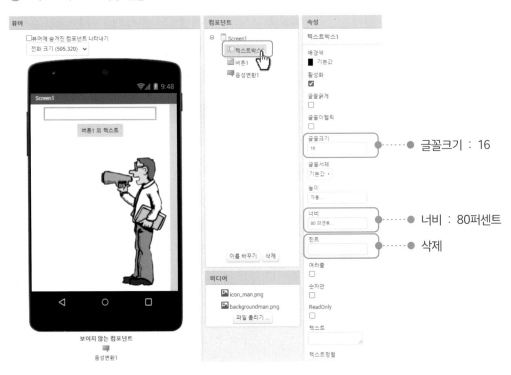

컴포넌트 창에서 [텍스트박스1]을 선택하고 속성 창에서 글꼴크기는 16, 너비는 80퍼센
트, 힌트는 글자를 삭제한다.

❽ 버튼1의 속성 편집하기

컴포넌트 창에서 [버튼1]을 선택하고 아래쪽의 [이름 바꾸기] 버튼을 클릭하여 새 이름
을 '말하기'로 입력한다. [버튼1]의 이름이 [말하기]로 변경된 것을 확인한다.
속성 창에서 너비는 150픽셀, 텍스트는 '말하기'로 수정한다.

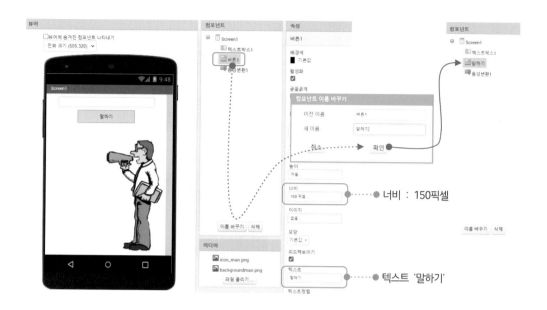

2.3.4 블록

완성된 코드는 다음과 같다.

■ **앱 빌드하기**

이번에는 완성된 코드를 네이버렌즈로 앱을 설치해보자.

❶ [빌드]-[앱(.APK용 QR코드 제공)]을 클릭하고 기다리면 QR코드가 나타난다.

❷ 네이버 앱을 실행하거나 브라우저에서 www.naver.com을 입력하여 네이버 홈으로 이 동한다. N 네이버 앱을 실행 후 다음의 12단계를 진행하며 앱 설치 후 실행한다.

여기에서 (3) ~ (8) 까지는 맨 처음 앱 설치시 딱 한번만 나타난다.

(1)   (2)   (3)   (4)

(5)   (6)   (7)   (8)

(9)   (10)   (11)   (12)

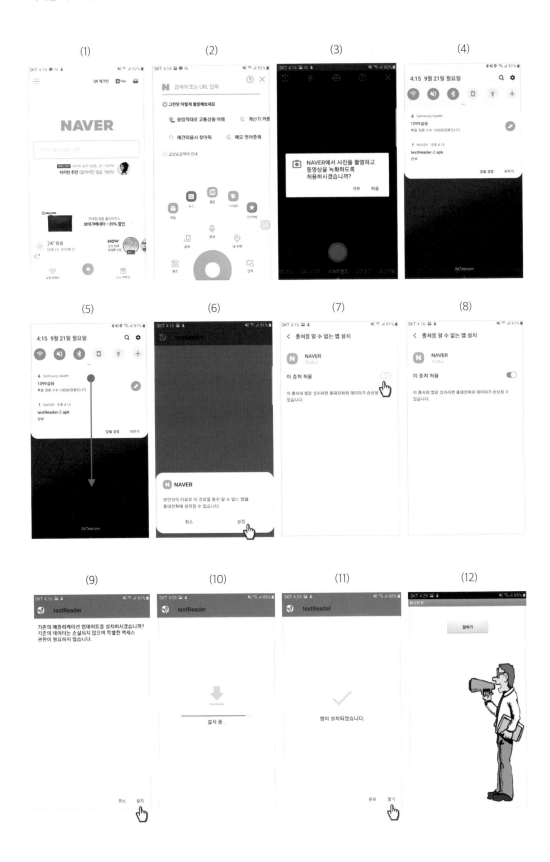

2.4 음성인식 텍스트 변환기

[음성인식] 버튼을 눌러 음성을 인식하면 텍스트박스에 문자로 나타난다. 그리고 [문자보내기] 버튼을 누르면 여러 가지 방법으로 공유할 수 있다.

2.4.1 결과보기 voiceToText.aia

2.4.2 컴포넌트와 블록 설명

■ **컴포넌트**

블록	설명
A 레이블	텍스트를 화면에 표시하는 컴포넌트
수평배치	컴포넌트들을 가로로 여러 개 배치시키는 레이아웃 컴포넌트

■ **보이지 않는 컴포넌트**

블록	설명
음성인식	목소리를 인식하는 구글 보이스를 사용하여 음성을 인식하고 글로 변경하는 컴포넌트
< 공유	다른 앱을 사용하여 문자 내용이나 파일을 공유하는 컴포넌트. 문자 메시지, SNS등 스마트 기기에 설치된 앱을 사용하여 공유

■ 블록

블록	컴포넌트	기능
언제 음성인식하기 ▾ .클릭했을때 실행	버튼	버튼을 클릭하면 음성인식1을 호출
호출 음성인식1 ▾ .텍스트가져오기	음성인식	음성인식을 호출하고 음성인식 후 텍스트로 변환하여 가져옴
언제 음성인식1 ▾ .텍스트가져온후에 결과 partial 실행	음성인식	음성인식 텍스트를 가져온 후 무엇을 할 것인지 실행에 추가
음성인식1 ▾ . 결과 ▾	음성인식	음성인식1의 결과값을 가짐
호출 공유1 ▾ .메시지공유하기 메시지	공유	입력되는 메시지를 공유할 수 있도록 선택

⬇ 미디어파일 준비하기

icon_speaker.png, recorder.png, voiceText_bg.png

2.4.3　디자이너

❶ 새로운 프로젝트를 작성하기 위해 [프로젝트]–[새프로젝트 시작하기]를 클릭한다. 프로젝트 이름은 "voiceToText"로 입력 후 [확인] 버튼을 클릭한다.

❷ [레이블]과 [버튼]을 넣고 수평으로 두 개의 컴포넌트를 배치하기 위해 [수평배치] 컴포넌트를 넣은 후 그 안에 [버튼]과 [텍스트박스]를 추가한다. 마지막에 버튼을 추가한다.

❸ [미디어] 팔레트에서 [음성인식] 컴포넌트를 뷰어창에 둔다. [소셜] 팔레트에서 [공유] 컴포넌트를 뷰어창에 둔다. 뷰어창 하단에 보이지않는 컴포넌트가 추가된 것을 확인한다.

❹ 준비한 미디어 파일 세 개를 업로드한다.

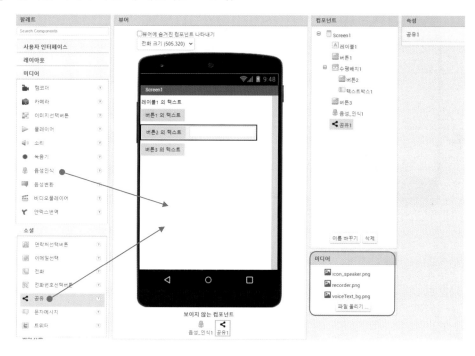

❺ Screen1 속성 편집하기

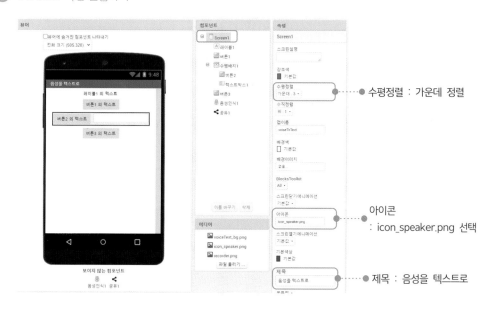

컴포넌트 창에서 [Screen1]을 선택하고 [수평정렬]은 가운데로 선택한다. [아이콘]은 icon_speaker.png를 선택하고, [제목]은 '음성을 텍스트로' 입력한다.

⑥ 레이블1 속성 편집하기

[배경색]은 사용자지정...에서 클릭한 후 색상표에서 직접 클릭하여 선택하거나 상단의 #ffffff00 에서 클릭하여 직접 색상을 입력한다. '#33a194ff'를 입력하고 완료를 클릭한다.

[높이] 25픽셀, [너비] 부모요소에 맞추기, [텍스트]는 '녹음 버튼을 누르고 말하세요'를 입력하고 엔터를 치면 바로 적용된다. [텍스트정렬]은 가운데, [텍스트색상]은 흰색을 선택한다.

⑦ 버튼1 속성 편집하기

[버튼1]은 이미지로 변경한다. [높이]는 200픽셀, [너비]는 부모 요소에 맞추기를 선택한다. [이미지]는 voiceText_bg.png를 선택하고 [텍스트]는 삭제한다.

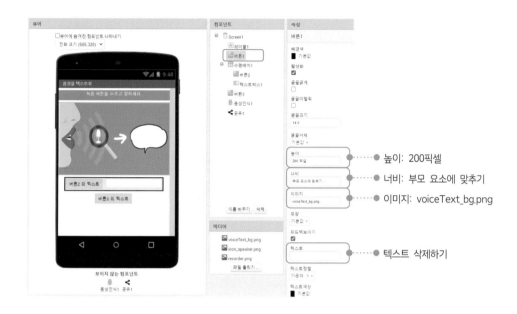

8 버튼2 속성 편집하기

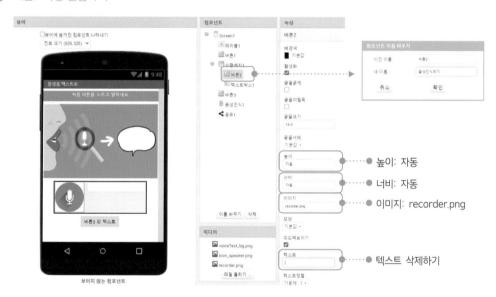

컴포넌트 창에서 [버튼2] 선택 후 [이름바꾸기] 버튼을 클릭하여 새이름으로 "음성인식하기" 입력 후 [확인]버튼을 클릭한다. [높이] 자동, [너비] 자동을 선택하고 [이미지]는 recorder.png를 선택한다. 텍스트는 삭제한다.

9 수평배치와 텍스트박스1 속성 변경하기

[수평배치]는 [높이]는 자동, [너비]는 95퍼센트로 선택한다.
[텍스트박스1]은 [높이]와 [너비] 모두 부모 요소에 맞추기로 선택하고 [힌트]는 "왼쪽 버튼을 누르고 말하세요"를 입력한다.

⑩ 버튼3 속성 편집하기

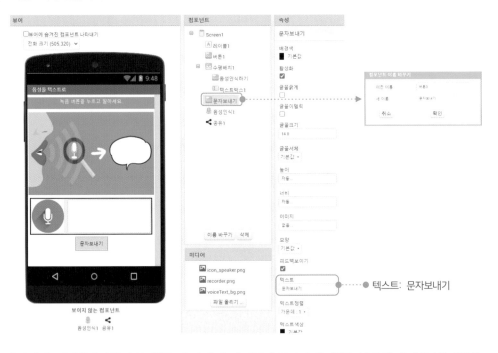

[버튼3] 선택후 [이름바꾸기]를 클릭하여 새이름 "문자보내기"를 입력한 후 [확인]버튼을 클릭한다. [텍스트]도 "문자보내기"를 입력한다.

2.4.4 블록

[음성인식하기] 버튼을 클릭하면 음성인식 컴포넌트가 호출되어 음성을 인식할 준비가 된다. 그리고 사람이 말을 하면 그것을 텍스트로 변환하여 결과를 가지고 있다. [음성인식1 텍스트를 가져온 후에]는 우리가 만든 [텍스트박스1]에 음성인식의 결과를 지정하여 보여준다.

[문자보내기] 버튼을 클릭하면 [공유.메시지공유하기] 컴포넌트의 기능을 호출하여 메시지를 보내게 되는데 이때 [텍스트박스1]에 있는 글자를 메시로 가져간다.

완성된 코드는 다음과 같다.

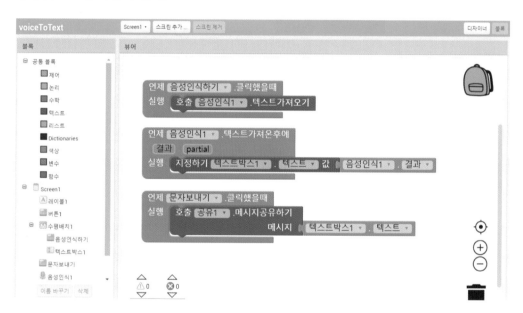

이제 작성한 프로젝트를 스마트폰에 설치한다.

❶ [빌드]-[앱(.APK용 QR코드 제공)]

❷ 스마트폰에서 MIT ai2 companion을 실행한 후 [scan QR code]를 터치한다.

모니터의 QR코드를 스캔한 후 [다운로드]를 클릭한다. [파일열기], [설치], [열기]를 터치하여 프로젝트를 설치하고 실행한다.

2.5   언어 번역기

[버튼]을 누르면 음성인식을 하여 [텍스트박스]에 문자로 변환한다. 변환된 문자를[Yandex_번역] 컴포넌트가 영어로 번역하여 음성 변환한다. [말하기] 버튼을 터치하면 영어로 한번 더 읽어준다.

2.5.1   결과보기 translator_english.aia

2.5.2 컴포넌트와 블록 설명

■ 컴포넌트

블록	설명
스피너	스피터 내의 여러 항목들 중 하나를 선택하는 컴포넌트
표형식배치	내부에 컴포넌트를 격자로 배치하는 컴포넌트

■ 보이지 않는 컴포넌트

블록	설명
얀덱스번역	단어나 문장을 지정한 언어로 번역하는 번역기 • ko 한국어, en영어, ja일어, zh중국어, es 스페인어 등 • ko-en한국어를 영어로 번역
음성변환	주어진 글을 소리 내어 읽어주는 요소. 말소리와 높이와 속도 조절 가능
음성인식	: 목소리를 인식하는 구글 보이스를 사용하여 음성을 인식하고 글로 변경하는 컴포넌트

■ 블록

블록	컴포넌트	기능
호출 음성인식1 .텍스트가져오기	음성인식	음성인식을 호출하고 음성인식 후 텍스트로 변환하여 가져옴
언제 음성_인식1 .텍스트가져온후에 결과 partial 실행	음성인식	음성인식 텍스트를 가져온 후 무엇을 할 것인지 실행에 추가
호출 Yandex_번역1 .번역요청하기 번역언어코드 번역할텍스트	얀덱스번역	번역할 텍스트와 번역할 언어코드를 지정하여 Yandex번역 요청하기
✕ 지정하기 음성_변환1 . 언어 값 "en" "ja" "zh"	음성변환	음성변환하는 언어를 (영어)로 지정 영어(en), 일본어(ja), 중국어(zh)
호출 음성_변환1 .말하기 메시지	음성변환	글을 음성으로 읽어주는 블록

⬇ 미디어파일 준비하기

icon_translate.jpg, world.png

2.5.3 디자이너

❶ 새로운 프로젝트를 작성하기 위해 [프로젝트]–[새프로젝트 시작하기]를 클릭한다. 프로젝트 이름은 "translator_english" 입력 후 [확인] 버튼을 클릭한다.

[레이블]과 [버튼], [표형식배치] 등 필요한 컴포넌트를 배치한다. [표형식배치]는 너무 작으면 불편하므로 [높이]를 200픽셀로, [너비]를 부모 요소에 맞추기 한다.

❷ 보이지 않는 컴포넌트와 미디어파일을 추가한다.

❸ Screen1 속성 편집하기

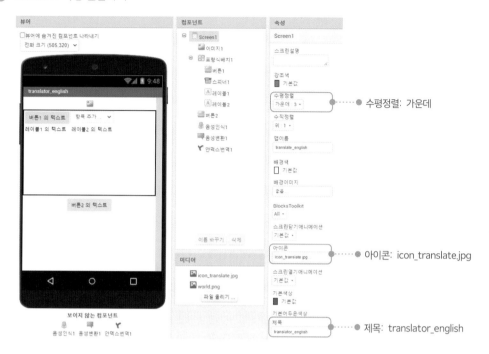

Screen1 속성은 [수평정렬] 가운데를 선택하고 [아이콘]을 'icon_translate.jpg'를 선택한다. [제목]은 "translatro_english"를 입력한다.

❹ 이미지1의 속성 변경하기

이미지1 속성에서는 [사진]을 'world.png'를 선택하고 [사진크기맞추기]에 체크한다.

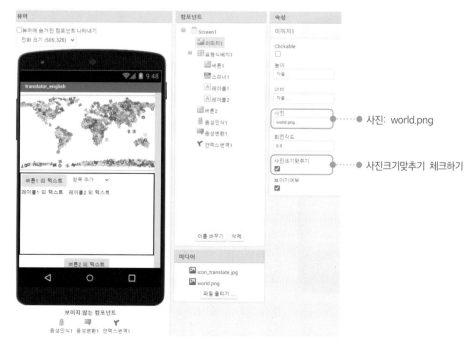

❺ 버튼1 속성 변경하기

● 너비: 45퍼센트

● 여기를 눌러 말하세요

[버튼1] 컴포넌트를 선택 후 [이름바꾸기]를 클릭하여 새이름을 "음성인식"으로 변경한다. [너비]는 45퍼센트로 변경하고, [텍스트]는 "여기를 눌러 말하세요"로 입력한다.

❻ 스피너 속성 변경하기

● 영어, 중국어, 일본어

● 너비: 48퍼센트

● 선택된항목: 영어

스피너 속성에서 [요소문자열]은 "영어, 중국어, 일본어"를 입력한다. 이 프로젝트에서는 영어번역만 할 것이지만, 여러 가지 언어 중에서 하나의 언어를 선택할 수 있다.

[너비]는 48퍼센트, [선택된항목]은 "영어"로 입력하여 앱을 실행하면 영어가 표시되도록 한다.

❼ 레이블1 속성 변경하기

[레이블1] 컴포넌트 선택 후 [이름바꾸기]를 클릭하여 새 이름을 "원문" 으로 변경한다. [높이]는 150픽셀로 수정하고, 텍스트는 "화장실이 어디에요?"로 수정하고 [텍스트정렬]은 가운데로 선택한다.

❽ 레이블2 속성 변경하기

[레이블2] 선택후 [이름바꾸기]를 클릭하여 새 이름을 "번역"으로 변경한다. [높이]는 150 픽셀로 수정한다.

❾ 버튼2 속성 변경하기

[버튼2] 선택후 [이름바꾸기]를 클릭하여 새 이름을 "말하기"로 변경한다. [너비]는 100 픽셀로 수정하고 [텍스트]도 동일하게 "말하기"로 입력한다.

2.5.4 · 블록

[음성인식] 버튼을 클릭하면 [음성인식]을 호출하여 음성을 인식한 후 그 (결과)를 가진다.

그리고 [음성인식.텍스트를 가져온 후에]를 찾는다. 이 블록이 있다면 내부 블록을 실행한다. [원문.텍스트] 값으로 (결과)를 가져와서 지정한다.

이어서 [얀덱스번역]을 호출하여 번역을 요청하는데 이때 [원문.텍스트]의 글을 영어(en)로 (번역)하여 가진다.

[얀덱스번역.번역을 받았을때] 이 (번역) 결과를 [번역.텍스트]에 지정한다. [음성변환.언어]를 영어로 지정한 후에 [음성변환]을 호출하여 [번역.텍스트]를 음성으로 말한다.

[말하기] 버튼을 클릭하면 번역한 영어를 다시 말한다.

전체 코드는 다음과 같다.

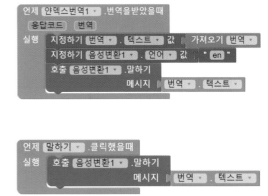

이제 작성한 프로젝트를 스마트폰에 설치한다.

❶ [빌드]−[앱(.APK용 QR코드 제공)]

❷ 스마트폰에서 MIT ai2 companion을 실행한 후 [scan QR code]를 터치한다.

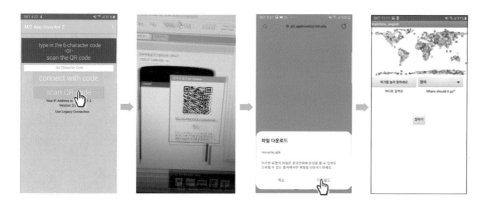

모니터의 QR코드를 스캔한 후 [다운로드]를 클릭한다. [파일열기], [설치], [열기]를 터치하여 프로젝트를 설치하고 실행한다.

정·리·하·기

1. 디자인 사고에서 사용자의 욕구가 만족되지 않은 상태가 지속되는 것을 "문제"라고 하고, 이런 문제를 해결하는 것이 "문제 해결"이다.

2. 말로 표현하기 어려운 고객의 잠재적 니즈는 밖으로 표출되지 않는다. 왜냐하면 고객의 불만 사항 자체를 스스로가 잘 알지 못하기 때문에 잘 표현할 수 없기 때문이다. 그러므로 이런 고객의 잠재적 니즈를 파악하기 위해서 "공감하기"과정이 필요하다.

3. 진정한 공감하기를 위해서는 "동감"과 "공감"을 구분할 수 있어야 한다.
    (1) 동감 : 비슷한 감정을 느끼거나 미안한 마음, 동경하는 마음을 갖는 것
    (2) 공감 : 상대방의 입장에서 직접 체험하면서 상대방이 느끼는 것과 동일하게 느끼는 것

4. 공감의 4가지 방법은,
    (1) 조사 : 데스크 리서치, 인터넷 검색, 문헌 조사 등을 수행함
    (2) 관찰 : 문제 환경에서 발생하는 모순된 상황에 주목해서 사람의 행동을 관찰함
    (3) 질문 : 필드리서치, 제약이 없는 구체적인 문의 사항을 사람들을 직접 만나서 조사함
    (4) 체험 : 문제 상황에 있는 사람의 입장이 되어서 몸소 느껴봄

5. 공감하기 방법 중 질문하기를 위해서는 5 Why 방법과 같이 문제에 대한 답을 얻기 위해서 다양한 시각으로 질문을 함으로써 해결 방법을 찾는 노력이 필요할 때도 있다.

6. 앱 인벤터에서 "음성 변환" 컴포넌트는 주어진 글을 소리내어 읽어주는 컴포넌트이다. 이를 사용해서 말소리의 높이와 속도를 조절할 수 있다.

7. 앱 인벤터에서 "음성인식" 컴포넌트는 스마트폰이나 태블릿 사용자의 음성을 인식하여 글로 변경하기 위한 컴포넌트이다. 이를 위해서는 구글 보이스 같은 인공지능 기능이 필요할 수도 있다.

1. 다음은 디자인 사고법 중에서 공감하기에 대한 설명이다. 올바르지 않은 것은?

    ① 사용자의 요구가 만족된 상황을 "문제"라고 한다.
    ② 사용자의 불편함을 해결하는 것을 "문제해결"이라고 한다.
    ③ 고객의 잠재적 요구를 파악하는 과정이다.
    ④ 고객의 잠재적 요구사항은 밖으로 표현되지 않는다.

2. 공감하기를 위해서 수행하는 조사는 <u>데스크 리서치</u>와 <u>필드 리서치</u>가 있다. 이에 대한 설명으로 잘못된 것은?

    ① 데스크 리서치는 인터넷 검색을 통해서 자료를 찾는 것이다.
    ② 데스크 리서치는 검색 엔진을 활용해서 통계 자료를 찾는 것이다.
    ③ 필드 리서치는 전문가를 찾아가 인터뷰를 하는 것이다.
    ④ 데스크 리서치는 기반지식이 필요하지 않다.

3. 공감하기를 위해서 관찰 단계에 대한 설명이다. 올바르지 않은 것은?

    ① 사람들의 환경을 전반적으로 살펴본다.
    ② 사람들이 행동할 수 있는 특별한 공간에서 관찰하는 것이 적합하다.
    ③ 자연스럽게 사람들의 행동을 관찰하는 것이 적합하다.
    ④ 표현하는 내용이나 행동이 일치하지 않는 점을 관찰한다.

4. 공감하기를 위해서 질문 단계에 대한 설명으로 올바르지 않은 것은?

    ① 직접 만나서 겉으로 드러나지 않은 요소를 질문한다.
    ② 답변자로부터 단답형으로 나올 수 있는 질문을 피한다.
    ③ 질문에 대한 대답에 제약적인 질문으로 구성한다.
    ④ 왜 그렇게 했는지 질문을 5번 반복하는 것이 좋다.

5. 공감하기를 위해서 수행하는 4 단계 중에서 몸이 불편한 사람을 위해 직접 휠체어를 타고 다녀 보거나 나이가 많은 할머니를 위해서 고무로 만들어진 국자 손잡이를 사용해서 흘리지 않는지 등을 경험해 보는 것을 무엇이라고 하는가?

연·습·문·제

6. 문제를 올바르게 공감하기 위해서 80세 할머니 분장을 하고, 그들이 느끼는 불편함을 직접 체험해 보고 이를 해결할 수 있는 주방가구를 만드는데 도움을 제공한 산업디자이너는 누구인가?

7. 앱 인벤터에서 사용하는 음성 변환과 음성인식에 대한 설명이다. 잘못된 것은?

   ① 주어진 글을 소리내어 읽어주는 컴포넌트는 음성변환이다.
   ② 음성변환은 글자의 크기와 색깔을 조절할 수 있다.
   ③ 사용자의 말소리를 인식해서 글자로 변경하는 것은 음성인식 컴포넌트이다.
   ④ 음성인식은 소리의 크기와 빠르기를 조절할 수 있다.

8. 앱 인벤터에서 여러 개의 컴포넌트들을 가로로 배치하기 위해서 사용하는 레이아웃 컴포넌트는 무엇인가?

   ① 수평배치   ② 수직배치
   ③ 균등배치   ④ 표배치

9. 앱 인벤터에서 다른 앱에게 문자메시지, SNS, 파일, 사진 등을 같이 사용하기 위해서 사용하는 컴포넌트는 무엇인가?

   ① 레이블   ② 버튼
   ③ 공유   ④ 플레이어

10. 앱 인벤터에서 주어진 단어나 문장을 사전에 사용자가 지정한 언어로 번역하는 컴포넌트는 무엇인가?

   ① 번역기   ② 얀덱스번역
   ③ 음성변환   ④ 음성인식

CHAPTER 3

디자인사고(2)

3.1 　정의하기

3.1.1 　문제 정의란 무엇인가?

공감 단계에서 진행한 조사, 질문, 관찰, 체험을 통해 발견된 내용을 분류하고 통합하여 올바른 문제를 찾아내는 단계이다. 즉, 올바른 문제란 사람들의 입장에서 실제로 느끼는 문제 또는 가치 있는 문제이다.

올바른 문제를 찾는 목적은 문제의 원인을 찾으면, 해결에 대한 방향을 올바르게 잡을 수 있기 때문이다. 또한 문제를 명료하게 정의하게 되면 문제 해결을 위한 아이디어 발상이 쉽다.

3.1.2 　문제 정의의 방법

문제에 대해 충분히 공감하였다면 이것을 바탕으로 문제 정의문을 만든다. 문제 정의문은 사용자가 누구인지? 무엇을 필요로 하는지? 왜 필요한지에 대해 판단을 할 수 있게 하는 문장이다. 잘 만들어진 문제 정의문은 문제에 집중하게 한다. 또한 아이디어에 대한 평가 기준을 제공한다.

(1) 공감지도 만들기

문제 정의문을 만들기 위한 전 단계로 공감지도 만들기가 있다. 공감지도 작성은 공감에서 얻은 것을 통합 및 분류하는 것을 도와준다. 즉, 사람들의 관찰과 인터뷰 내용을 정리하여 진짜 문제를 도출하도록 해주는 과정이다. 사람들이 직접 말하는 것과 행동한 것, 사람들이 생각하는 것으로 판단되는 것, 사람들이 느낀 것으로 추론하는 것 등으로 말하는 것(Say), 행동하는 것(Do), 생각하는 것(Think), 느끼는 것(Feel)의 4가지 영역으로 분류하여 공감지도를 만든다.

예 키가 작은 주부들이 사용하기 편리한 세탁기

말하는 것(Say)	생각는 것(Think)
드럼 세탁기 비싸요 한번 산 세탁기 오래 써요 키가 작으면 손이 안 닿아요 통돌이가 싸고 좋아...	수거할 때 손이 짧으면 힘듦 세탁망보다 먼지제거 잘 됐으면... 세탁물이 자동으로 올라왔으면 한다. 발판이 있었으면...
행동는 것(Do)	느끼는 것(Feel)
세탁가능용량 70% 하루 1회 세탁 집게 사용 수거 허리 아프다고 푸념	드럼세탁기 세탁 별로임 세탁물 수거위해 통이 넓고, 높이는 낮은 게 좋음

공감지도의 예

(2) 문제 정의문

전형적인 문제 정의문을 구성하는 요소와 그 진술 형태는 다음과 같다. 가장 중요한 것은 간단명료하게 핵심을 찾아내는 것이다.

문제 정의문의 내용

구성요소	진술형태
고객(이름)	고객 A 씨는
고객의 니즈	~하는 것이 필요합니다.
통찰	왜냐하면 ... 하기 때문입니다.

문제 정의문을 만들 때 주의 할 점은 다음과 같다.

- 사용자가 누구인가 밝힌다.
- 사용자의 니즈는 반드시 동사로 표현한다.
- 통찰은 니즈의 이유가 되어서는 안 되고 니즈가 나타나는 근본 원인이 되어야 한다.

예 일반적 진술과 좋은 문제 정의문 예

일반적 진술	좋은 문제 정의문
10대 소녀들은 한참 자라는 나이이기 때문에 성장 및 발육에 필요한 비타민이 풍부한 음식을 먹는 것이 필요하다	사춘기 10대 소녀들은 건강식을 먹어야 한다. 그러나 자기 또래 집단에 소속감을 느끼는 것은 더욱 중요하다.
왜냐하면 비타민은 건강에 매우 필요하기 때문이다.	왜냐하면 건강보다 또래에게 따돌림 당하지 않는 것이 이 나이의 아이들에게는 그 무엇보다 우선순위에 있기 때문이다.

3.2 팀 회의 진행하기

2단계 정의하기

공감된 내용을 기반으로 문제를 간단명료하게 정의한다. 문제 정의하기 이전에 공감지도를 그려본 후 문제 정의문을 작성하는 것도 좋다.

■ 의견을 수집

- 원하는 것 : 공감된 것 중에서 핵심 내용에 관해 하나의 동사를 뽑아 작성한다.
- 이해한 것 : 원하는 것이 발생하는 근본적인 원인을 작성한다.

■ 문제를 정의

의견 수집부분을 통합하여 최대한 간단명료하게 문장이 완성되도록 작성한다.

2단계. 정의하기 – 문제 정의하기 사례

_____분반 _____조

의견을 수집과 정의

제시된 문제에 대해 정리해 보고, 정리된 문제를 하나의 문장으로 정리해봅시다.

- **우리가 원하는 것** : 하려고 하는 것들(동사 사용)

버려지는 음식물을 줄이고 싶다.

- **이해한 것** : 문제 해결을 위한 상대방의 감정/생각에서 얻은 새로운 교훈(추론)

배식량의 기준이 없어서이다.

- (우리가 원하는 것)
버려지는 음식물을 줄일 _____ 을 위한 방법이 필요하다.

- **(놀랍게도 ~ 그러므로 ~ 그러나 ~)를 이용하여 문장 완성**

놀랍게도 ___음식물이 버려지는_____ 문제가 있다.

그러므로 ___음식물 쓰레기가 줄여지는 것_____ 를 원한다.

그러나 ___배식량의 기준이 없다는_____ 제약이 있다.

분반 ____ 조

2단계. 정의하기 - 문제 정의하기

의견 수렴과 정의

제시된 문제에 대해 정리해 보고, 정리된 문제를 하나의 문장으로 정리해 봅시다.

• 우리가 원하는 것 : 하려고 하는 것들(동사 사용)

• 이해한 것 : 문제 해결을 위한 상대방의 감정/생각에서 얻은 새로운 교훈(추론)

• (우리가 원하는 것)

• (놀랍게도 ~ 그러므로 ~ 그러나 ~)를 이용하여 문장 완성

놀랍게도 _____ 문제가 있다.

그러므로 _____ 를 원한다.

그러나 _____ 제약이 있다.

_____ 을 위한 방법이 필요하다.

3.3 랜덤 메뉴 선택하기

점심메뉴를 고르기 힘들 때 스마트폰을 흔들면 [이미지1]에 랜덤하게 음식 그림이 나타난다.
[버튼]에는 음식 이름이 나타난다.

3.3.1 결과보기 foodSelect.aia

3.3.2 컴포넌트와 블록 설명

■ 컴포넌트

블록	설명
버튼	클릭하면 버튼에 연결된 동작을 수행하는 컴포넌트
이미지	이미지를 보여주는 컴포넌트

■ 보이지 않는 컴포넌트

블록	설명
소리	소리를 재생하거나 진동을 울리는 멀티미디어 컴포넌트
가속도센서	스마트폰의 흔들림을 감지하여 가속도 값을 측정하는 컴포넌트

- 블록

블록	컴포넌트	기능
전역변수 만들기 이름 초기값	변수	전역변수를 만들고 초기값 지정 변수는 컴퓨터 안의 기억장소 또는 상자
⚙ 리스트 만들기	리스트	여러 개의 항목이 연결된 기억장소 상자를 여러 개 연결한 것과 유사
항목 선택하기 리스트 위치	리스트	지정 리스트의 (위치)번째 항목 선택하기
언제 가속도 센서1 ▾ .흔들렸을때 실행	가속도센서	가속도 센서가 흔들릴 때 실행할 블록 넣기
호출 소리1 ▾ .재생하기	소리	지정된 소리를 재생하기
호출 소리1 ▾ .진동하기 밀리초	소리	지정한 밀리초만큼 스마트폰 진동 재생하기 1초 = 1000밀리초
⚙ 합치기	텍스트	텍스트 문자를 연결하여 사용하는 블록

📥 미디어파일 준비하기

food.png, food1.png, food2.png, food3.png, ... , food8.png, pan.png, swish.mp3

(1) 변수란?

변수란 컴퓨터의 메모리에 자료를 저장하기 위한 기억공간을 만드는 것이다. 변수는 이름이 있어야 사용할 수 있다. 그리고 처음 변수를 만들 때 초기값을 입력하는 것이 안정적이다. 보통 0을 입력한다. 비어있으면 쓰레기값이 들어간다.

앱인벤터에서는 오른쪽과 같은 블록으로 만들고 0으로 초기화한다.

변수의 값은 다른 값으로 변경할 수 있다. 기존 값에 1씩 더하여 증가할 수도 있고 전혀 다른 값을 입력할 수도 있다.

변수 값은 5가 된다.

변수 값은 1이 된다.

(2) 리스트란?

하나의 이름으로 여러개의 기억공간을 만드는 것을 말한다.

❶ 변수 만드는 방식과 비슷하지만 [리스트 만들기] 블록 을 사용하여 리스트로 만들 수 있다. 위와 같이 리스트 항목이 늘어나는 경우는 리스트 만들기 왼쪽 상단의 을 눌러 나타나는 대화상자에서 항목을 끌어 리스트에 추가한다.

❷ 리스트 값에서 특정순서의 값을 가져올 때에는 [항목 선택하기 리스트] 블록을 사용한다. 첫 번째 홈에는 리스트 이름, 두 번째 홈에는 위치를 넣는다.

이것은 "리스트이름" 리스트에서 두 번째 위치의 자료를 가져오는 것이다. 이 결과는 8이 된다.

항상 두 번째 자료를 가져오는 것이 아니라면 변수를 사용하는 것이 좋다. 색인이라는 변수를 만들고 색인번째 자료를 가져올 수 있다.

이렇게 하면 항상 리스트에서 첫 번째 값만 가져오게 된다. [색인]에 랜덤한 값을 선택하고
자 한다. 1부터 8까지의 숫자 중에서 아무 값이나 선택하도록 하자.

이 블록을 사용하면 이벤트가 발생하면 1부터 8까지의 숫자 중에서 하나가 선택되어 색인값
으로 지정된다.

3.3.3 디자이너

❶ 새로운 프로젝트를 작성하기 위해 [프로젝트]–[새프로젝트 시작하기]를 클릭한다. 프로
젝트 이름은 "foodSelect"로 입력 후 [확인] 버튼을 클릭한다.

❷ 레이블, 이미지, 버튼을 뷰어창에 추가하고, 미디어파일을 추가한다.

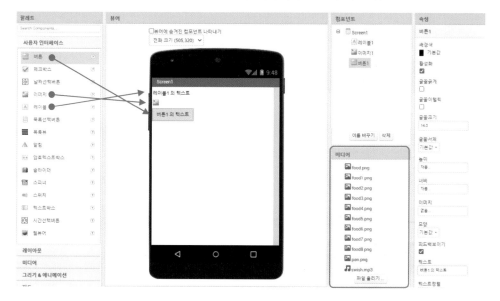

❸ 보이지 않는 컴포넌트 추가하기

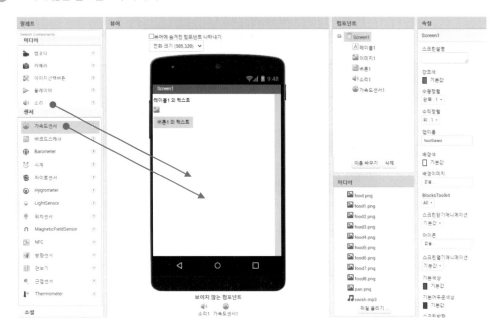

[미디어] 팔레트에서 [소리] 컴포넌트와 [센서] 팔레트에서 [가속도센서] 컴포넌트를 뷰
어창에 추가한다.

❹ Screen1 속성 편집하기

Screen1을 선택하고 [수평정렬] 가운데, [아이콘] food.png 선택, [제목]은 "메뉴 선택하
기"로 입력한다.

❺ 레이블1 속성 변경하기

[레이블] 컴포넌트를 클릭하고 [글꼴굵게]에 체크, [글꼴이탤릭]에 체크, [글꼴크기] 25, [너비]는 부모 요소에 맞추기 한다. [텍스트]는 "메뉴 선택하기"를 입력하고 [텍스트정렬]은 가운데로 한다.

❻ 이미지 속성 변경하기

[이미지]를 선택하고 [높이] 75퍼센트, [너비] 부모 요소에 맞추기, [사진] 'food.png', 사진크기맞추기에 체크한다.

❼ 버튼1 속성 변경하기

[버튼1]은 [너비] 150픽셀, [텍스트] "버튼"으로 입력한다.

3.3.4 블록

스마트폰을 흔들어서 [가속도센서]가 흔들림을 감지하면 임의의 색인값(1~8 중 하나)을 선택한다. 이 색인값을 이용하여 **색인번호**의 사진을 [이미지]에 보여준다. 색인값이 5라면, food5.png

또한, 같은 색인값을 사용하여 [음식이름] 리스트의 [색인]번째 텍스트를 [버튼]에 보여준다. 색인값이 5라면 '펜케이크'가 선택된다.

전체 코드는 다음과 같다.

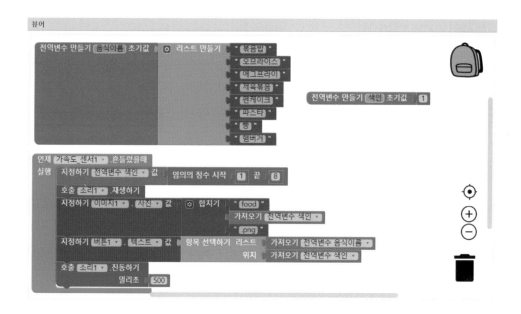

이제 작성한 프로젝트를 스마트폰에 설치한다.

① [빌드]-[앱(.APK용 QR코드 제공)]

② 스마트폰에서 MIT ai2 companion을 실행한 후 [scan QR code]를 터치한다.

모니터의 QR코드를 스캔한 후 [다운로드]를 클릭한다. [파일열기], [설치], [열기]를 터치하여 프로젝트를 설치하고 실행한다.

3.4   안전 지킴이

사진을 보거나 공부를 하는 척 하다가 위험상황이 감지되면 핸드폰을 흔들어 사이렌 소리가
나도록 한다.

3.4.1   결과보기 keepSafe.aia

 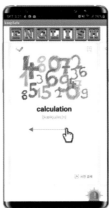

3.4.2   컴포넌트와 블록 설명

■ **컴포넌트**

블록	설명
스크롤가능수평배치	옆으로 스크롤이 가능한 컴포넌트

■ **보이지 않는 컴포넌트**

블록	설명
플레이어	소리를 출력하는 컴포넌트. 소리 컴포넌트보다는 긴 미디어 사용이 가능
가속도센서	스마트폰의 흔들림을 감지하여 가속도 값을 측정하는 컴포넌트

■ **블록**

블록	컴포넌트	기능
언제 가속도_센서1 .흔들렸을때 실행	가속도센서	가속도 센서가 흔들릴 때 실행할 블록 넣기

블록	컴포넌트	기능
호출 플레이어1 ▾ .시작하기	플레이어	플레이어에 지정된 소리파일 재생 시작하기
호출 플레이어1 ▾ .정지	플레이어	소리파일 재생 정지하기

⬇ 미디어파일 준비하기

1.png, 2.png, ... , 7.png, icon_sos.png, sos.png, Siren.mp3, title.png

3.4.3 디자이너

❶ 새로운 프로젝트를 작성하기 위해 [프로젝트]–[새프로젝트 시작하기]를 클릭한다. 프로젝트 이름은 "keepSafe"로 입력 후 [확인] 버튼을 클릭한다.

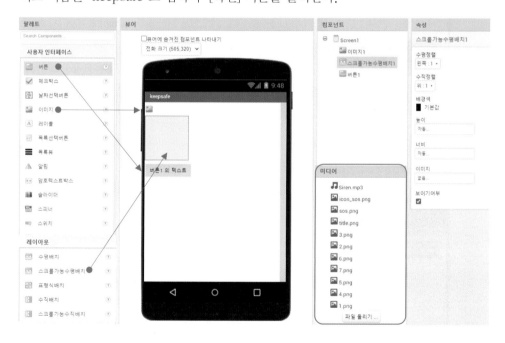

❷ 컴포넌트와 미디어 추가하기

이미지, 스크롤가능수평배치, 버튼 컴포넌트를 추가한다. 미디어 파일을 드래그하여 추가한다.

❸ 보이지 않는 컴포넌트 추가하기

[센서] 팔레트에서 [가속도센서]와 [미디어] 팔레트에서 [플레이어] 추가하기. 플레이어의 소스로 'Siren.mp3'를 선택한다.

❹ Screen1 속성 변경하기

[Screen1]을 선택하고 [수평정렬] 가운데, [아이콘] icon_sos.png 선택, [제목]은 "keepSafe"를 입력한다. 스크롤 가능 여부는 체크 해제한다.

❺ 이미지1 속성 변경하기

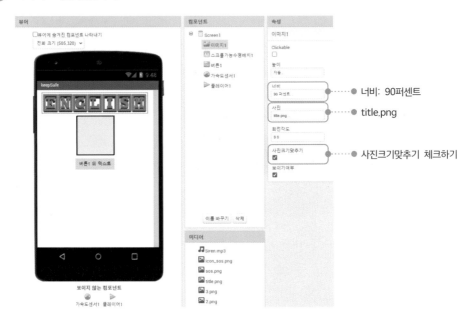

이미지를 선택하고 [너비] 90퍼센트, [사진] title.png 선택하고 사진크기맞추기에 체크한다.

⑥ 스크롤가능수평배치 편집하기

[스크롤가능 수평배치]를 선택하고 [높이] 부모 요소에 맞추기, [너비] 부모 요소에 맞추기를 선택한다. 그리고 내부에 [이미지] 컴포넌트를 7개 추가한다. [이미지2]부터 [이미지8] 까지가 추가되면 모두 동일하게 [높이] 부모 요소에 맞추기, [너비] 부모 요소에 맞추기를 선택한다. 그림은 1.png부터 7.png 까지 순서대로 선택한다.

⑦ 버튼1 속성 변경하기

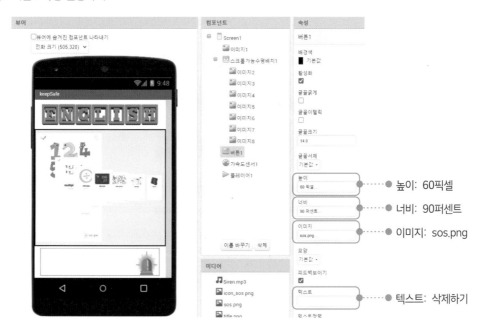

버튼1 선택 후 [높이] 60픽셀, [너비] 90퍼센트, [이미지] sos.png 선택, [텍스트]는 모두 삭제한다.

3.4.4 블록

[가속도센서]가 흔들리면 [플레이어]를 시작하고, 화면하단의 버튼을 누르면 [플레이어]가 정지되는 블록을 작성한다.

전체 코드는 다음과 같다.

이제 작성한 프로젝트를 스마트폰에 설치한다.

❶ [빌드]-[앱(.APK-용 QR코드 제공)]

❷ 스마트폰에서 MIT ai2 companion을 실행한 후 [scan QR code]를 터치한다.

모니터의 QR코드를 스캔한 후 [다운로드]를 클릭한다. [파일열기], [설치], [열기]를 터치하여 프로젝트를 설치하고 실행한다. 화면을 옆으로 드래그하여 단어장을 확인하고 스마트폰을 흔들어 소리가 나는지 확인한다. 소리를 끌때는 맨아래 버튼을 터치한다.

3.5   영어 단어장과 안전 지킴이

영어 단어장을 웹에서 가져와서 음성으로 들으면서 공부하는 앱으로 확장해보자. 위험상황
이 감지되면 핸드폰을 흔들어 사이렌 소리가 나도록 한다.

3.5.1   결과보기 keepSafe2.aia

3.5.2   컴포넌트와 블록 설명

■ 컴포넌트

블록	설명
≡ 목록뷰	여러 항목을 목록으로 나열하여 볼 수 있는 컴포넌트

■ 보이지 않는 컴포넌트

블록	설명
🌐 웹	웹에 있는 정보를 가져와 사용하는 컴포넌트. 구글 스프레드시트의 영어 단어를 가져와서 사용하기로 함
💬 음성변환	주어진 글을 소리 내어 읽어주는 요소. 말소리와 높이와 속도 조절 가능

■ 블록

블록	컴포넌트	기능
언제 Screen1 .초기화되었을때 실행	Screen1	Screen1이 초기화될 때 실행할 작업 추가
호출 웹1 .가져오기	웹	웹을 호출하여 정보 가져오기 URL은 미리 지정함
언제 웹1 .텍스트를받았을때 url 응답코드 응답타입 응답콘텐츠 실행	웹	웹에서 가져온 응답콘텐츠를 받았을 때 무엇을 할 것인지 추가
언제 목록_뷰1 .선택후에 실행	목록뷰	목록중 하나를 선택하면 어떤 블록을 실행할 것인지 추가하기
항목 선택하기 리스트 위치	리스트	리스트의 (색인)번째 위치의 항목 선택하기

3.5.3 디자이너

❶ 작성한 프로젝트를 확장해서 새로운 프로젝트를 작성하기 위해 [프로젝트]–[프로젝트 다른이름으로 저장...]를 클릭한다. 프로젝트 이름은 "keepSafe2"로 입력 후 [확인] 버튼을 클릭한다.

❷ 컴포넌트 창에서 [스크롤가능수평배치1]을 선택하고 [삭제] 한다.

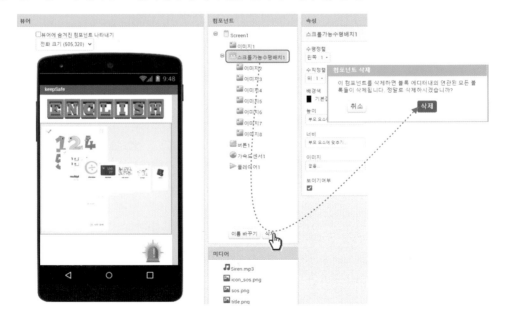

❸ 삭제한 자리에 [목록뷰] 컴포넌트 추가하고 속성 변경하기

목록뷰를 선택한 후 [배경색] 없음, [높이] 부모 요소에 맞추기, [너비] 95퍼센트, [텍스트색상] 어두운회색으로 선택한다.

❹ 웹 컴포넌트 사용하기

URL이 있어야 웹 사용

[앱 작동 원리]

구글 스프레드시트에 단어장을 만들고 이것을 앱인벤터 리스트로 작성한 후 목록뷰에 뿌려준다.

❺ google.com으로 이동하여 "스프레드시트" 검색하기 → 첫 번째 'google 스프레드시트-온라인에서 무료로 스프레드시트를...' 선택하기

❻ [개인 google 스프레드시트로 이동하기] 선택 후 [+]를 클릭하여 스프레드시트 추가하기

❼ 스프레드시트 A열에 영어단어를 입력하고 B열에 해당하는 의미를 입력한다. 파일이름 words로 변경하고, 스프레드시트 공유하기

외부에서 파일에 접근하려면 파일을 [공유]하고 [게시]해야 한다.

[파일]-[공유]

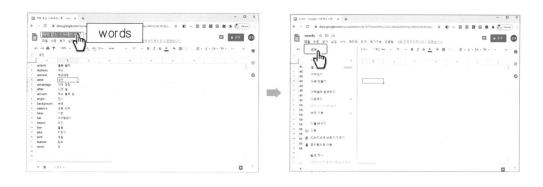

❽ 아래쪽 링크보기에서 클릭하여 "링크가 있는 모든 사용자에게 공개"를 선택 후 [완료]

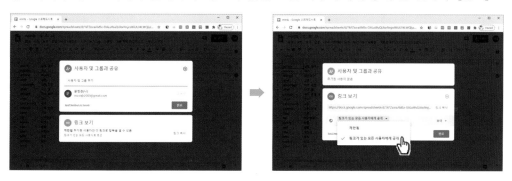

❾ [파일]-[웹에 게시]

⓾ 상단 x 를 눌러 종료하고,   [파일]–[공유]에서 링크 복사하기

⓫ 복사한 링크를 '메모장'에 붙여넣기 한 후 아래와 같이 주소를 변경한다.

[원래주소]

https://docs.google.com/spreadsheets/d/1kFZsxraAMSx-OALuWuQUIorNnjcsWiUUJ4LWQl
yzXKg/edit?usp=sharing

[변경주소]

https://docs.google.com/spreadsheets/d/1kFZsxraAMSx-OALuWuQUIorNnjcsWiUUJ4LWQl
yzXKg/export?format=csv

변경주소를 [웹] 컴포넌트 속성창의 [URL]에 복사한다.

■ 코드 설명

앱이 실행되면 바로 [웹1] 컴포넌트를 호출하여 자료를 가져온다. [웹1]은 가져온 자료를 [응답콘텐츠]에 담는다.

[웹1의 텍스트를 받았을 때] 받은 응답콘텐츠를 앱인벤터에서 사용해야하므로 리스트로 바꾸어 미리 만들어둔 [web 리스트]에 저장한다. 확인을 위해 [목록뷰.요소]에 지정하여 확인하자.

목록뷰에 나타난 자료에서 공백으로 분리되어 가지고 오는 것을 알 수 있다.

다음은 이 자료를 [table 리스트]에 두 줄로 넣기 위한 코드이다.

[web 리스트]에 담긴 항목들을 가져와서 [table 리스트]로 넣어보자. 항목이 두 개이니 우선 하나만 넣어보자.

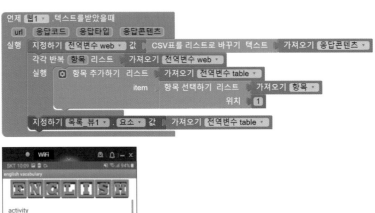

이제 [합치기]와 '\n'을 이용하여 두 줄로 만들어보자.

'\n' 또는 'Wn'은 프로그래밍 언어에서 "다음 줄로 이동"의 의미를 가지고 있다.

이 [목록뷰]에서 하나의 항목을 터치하면 음성으로 읽어주는 코드는 다음과 같다. [table 리스트]에서 [목록뷰의 선택된항목번호] 위치에 있는 메시지를 음성으로 말하는 블록이다.

전체 코드는 다음과 같다.

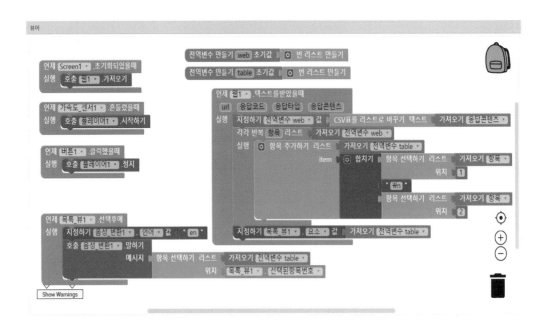

■ 앱 빌드하기

이제 작성한 프로젝트를 스마트폰에 설치한다.

❶ [빌드]-[앱(.APK용 QR코드 제공)]

❷ 스마트폰에서 MIT ai2 companion을 실행한 후 [scan QR code]를 터치한다.

정·리·하·기

1. 문제 정의란, 사용자가 느끼는 불편함을 찾아내어 올바른 해결 방향을 잡기 위한 과정이다. 이를 위해서 (1) 공감지도 만들기와 (2) 문제 정의문 만들기 과정을 수행한다.

2. 공감지도 만들기란, 사람들이 직접 느낀 것을 4가지 영역으로 구분하여 각각에 대한 지도를 작성한다.
   (1) 말하기(Say) : 각자가 느낀 문제점들을 자유롭게 다양한 문장으로 말한다.
   (2) 생각하기(Think) : 말하기 단계에서 도출한 문제에 대한 해결 방법을 깊이 생각해 보고 이를 표현해 본다
   (3) 행동하기(Do) : 문제 해결을 위해서 실천할 수 있는 행동 양식에 대해서 문장으로 표현해 본다.
   (4) 느끼기(Feel) : 문제 해결을 위해서 생각하고 행동해 보기를 수행한 후 새롭게 느낀 점을 문장으로 표현해 본다.

   위의 4가지 구분 기준을 사용해서 문제에 대해서 충분히 공감을 수행하고, 이를 통해서 문제 정의문을 작성할 수 있다.

3. "문제 정의문" 만들기 과정이란, 문제의 핵심을 찾기 위해서
   (1) 사용자가 누구인지 밝히기
   (2) 사용자의 요구사항을 동사로 표현하기
   (3) 통찰을 통해서 사용자의 요구사항이 나타나는 근본적인 원인을 밝히는 문장을 작성한다.

연·습·문·제

1. 문제정의 단계에서 수행하는 2가지 작업이 있다. 괄호에 알맞은 것은?

> 사용자가 느끼는 불편함을 찾아내어 올바른 해결방향을 잡기 위해서 (   ) 만들기와 문제
> 정의문 만들기를 수행한다.

2. 공감 지도 만들기의 4가지 영역에 대한 설명이다. 올바르지 않은 것은?

① 말하기 : 생각하는 것을 간접적으로 행동하는 것이다.
② 행동하기 : 행동하기 원하는 것을 글로 표현한 것이다.
③ 생각하기 : 문제에 대해 해결책을 찾기 위해 생각한 바를 글로 표현한 것이다.
④ 느끼기 : 문제 해결을 위해서 느낀 점을 글로 표현한 것이다.

3. 앱 인벤터에서 자료를 저장하기 위해서 임시로 갖는 기억공간을 변수라고 한다. 이것은 사용되는 범위에 따라서 전역변수와 (   )로 구분할 수 있다.

4. 앱 인벤터에서 같은 이름으로 여러 개의 기억 공간을 할당하는 것을 무엇이라고 하는가?

① 배열   ② 튜플
③ 리스트   ④ 포인터

5. 앱 인벤터에서 스마트폰의 방향, 기울기, 각도, 움직임 정도를 측정하여 나타내기 위한 컴포넌트는 무엇인가?

① 레이블   ② 가속도센서
③ GPS   ④ 진동센서

6. 앱 인벤터에서 여러 항목을 하나의 목록으로 나열하여 볼 수 있는 컴포넌트를 무엇이라고 하는가?

① 리스트 뷰   ② 웹 뷰
③ 항목 뷰   ④ 목록 뷰

CHAPTER 4

디자인사고(3)

4.1 아이디어(3단계)

4.1.1 아이디어 발상이란 무엇인가?

아이디어 발상이란 정의된 문제를 해결하기 위한 방안들을 생각하고 이를 평가하여 가장 바람직한 아이디어를 선정하는 단계이다. 이 단계는 창의성에 초점을 두고 있다. 때문에 가장 어려운 단계이기도 하다.

이 단계에서 선택되는 아이디어는 다음단계인 프로토타입을 만들기 위한 여러 가지 내용을 찾아내고, 문제에 대한 혁신적인 해결책을 제공하는 것이 목표이다.

아이디어는 다소 창의성이 부족한 것이라 하더라도 많이 내는 것이 중요하다. 이것은 혁신적인 해결점을 찾기 위한 방법이며, 질을 중요시하게 되면, 생각이 많아져 오히려 혁신적인 해결책을 찾는데 방해가 될 수 있기 때문이다.

4.1.2 아이디어 발상의 중요성

이전 단계인 문제정의 단계에서 정의된 문제를 해결하기 위해서 반드시 하나의 해결책이 있는 것이 아니다. 많은 해결책을 내 놓고 그 중에서 가장 좋은 것을 선택하는 자세가 필요하다. 특히 많은 아이디어는 문제 해결을 위한 선택의 폭을 넓혀준다. 특히, 다양한 해결책 중에서 가장 실현 가능성이 높고 사람들을 만족시킬 수 있는 아이디어를 선정한다. 어떤 해결책이 가장 좋은가는 단계가 진행되면서 테스트와 피드백을 거쳐 드러난다.

■ 아이디어 발상의 요소들

아이디어는 오랜 세월동안 필요에 의해서 연구되었다. 이는 인간만이 가질 수 있는 창의성에 대한 연구로 인간을 연구하는 것과 같은 역사를 갖는다. 그와 더불어 디자인 사고와 비숫한 과정의 문제해결 방법도 여러 가지가 있다. 즉, 이 방법들은 혁신적인 문제 해결 방법을 찾는 방법들이다. 아이디어 발상에 영향을 미치는 요소들은 다음과 같다.

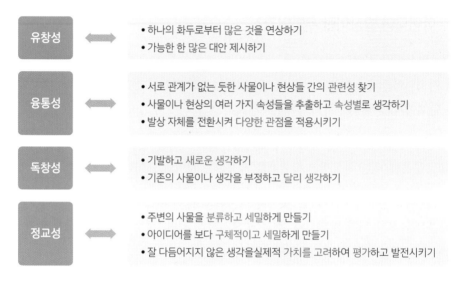

출처: https://www.slideshare.net/gisoopa/design-thinking-56464299

4.1.3   아이디어 발상의 방법

아이디어 발상을 위한 방법은 일본의 다카하시 교수에 따르면 약 620가지가 있다고 한다. 많은 방법이 있다는 것은 그만큼 창조, 혁신의 필요성이 사람들에게 많이 필요하다는 뜻이다. 아이디어 발상법 중 브레인스토밍(brainstorming)은 쉽게 사용할 수 있다. 또한 트리즈(TRIZ), 스캠퍼(SCAMPER) 기법, 유추영감법(Analogous inspiration), 마인드맵(Mind Mapping), 우뇌활성화법(Right braining), 강제연결법, 생체 모방학, 모폴로지(Morphology) 등의 방법도 있다.

(1) 아이디어 발상의 자세

아이디어는 창의성을 기반으로 인간의 머리에서 떠오른다. 이때 외부의 제재가 가해진다면 인간은 이성적인 판단을 우선시하기 때문에 창의적인 아이디어가 떠오를 확률이 낮아진다. 또한 다른 사람의 아이디어를 기반으로 새로운 아이디어를 낼 수 있다. 이렇게 다른 사람과의 상호 작용으로 새로운 아이디어가 형성되기도 한다. 이때에도 부정적인 태도나 제약이 가해진다면 좋은 아이디어를 얻기 힘들다. 즉, 아이디어에 대한 부정적인 평가와 비판하지 않는 것이 중요하다. 즉, 아이디어 발상은 다른 사람의 아이디어를 수렴하고 확산하여 또 다른 아이디어를 낼 수 있다.

(2) 브레인스토밍

많은 양의 아이디어를 필요로 할 때 가장 많이 사용하는 방법이 브레인스토밍이다. 브레인스토밍은 1930년에 알렉스 오스본(Alex Faickney Osborn)이 제안하였다. 그는 이 아이디어 발상법을 그가 창업한 광고회사에 적용하였다.

브레인스토밍에서는 효과적인 발상을 위한 판단 보류와 가능한 많은 수의 발상을 이끌어 내는 원리를 기반으로 4가지 기본 규칙을 갖는다.

① 질보다 양에 중점을 두라.
② 비판이나 판단, 평가를 보류하라.
③ 자유분방한 발언을 환영하라.
④ 아이디어끼리 결합하고, 더 좋은 아이디어를 만들어내라.

주제에 집중하며 자유로운 분위기를 만들어내는 것이 중요하다.

출처: https://www.youtube.com/watch?v=GwuaW5UaQGc

브레인스토밍에서 아디이어를 내다보면 종종 주제가 변경되는 경우가 있다. 이런 경우를 피하기 위해 반드시 앞 단계에서 정의된 문제에 대한 방향성을 잃지 말아야 한다. 따라서 정의된 문제를 회의에서 가장 잘 보이는 곳에 적어두고 회의를 진행하는 것도 좋은 방법이다. 또한 약간의 제약을 주는 것도 좋다. 예를 들어, "10분 안에 50건의 아이디어 발상"과 같이 목표를 두고 진행하는 것이다. 이것은 두뇌활동을 촉진시키는 계기가 되기도 한다.

브레인스토밍을 하는 방법은 우선 회의 리더를 뽑는다. 회의 리더는 회의가 원활히 진행되도록 비난이나 비판에 대한 제재를 하거나, 시간제한을 두어 다음 순서로 넘기는 등의 역할을 한다. 이후에 팀원들끼리 순서대로 아이디어를 제시한다. 이때 앞에서 제시된 아이디어에 더하거나 개선하는 아이디어를 내는 것도 좋다. 또한 한 사람당 시간을 제한하는 것도 좋은 방법이다. 어느정도 아이디어가 나왔다면 도출된 아이디어를 기록하고, 유형별로 분류하여 최종 아이디어를 선정한다. 선정하는 방법은 추천하거나 투표하는 방법을 사용할 수 있다.

브레인스토밍을 응용한 여러 가지 방법이 제안되어 왔다. 다음은 브레인스토밍을 응용한 방법과 특징들을 보여주고 있다.

구분	기법	참가자가 아이디어 구두제시	참가자가 아이디어 기록	구두 접촉	비구두 접촉	아이디어 선별포함	카드 사용	용지 사용
브레인 스토밍 계열	gordon법	○		○				
	역브레인 스토밍	○		○				
브레인 라이팅 계열	브레인라이팅 Pool		○		○			○
	브레인스토밍 게시판		○					
혼합 계열	미쯔비시 브레인스토밍	○	○	○				○
	Trigger법	○	○	○				○

(3) 5 Why

발견한 문제에 대해서 연속적으로(최소 5회) 문제 발생 이유에 대한 근본적인 원인을 찾기 위한 문제해결 방법이다.

4M(사람, 설비, 재료, 방법: Man, Machine, Material, Method)을 기본으로 현상을 명확히 이해하고 고정관념이나 과거의 경험적인 생각을 버리며 원리원칙에 따라 왜(Why)를 반복하여 표면상의 문제에서 보다 깊이 숨어있는 근본 문제를 찾는다.

① 왜 제퍼슨기념관의 대리석이 부식되는가?

    → A: 대리석을 세제로 너무 자주 닦는다.

② 왜 세제로 바닥을 자주 닦는가?

    → A: 비둘기가 많아 배설물이 많기 때문이다.

③ 왜 비둘기가 많은가?

    → A: 비둘기 먹이인 거미가 많기 때문이다.

④ 왜 거미가 많은가?

    → A: 해지기 전 전등을 켜서 나방이 몰려든다.

⑤ 왜 해지기 전에 전등을 켜는가?

    → A: 직원들이 일찍 퇴근하기 때문이다.

Why에 대한 답은 타당성이 있어야 하며, 도출된 대책안에 대해서는 반드시 적합성 검증을 해야한다. 5Why는 의문을 5회 이상 반복함으로써 문제의 근본원인을 찾는 것이 목적이다. 반드시 5회 이상 해야하는 것은 아니며 문제의 근본 원인이 나올 때까지 반복하는 것이다.

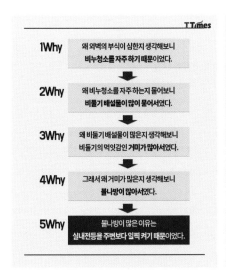

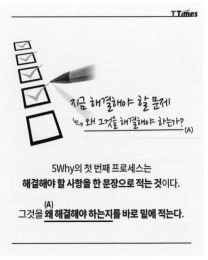

출처 : http://blog.naver.com/p1ngp1ng/220607290010

(4) Six thinking hat

창의적 사고의 대가인 에드워드 드 브노(Edward de Bono)에 의해 개발된 것으로, 가장 단순명료하게, 효과적으로 사고하기 위한 방법이다. 브레인스토밍 회의에 지쳐있을 때 아이디어를 심화할 수 있는 방법이다.

■ 6 thinking hat의 특징

- 각각의 모자는 하나의 이슈를 바라보는 의미
- 회의에서 팀원들이 하나의 관점에 집중이 가능
- 불필요한 논쟁을 막고 유연한 사고를 통해 시간 절약
- 다양한 관점에서 논의를 하며, 상대방을 공격하는 것을 막을 수 있음

색깔	표시	역할
하얀모자	사회 (객관적 정보공유)	사회자, 의제 발표. 객관적 정보를 다루기 위한 질문 • 우리는 어떤 정보를 필요로 하는가?
파랑모자	논리주의자 (문제 정의)	논리적으로 문제를 분석. 객관적 태도를 유지. 정리 • 왜 회의를 하는가? / 어떻게 정의할 것인가? • 성취하고자 하는 것이 무엇인가?
초록모자	idea 맨 (아이디어 제안)	새로운 아이디어를 제안하고 기존의 아이디어를 확장 • 전혀 다른 방향으로 해볼까?/ 새로운 대안은 없을까? • 개선방향은 무엇인가?
빨강모자	직관주의자 (직관, 느낌)	아이디어를 듣는 순간의 감정을 말함 • 예감, 직감, 비이성적인 측면이 정당하게 공개될 수 있도록 길을 제공한다.
노랑모자	낙관주의자 (긍정적 가치 찾기)	논리에 근거한 낙관적이고 좋은 아이디어를 떠올림 • 어떤 가치가 있을까? / 어떻게 구체화할 수 있을까?
검정모자	심판 (비판)	비관적으로 아이디어의 문제점을 도출 • 우리가 이렇게 행동하면 무슨 일이 발생할까? • 무엇이 잘못될 수 있을까? • 잠재적인 문제점은 무엇일까?

[창의적 아이디어의 사례]

■ 신호등 앞 특별한 카페

출처: https://www.youtube.com/watch?v=x-zxZEpCvv8

■ 빠른 쇼핑카트

출처: https://www.youtube.com/watch?v=jEcbkusXUlo

■ 약병의 모양으로 오복용을 최소화

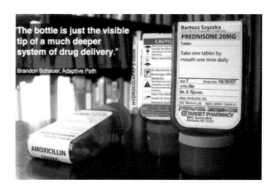

■ 창의적 아이디어는 깊은 관찰에서 나온다.

■ 창의적 아이디어는 결점을 보완할 때 나온다.

■ 창의적 아이디어는 체험을 통해 나온다.

4.2   팀 회의 진행하기

[3단계 아이디어]

- 원하는 것을 해결하기 위한 방안 적기 : 팀원들은 공감을 통해 정의된 문제를 해결하기 위한 방법을 생각나는대로 적는다. 많으면 많을수록 좋다.

  - 조사하기
  - 관찰하기
  - 체험하기

- 해결방법 공유 & 의견 수렴 : 위의 항목에서 팀원들이 제시한 해결방안 들을 조원들과 공유하고, 이에 대한 의견을 수렴하여 하나의 아이디어를 선정한다. 선정하는 방법은 여러 가지를 사용할 수 있다.
- 수집된 아이디어 재배치 : 관련이 있는 아이디어끼리 묶는다.

3단계. 아이디어 내기 - 문제 해결을 위한 대안 생성하기   _____분반 _____조

원하는 것을 해결하기 위한 반안 적기(1인당 3가지 이상)

해결방법 공유 & 의견 수렴

팀원들의 아이디어를 공유하고 수렴하여 가장 좋은 아이디어를 선정합니다.

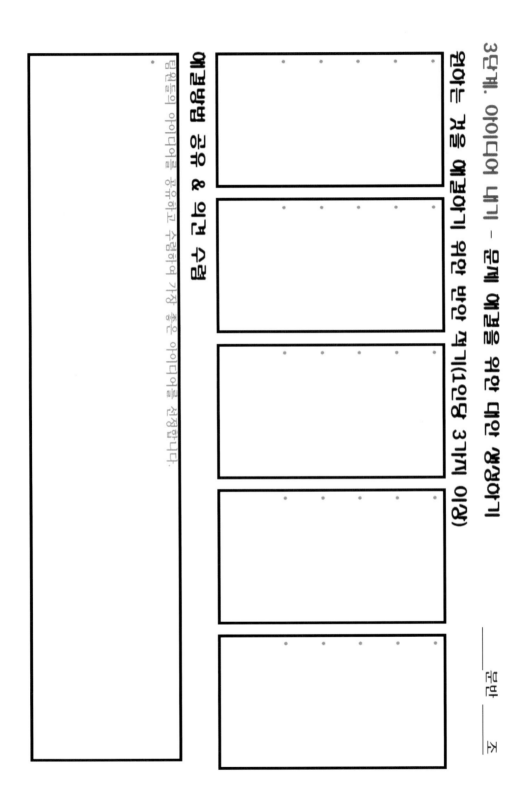

3단계. 아이디어 내기 - 문제 해결을 위한 대안 생성하기

분안 _____ 초

원하는 것을 해결하기 위한 방안 대안 적기(1인당 3가지 이상)

예상 공유 & 의견 수렴

팀원들의 아이디어를 공유하고 수렴하여 가장 좋은 아이디어를 선정합니다.

4.3   여행지 선택하기

여행지 목록을 만들고 이 중 선택하는 여행지 정보가 보이도록 하는 앱

4.3.1   결과보기 travelSelect.aia

4.3.2   컴포넌트와 블록 설명

■ 컴포넌트

블록	설명
스피너	설정한 항목 중 하나를 선택하는 컴포넌트
웹뷰어	웹페이지를 보여주는 컴포넌트

■ 보이지 않는 컴포넌트

블록	설명
시계	스마트폰의 시계, 타이머, 시간계산 기능을 제공. 자동처리를 위해 사용하는 컴포넌트

- 블록

블록	컴포넌트	기능
다른 스크린 열기 스크린 이름	제어	지정된 스크린으로 이동하기
언제 시계1 .타이머가작동할때 실행	시계	지정한 시간이 지나면 실행할 블록을 추가
언제 스피너1 .선택후에 선택된항목 실행	스피너	스피너에서 원하는 항목을 선택한 후 실행할 블록 추가
호출 웹뷰어1 .URL로이동하기 url	웹뷰어	웹뷰어를 호출하여 지정한 url로 이동하기
만약 이라면 실행	제어	만약 우측의 조건이 참이면 실행 블록을 처리하는 조건 블록

⬇ 미디어파일 준비하기

travel.png

4.3.3 디자이너

❶ 새로운 프로젝트를 작성하기 위해 [프로젝트]–[새 프로젝트 시작하기]를 클릭한다. 프로젝트 이름은 "travelSelect"로 입력 후 [확인] 버튼을 클릭한다.

❷ 사용자 인터페이스 팔레트에서 [버튼] 컴포넌트를 뷰어창에 넣는다. 센서 팔레트에서 [시계]를 뷰어창에 넣는다. 미디어파일 travel.png를 업로드 한다.

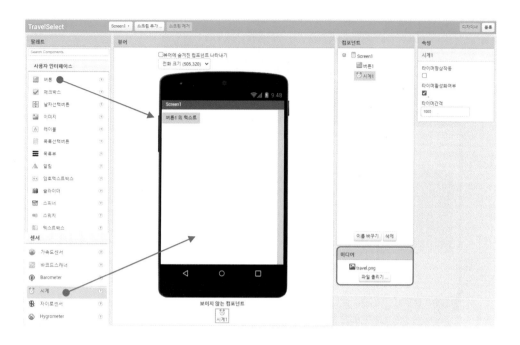

❸ Screen1 속성 변경하기

컴포넌트 창에서 [Screen1]을 선택하고 [수평정렬] 가운데, [수직정렬] 가운데를 선택한다. [아이콘]은 'travel.png'를 선택하고 [제목]은 "travel"로 입력한다.

❹ 버튼1 속성 변경하기

● 높이: 200픽셀
● 너비: 90퍼센트
● 이미지: travel.png

● 텍스트: 삭제하기

[버튼] 선택 후 [높이] 200픽셀, [너비] 90퍼센트, [이미지]는 'travel.png'를 선택하고 [텍스트]는 삭제한다.

❺ Screen 추가하기

상단 메뉴에서 [스크린 추가...]를 클릭하고 대화상자에 "Search"를 입력한 후 [확인]을 클릭한다.

Search 스크린이 만들어지면서 창이 나타난다. 이전의 Screen1로 돌아가고 싶다면 스크린버튼을 클릭하여 원하는 스크린을 선택하면된다. 스크린은 최대 10개까지 만들 수 있다.

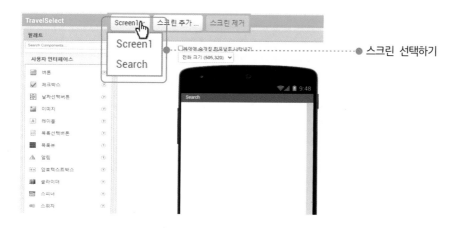

스크린 선택하기

❻ Search 스크린 배치하기와 속성 변경하기

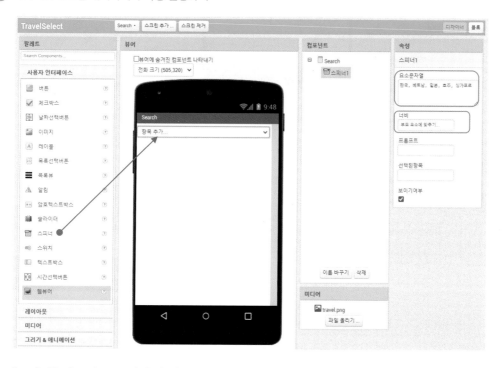

[스피너] 컴포넌트를 상단에 배치하고 속성창에서 [요소문자열]에 "한국, 베트남, 일본, 호주, 싱가포르"를 입력한다. [너비]는 부모요소에 맞추기를 선택한다.

❼ 웹뷰어 추가하기와 속성 변경하기

[웹뷰어]를 추가하고 [높이]와 [너비]를 부모요소에 맞추기 한다.

4.3.4 블록

❶ Screen1에서 버튼을 클릭하면 Search 스크린으로
이동하는 블록을 만들어보자. 먼저 Screen1로 이동
한다. [블록]으로 들어간다.

- 이동방법1 : 버튼1을 클릭했을 때 지정한 스크린 이름을 사용하여 [Search] 스크린 열기

언제 버튼1 .클릭했을때
실행   다른 스크린 열기   스크린 이름   " Search "

- 이동방법2 : 시계를 사용하여 지정한 초가 지나면 [Search] 스크린 열기

언제 시계1 .타이머가작동할때
실행   다른 스크린 열기   스크린 이름   " Search "

[시계]의 속성에서 [타이머간격]이 2000이면 앱 실행 후 2초 후에 자동으로 Search 스크린으로 이동한다.

❷ Search 스크린 블록을 완성하자.

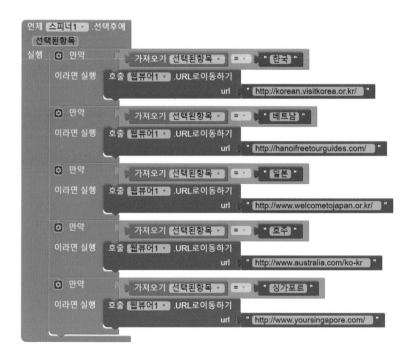

선택된 항목이 무엇인지에 따라 다른 url을 사용하여 웹뷰어를 호출한다.

- 한국　　　　http://korean.visitkorea.or.kr/
- 베트남　　　http://hanoifreetourguides.com/
- 일본　　　　http://www.welcometojapan.or.kr/
- 호주　　　　http://www.australia.com/ko-kr
- 싱가포르　　http://www.yoursingapore.com/

▪ 앱 빌드하기

이제 작성한 프로젝트를 스마트폰에 설치한다.

❶ [빌드]−[앱(.APK용 QR코드 제공)]

❷ 스마트폰에서 MIT ai2 companion을 실행한 후 [scan QR code]를 터치한다.

모니터의 QR코드를 스캔한 후 [다운로드]를 클릭한다. [파일열기], [설치], [열기]를 터치하여 프로젝트를 설치하고 실행한다. 버튼을 클릭하여 Search 스크린을 연다. 스피너를 터치하여 원하는 여행지를 선택한다.

4.4 | 그림 그리기와 공유하기

그림판을 만들어 그림을 그릴 수 있다. 선의 굵기를 조절하거나 색을 선택할 수 있다. 이미지를 배경으로 가져와서 그 위에 그림을 그리거나 공유할 수 있다.

4.4.1 결과보기 painting.aia

4.4.2 컴포넌트와 블록 설명

■ 컴포넌트

블록	설명
슬라이더	소리의 크기나 붓의 두께 등을 조절할 때 사용하는 컴포넌트
이미지선택버튼	스마트폰에 저장된 사진을 갤러리 애플리케이션을 통해 선택하는 컴포넌트
캔버스	그림을 그리거나 스프라이트를 움직이는 컴포넌트 [캔버스 옵션] • 너비, 높이 • 캔버스 배경색 • 배경 이미지 • 페인트 색상

- **블록**

블록	컴포넌트	기능
지정하기 캔버스2 ▼ . 보이기여부 ▼ 값 참 ▼ 거짓 ▼		캔버스를 앱에 보이기 블록 캔버스를 앱에서 숨기기 블록
지정하기 캔버스1 ▼ . 페인트색상 ▼ 값		캔버스에 그려질 색을 지정하는 블록
지정하기 캔버스1 ▼ . 선두께 ▼ 값		캔버스에 그려질 색의 두께를 지정하는 블록
지정하기 캔버스1 ▼ . 배경이미지 ▼ 값		캔버스의 배경이미지를 지정하는 블록
지정하기 색선택 ▼ . 배경색 ▼ 값		색선택 버튼은 버튼의 색을 지정하는 블록
호출 캔버스2 ▼ .배경픽셀색상가져오기 X Y		캔버스2에 보여지는 색상 중 x, y 위치의 색상을 가져오는 블록 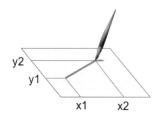
언제 이미지선택 ▼ .선택후에 실행		이미지선택버튼을 누른 후 선택되는 그림을 어떻게 실행할 것인지를 지정하는 블록
언제 슬라이더1 ▼ .위치가변경되었을때 섬네일위치 실행		슬라이더의 섬네일 위치가 변경되었을 때 이 값으로 무엇을 실행할 것인지 지정하는 블록
호출 캔버스1 ▼ .선그리기 x1 가져오기 이전X ▼ Y1 가져오기 이전Y ▼ x2 가져오기 현재X ▼ Y2 가져오기 현재Y ▼		캔버스에 선을 그릴 경우 시작위치에서 종료위치까지 값으로 선을 그리도록 하는 블록

⬇ **미디어파일 준비하기**

colormap.gif, icon_paint.png

(1) 선그리는 방법

캔버스 내의 영역에 손가락을 두고 드래그하면 [캔버스1.선그리기] 블록을 호출하여 시작 지점(x1, y1) 부터 종료 지점(x2, y2)까지 선을 그릴 수 있도록 한다. 곡선을 그리는 경우 이 작업이 잘게 여러번 이루어진다.

(2) 색상 선택하는 원리

먼저 이 앱은 캔버스가 2개 필요하다. 캔버스1은 아래쪽의 큰 영역이고, 캔버스2는 색상환이 있는 영역이다. 맨 처음 화면에서는 캔버스2는 숨겨져 있다. 캔버스2의 블록만 살펴보자.

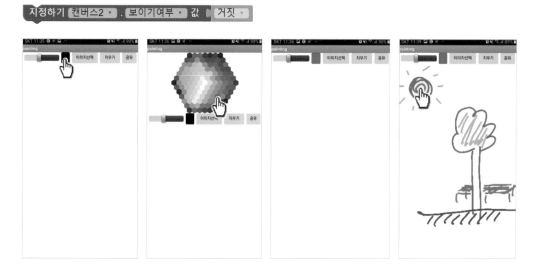

[색선택] 버튼을 클릭하면 캔버스2의 색상환이 나타나고 색을 선택해야한다. 그리고 원하는 색을 터치하여 색을 선택하면 터치한 위치(x, y) 색상을 가져와서 [색선택] 버튼의 배경색으로 지정한다. 이 색을 [캔버스1.페인트색상]으로 지정하고 [캔버스2.보이기여부]를 거짓으로 하여 숨긴다.

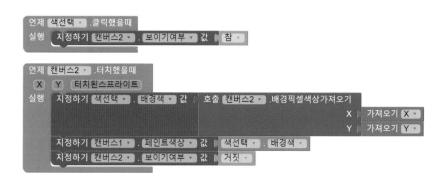

[색선택] 버튼의 배경색으로 보여주어야 사용자가 어떤 색을 선택했는지 알 수 있다. 이제 캔버스 위를 드래그하면서 그림을 그린다.

(3) 이미지 선택 실행순서

[이미지선택] 버튼을 클릭하여 갤러리에서 원하는 사진을 선택한다. 사진이 배경으로 나타나면 드래그하여 하고 싶은 말을 적는다.

(4) 공유하기

문자나 카카오톡, 구글드라이브 등으로 캔버스의 현재 내용을 공유할 수 있다. [공유] 버튼을 클릭하고 공유대상을 선택 후 [확인] 버튼을 터치한다. 선택한 대상에게 이미지가 전송된다.

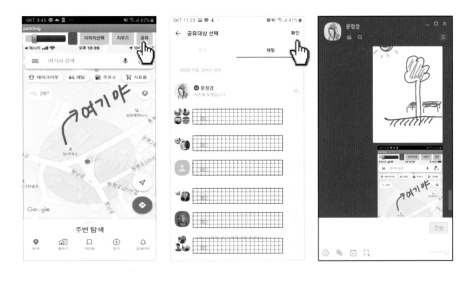

4.4.3 디자이너

❶ 새로운 프로젝트를 작성하기 위해 [프로젝트]–[새 프로젝트 시작하기]를 클릭한다. 프로젝트 이름은 "painting"으로 입력 후 [확인] 버튼을 클릭한다.

❷ 컴포넌트 배치하기와 미디어 파일 업로드하기

[레이아웃] 팔레트에서 [수평배치] 컴포넌트를 뷰어창 상단에 넣고 [사용자인터페이스] 팔레트에서 [슬라이더]를 뷰어창에 넣고, [사용자인터페이스] 팔레트에서 [버튼] 컴포넌트, [미디어]팔레트에서 [이미지선택버튼] 컴포넌트, 다시 [버튼] 두 개를 오른쪽으로 추가한다.

[그리기&애니메이션] 팔레트에서 [캔버스] 컴포넌트를 [수평배치] 컴포넌트 아래쪽에 넣어준다.

[미디어] 창에는 'colormap.gif'와 'icon_paint.png' 파일을 업로드한다.

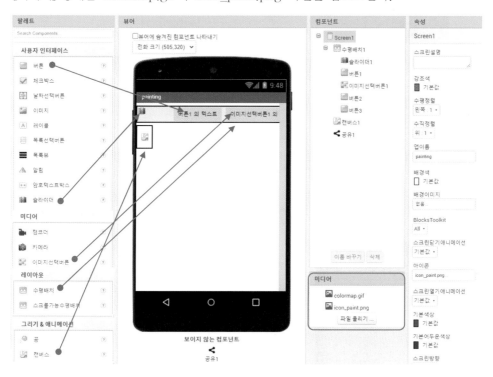

❸ 보이지않는 컴포넌트 배치하기

[소셜] 팔레트에서 [공유] 컴포넌트를 추가한다.

❹ Screen1 속성 편집하기

아이콘: icon_paint.png

제목: painting

Screen1을 선택하고 [수평정렬] 가운데, [아이콘]은 'icon_paint.png'을 선택한다. [제목]은 "painting"으로 입력한다.

❺ 슬라이더 속성 변경하기

[슬라이더1] 컴포넌트를 선택하여 속성을 변경한다. [너비]는 100픽셀, [최댓값]은 30, [최솟값]은 1, [섬네일위치]는 5로 한다.

너비: 100픽셀

최댓값: 30

최솟값: 1

섬네일위치: 5

⑥ [버튼1] 속성 변경하기

[버튼1] 컴포넌트의 이름은 "색선택"으로 변경하고, [텍스트] 속성은 삭제한다. [배경색]은 자홍색으로 선택하고 [너비]는 40픽셀로 입력 그리고 [모양]은 둥근모서리를 선택한다.

⑦ 이미지선택버튼 속성 변경하기

[이미지선택버튼1] 의 컴포넌트 이름과 [텍스트]는 "이미지선택"으로 변경하고, [너비]는 90픽셀로 입력한다.

❽ 버튼2, 버튼3 속성 변경하기

버튼2의 [컴포넌트] 이름과 [텍스트]는 "지우기"로 입력, [너비]는 70픽셀로 입력한다.

버튼3의 [컴포넌트] 이름과 [텍스트]는 "공유"로 입력, [너비]는 50픽셀로 입력한다.

❾ 캔버스1 속성 변경하기

 캔버스2 추가하고 속성 변경하기

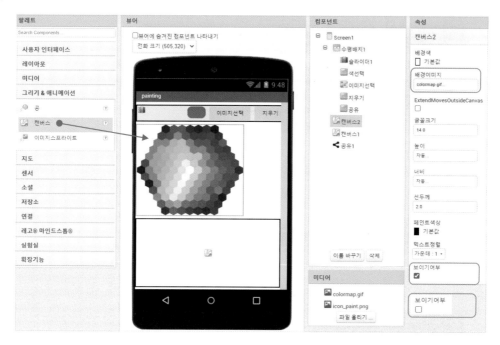

[그리기&애니메이션] 팔레트에서 [캔버스] 컴포넌트를 [수평배치1]과 [캔버스1] 사이에 넣어준다. 속성창에서 [배경이미지]를 'colormap.gif'로 선택하고 [보이기여부]는 체크 해제한다. 현재는 학생들에게 창을 보여주어야 하기 때문에 [보이기여부]에 체크했지만 꼭 체크 해제한다.

4.4.4 블록

❶ [색선택] 버튼을 클릭하여 나타나는 캔버스2에서 색을 선택하면 그 색을 (x,y) 위치의 색을 가져와서 [색선택]버튼의 배경색으로 지정한다.

```
언제 색선택 .클릭했을때
실행  지정하기 캔버스2 . 보이기여부 . 값 ▶ 참 ▾


언제 캔버스2 .터치했을때
    X  Y  터치된스프라이트
실행  지정하기 색선택 . 배경색 . 값 ▶ 호출 캔버스2 .배경픽셀색상가져오기
                                                    X ▶ 가져오기 X ▾
                                                    Y ▶ 가져오기 Y ▾
     지정하기 캔버스1 . 페인트색상 . 값 ▶ 색선택 . 배경색 ▾
     지정하기 캔버스2 . 보이기여부 . 값 ▶ 거짓 ▾
```

그리고 캔버스에서 드래그하면 선이 그려진다.

❷ [이미지선택] 컴포넌트를 클릭하면 자동으로 '갤러리'가 나타난다. 갤러리에서 '선택한 항목'을 [캔버스1.배경이미지] 지정한다.

필요한 그림을 그린 후에 친구에게 공유한다.

❸ 슬라이더의 섬네일 위치를 조절하면 두께가 변경된다.

❹ [지우기] 버튼을 클릭하면 [캔버스1] 안의 모든 선을 지운다. [캔버스1]에 배경이미지가 있다면 지운다.

전체 코드는 다음과 같다.

■ 앱 빌드하기

이제 작성한 프로젝트를 스마트폰에 설치한다.

❶ [빌드]–[앱(.APK용 QR코드 제공)]

❷ 스마트폰에서 MIT ai2 companion을 실행한 후 [scan QR code]를 터치한다.

모니터의 QR코드를 스캔한 후 [다운로드]를 클릭한다. [파일열기], [설치], [열기]를 터치하여 프로젝트를 설치하고 실행한다.

정·리·하·기

1. 디자인 사고법의 3단계인 아이디어 발상은 정의된 문제를 해결하기 위한 방법을 생각하고 그 중에서 가장 바람직한 방법을 선정하는 단계이다. 이 단계에서는 창의성에 초점을 두고 있다.

2. 디자인 사고법의 4단계인 프로토타입을 만들기 위해서는 다양한 아이디어를 최대한 많이 찾아내고, 문제에 대한 혁신적인 해결 방법을 찾는 것이 목표이다.

3. 아이디어 발상의 중요한 4가지 요소들은,
   (1) 유창성 : 가능한 많은 해결 방법들을 제시하는 것이 중요하다.
   (2) 융통성 : 서로 관계가 있는 사물이나 현상들 사이의 관련성을 찾거나 속성을 추출하거나 다양한 관점을 적용해 보는 것이 중요하다.
   (3) 독창성 : 기존의 사물이나 생각을 부정하고 다르게 생각해 봄으로서 새로운 해결 방법을 찾는 것이 중요하다.
   (4) 정교성 : 아이디어를 보다 구체적이고 세밀하게 만드는 것이다.

4. 아이디어 발상법 중에서 가장 대표적인 브레인스토밍은 1930년 알렉스 오스본에 의해 제안되었다. 브레인스토밍 방법은 4가지 기본 규칙을 갖는다.
   (1) 아이디어의 질보다 양에 초점을 맞춘다.
   (2) 다른 사람이 제안한 아이디어에 대해서 비판하거나 비난하지 않는다.
   (3) 특이한 아이디어를 환영한다.
   (4) 여러 가지 아이디어를 조합하고 좀 더 창의적인 아이디어로 개선하는 노력이 필요하다.

5. 아이디어 발상법 중에서 5 Why 방법은 "왜?"를 반복해서 근본적인 문제의 원인을 찾기 위한 디자인 사고법이다. 이를 위해서 4M(사람, 설비, 재료, 방법)을 기본으로 현상을 명확히 이해하고 고정관념이나 과거의 경험적인 생각을 버리며, 원리 원칙에 따라서 Why를 반복하여 깊이 숨어 있는 근본 문제를 찾는 것이다.

6. 에드워드 드 브노(Edward De Bono)는 아이디어를 심화해서 창의적인 사고를 하기 위해서 Six thinking hat 방법을 제안하였다. 이를 위해서 6가지 다른 색깔의 모자를 쓰고 다른 관점으로 생각하는 방법을 시도해 보는 방법이다.

   (1) 하얀 모자 : 객관적인 정보공유를 통해서 우리가 필요한 정보가 무엇인가, 어떻게 필요한 정보를 얻을지를 고민해 본다.

   (2) 파랑 모자 : 논리적으로 문제를 분석하고자 객관적 태도를 유지하는 것이 중요하다.

   (3) 초록 모자 : 기존의 아이디어를 확장해서 새로운 아이디어를 제안하고자 집중한다.

   (4) 빨강 모자 : 아이디어를 듣는 순간 느끼는 직관점인 감정이나 느낌을 중요시한다.

   (5) 노랑 모자 : 논리에 근거한 낙관적이고 좋은 아이디어를 우선 선택한다.

   (6) 검정 모자 : 비관적 관점에서 도출된 아이디어의 문제점을 찾는다.

연·습·문·제

1. 다음은 디자인 사고법에서 아이디어 발상에 대한 설명이다. 올바르지 않은 것은?

① 아이디어 발상에서는 창의성에 초점을 둔다.
② 문제 정의 단계 다음에 수행한다.
③ 프로토타입을 만들기 위한 사전 작업이다.
④ 아이디어의 양보다 질이 중요하므로 우수한 방법만 고른다.

2. 아이디어 발상의 4가지 요소에 대한 설명이다. 올바르지 않은 것은?

① 유창성 : 가능한 많은 해결방법을 제시한다.
② 융통성 : 독립된 해결방법들을 최대한 많이 찾아낸다.
③ 독창성 : 기존의 생각이나 사물을 부정하고 다르게 생각해 본다.
④ 정교성 : 아이디어를 구체적이고 세밀하게 만든다.

3. 브레인스토밍에 대한 설명이다. 올바르지 않은 것은?

① 아이디어의 질보다 양에 초점을 맞춘다.
② 다른 사람이 제안한 아이디어를 비판하지 않는다.
③ 기존에 좋은 아이디어를 무조건 따르고자 노력한다.
④ 여러 아이디어를 조합해서 새로운 아이디어를 만든다.

4. 5Why(왜?) 발상법에 대한 설명으로 올바르지 않은 것은?

① 주어진 문제에 대해서 5번 이상 왜 그런가 하고 반복해서 질문한다.
② 3M과 2W에 대한 대답을 얻고자 노력한다.
③ 고정 관념이나 과거의 경험적인 생각을 버린다.
④ 문제 숨어 있는 근본적인 문제점을 찾아낸다.

5. 6 thinking hat 발상법에 대한 설명이다. 올바르지 않은 것은?

① 초록 모자는 아이디어를 듣는 순간 느끼는 직관점인 관점을 중요시한다.
② 파랑 모자는 객관적 태도를 유지함녀서 문제를 분석한다.
③ 하얀 모자는 객관적인 정보 공유를 통해서 필요한 정보가 무엇인지 고민한다.
④ 검정 모자는 비관적 관점을 가지고 도출된 아이디어의 문제점을 찾는다.

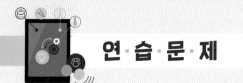

6. 6가지 모자를 쓰고 각자의 역할을 정해 문제 해결을 위한 아이디어를 찾는 6 Think hat 방법에서 Idea맨 역할을 수행하는 모자의 색깔은 무엇인가?

7. jpg, gif, png 등과 같은 그림을 기기에 상관없이 나타낼 수 있는 앱 인벤터에서 사용하는 컴포넌트는 무엇인가?

8. 웹 페이지를 보여주기 위해서 앱 인벤터에서 사용하는 컴포넌트는 무엇인가?

9. 타이머 또는 시계를 사용하는 컴포넌트에서 사람과 달리 컴퓨터는 시간이 더욱 짧은 단위를 사용한다. 사람이 사용하는 1초는 컴퓨터 기준으로 얼마인가?

10. 앱 인벤터에서 그림을 그리거나 스프라이트를 움직이는데 사용하는 컴포넌트는 무엇인가?

① 이미지   ② 슬라이더

③ 캔버스   ④ 팔레트

CHAPTER 5

디자인사고(4)

5.1 | 프로토타입(4단계)

프로토타입은 도출된 아이디어를 구체화 또는 실체화 하는 단계이다. 실제로 아이디어에 맞는 제품을 만들기 전에 시제품, 스토리, 그림 등을 만들어서 제품에 대한 피드백을 받는 것이다. 이 단계는 실제 제품을 만들기에는 시간과 경제적으로 많은 시간이 들지만, 제품과 비슷한 시제품을 만들어 제품에서 나올 수 있는 장단점을 미리 파악할 수 있다.

5.1.1   프로토타입이란?

아이디어를 구체화하여 제품, 서비스 등을 보거나 만지거나 실행할 수 있도록 만들어내는 것이다. 프로토타입의 목적은 아이디어를 외부로 표현하여 피드백을 얻는 것이다. 또한 특징으로는 프로토타입을 통해 사용자와 개발자가 대화를 할 수 있다는 것이다. 즉, 개발자의 아이디어를 사용자가 경험하게 함으로써 서로 상호작용을 할 수 있고 사용자로부터 더 깊은 공감을 이끌어낼 수 있다.

프로토타입(prototype)의 사전적 의미는 "원형" 또는 "기본이 되는 형"으로 정의된다. 즉, 대량 생산이나 실제 제품을 생산하기 전에 미리 제작해보는 원형이나 시제품으로, 모형이라 할 수 있다. 어느 분야나 역할은 동일하다. 대량생산 제품에는 대량생산 전에 사용자의 요구사항을 확인할 수 있고, 소프트웨어 분야에서는 완전한 소프트웨어를 만들기 전에 사용자의 요구를 점검할 수 있다. 또한 제품이 아닌 서비스에서는 상황에 따른 장단점을 파악할 수 있다.

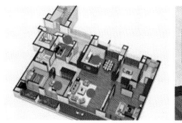

출처 : KOVI 사이버 모델하우스

프로토타입의 대표적인 예는 아파트 모델하우스이다. 모델하우스를 통해 내부 구조, 인테리어, 마감재 종류를 살펴보고 이런저런 분양 정보를 얻는다. 아파트를 건축하는 데 약 2년 정도 걸린다고 할 때 모델하우스도 못 보고 계약했다가 입주할 때쯤 완성된 내부가 계약자가 생각한 것과 많이 다르다면 매우 난감할 것이다.

5.1.2 프로토타입의 목적

① 아이디어를 구체화하여 문제에 대한 해결책을 만드는 데 있다. 아이디어를 사람들에게 보여주고 피드백을 통해 완성도를 높여 발전시킬 수 있다. 즉, 디자인사고의 3단계에서 도출된 아이디어를 빠르게 사람들의 테스트 및 평가를 받게 한다.

② 아이디어의 검증 도구뿐만 아니라 더 많은 아이디어를 발생하게 하는 도구로도 사용된다. 즉, 프로토타입을 사용자에게 경험하게 하고, 그 현상이나 행동을 관찰하여 더 좋은 아이디어를 낼 수 있는 기회로 삼는다.

③ 문제 해결에 대한 실패를 방지할 수 있다. 프로토타입은 처음부터 완성도 있게 만들 필요는 없다. 빠르게 구체화하여 사용자의 피드백으로 여러 번 발전시킨 프로토타입을 만들 수 있다.

④ 아이디어를 명확하게 할 수 있다. 프로토타입을 통해 문제 해결에 대한 아이디어의 적합성, 유용성, 편리성, 기능성, 타당성 등을 파악하여 보다 아이디어를 명확하게 할 수 있다.

5.1.3 프로토타입의 원리

① 시작은 단순하게 한다.
- 처음 시제품을 확인하는 시간이 오래 걸리면 원래의 의도에서 멀어지고 많은 돈과 노력이 소모되는 역효과가 일어난다.
- 하루 안에 초기 프로토타입 완성을 목표로 한다.

② 사용자 관점으로 만든다.
- 좋은 서비스가 있더라도 최종 사용자가 불편하면 도태된다.
- 모든 것에 의미를 부여하려 하지 않는다.
- 세부적인 사항을 염두에 두지 말고 핵심적인 사항들만 작성한다.

③ 프로토타입의 목적에 따라 내용의 깊이를 선택한다.
- 나무를 볼 것인지, 숲을 볼 것인지 선택해서 작성한다.
- 전체적인 구조와 개념을 원한다면 낮은 완성도로 만들고, 사용성이나 감성적인 만족도에 원한다면 높은 완성도로 만든다.

④ 최악의 상황으로 사용자 사용에 대한 이야기를 만든다.

- 이야기를 위주로 확인할 수 있도록 한다.
- 서비스 디자인이나 스토리보드와 같은 도구를 활용하면 더 효과적으로 전달할 수 있다.
- 최악의 상황을 구현하여 대비한다.

⑤ 유용한 도구들을 사용하라.

- 프로토타입을 만드는 도구들이 많다. 이를 활용하면 쉽고 빠르게 생성할 수 있다.
- 아래 표는 원하는 특성에 따라 시각과 기능적으로 구현될 수준을 보여준다.

프로토타입의 특징

	콘셉/아이디어	인터랙션/기능 위주	디자인/사용성 위주	높은 품질의 프로토타입
시각적 완성도	낮음	낮음	높음	높음
기능적 완성도	낮음	높음	낮음	높음

5.1.4   프로토타입 형태

프로토타입은 사용자와 상호작용을 할 수 있는 것이라면 어떤 형태로든 만들 수 있다. 즉, 물리적인 작품만이 아닌 스케치 같은 그림일 수도 있고, 시나리오와 같은 가상의 상황일 수도 있다. 예를 들어, 벽에 붙인 포스트잇, 어설프게 만들어진 기계 장치, 역할 연기, 만화로 그려진 스토리 등이 모두 프로토타입이 될 수 있다. 그 이외에도 종이 프로토타입(paper prototype), 펑키 프로토타입(funky prototype), 경험 프로토타입(experience prototype), 비판적 기능 프로토타입(critical function prototype), 오즈의 마법사 프로토타입(wizard of os prototype), 다크호스 프로토타입(darkhorse prototype) 등이 있다.[1] 디자인 사고에는 주로 종이 프로토타입이 사용된다.

① 스케치 : 아이디어를 간단하게 표현하고, 브레인스토밍의 재료로 활용된다. 주로 페이퍼 프로토타입을 위한 전단계로 사용되거나, 프로토타입 자체로 사용된다.

---

1   참고 : d.school Bootcamp Bootleg. http://m.blog.naver.com/pzh7544/220566412690

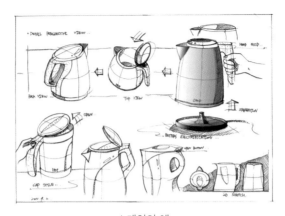

스케치의 예
출처 : DESIGNSORI, 류지희

② 페이퍼 프로토타입 : 종이로 서비스나 제품을 그려서 실제로 사용되는 것처럼 테스트한다. 소프트웨어의 경우 화면 설계의 초기단계에서 문제점을 찾아내는데 사용된다. 정교한 표현보다는 빠르고 단순하게 작성하여 사용된다.

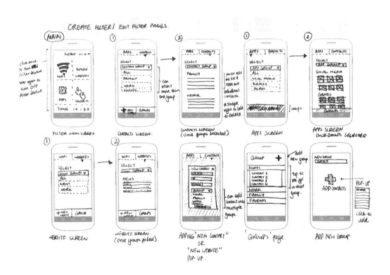

페이퍼 프로토타입의 예
출처 : IT 기획 연구소, http://yslab.kr/74

③ 와이어프레임 : 일반적으로 마이크로소프트사의 파워포인트나 비지오 등을 이용하여 작업한다. 페이퍼 프로토타입의 다음단계로 구현의 완성도를 높인 형태이다. 소프트웨어에서는 화면 구성이나 위치, 프로그램 순서 등을 표현하는데 사용된다. 경우에 따라 기능들을 세밀하게 표현하기도 한다. 단점은 정적인 화면으로 구성되기 때문에 실제 사용자들에게 모든 기능을 표현하기 힘들다.

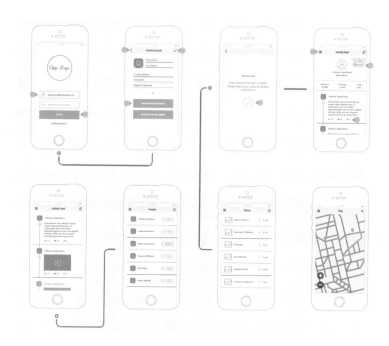

와이어프레임의 예

출처 : SourceTree.kr

④ 디지털 프로토타입 : 페이퍼 프로토타입보다 완성도가 높다. 소프트웨어 분야의 경우 실제로 동작하는 것처럼 제품을 만들어 사용자에게 테스트할 수 있다. 스마트폰의 화면에 버튼 등을 두어 터치 제스처, 화면의 이동, 터치에 대한 반응 등의 화면 변화 등의 구성과 내용, 전개 등을 확인하기 위해 사용한다. 회의 시 즉석에서 간단하게 보여줄 때 사용된다.

⑤ 기타

- 모델(Model) : 자신의 생각을 3차원으로 표현하여 형상을 만든다. 모델은 실제 크기 또는 제도된 크기가 될 수 있다.

- 디지털 목업(Digital Mockup) : 실제로 모형을 만들지 않고 디지털 모델(3D CAD) 등의 컴퓨터를 이용한 설계이다.

- 역할극(Role Play) : 아이디어를 역할극으로 만들어 질문을 할 수 있다. 간단한 소품이나 스토리 보드를 통해 할 수 있다.

- 광고(Advertisement) : 광고 모형을 만들어 프로그램 또는 서비스, 제품에 대한 아이디어를 표현한다.

- 공간 개조(Revamped Space) : 기존의 공간을 창의적으로 연출한다. 책상이나 의자 등의 주변 재료들을 이용하여 자유롭게 표현할 수 있다.

■ **프로토타입과 테스트**

출처 : https://www.youtube.com/watch?v=oP2T6twrGO8

■ **종이 프로토타입**

출처 : https://www.youtube.com/watch?v=VYx7rDla8S4

■ **디지털 프로토타입**

출처 : https://www.youtube.com/watch?v=q0fIB-JssKo

5.2   팀 회의 진행하기

[4단계 프로토타입]

- 도출된 아이디어를 구체화 또는 실체화하기 : 팀원들의 아이디어를 구체화하여 제품, 서비스 등을 보거나 만지거나 실행할 수 있도록 만들어내기

  - 빠르고 fast
  - 쉽게 cheap

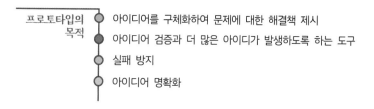

- 최대한 자세히 표현 : 그림 또는 글로 시각화한다.

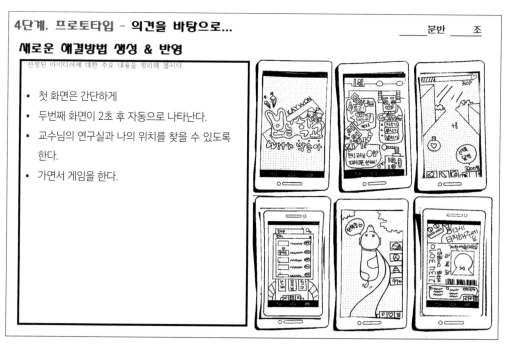

출처: 계원예술대학교 프로토타입 샘플

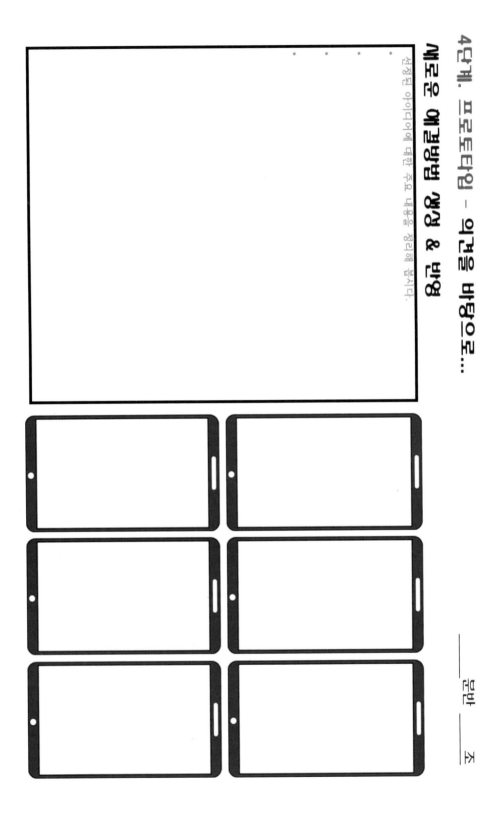

4단계. 프로토타입 - 위계를 바탕으로…

새로운 앱환경 예약앱 & 성강 구상

선정된 아이디어에 대한 주요 내용을 정리합시다.

분반 ___ 조

5.3   나 여기 있어

[위치센서] 컴포넌트로 내 위치의 위도와 경도를 사용하여 알 수 있다. 위도, 경도를 사용하여 지도에 마커로 표시하거나 구글지도, 네이버 지도에서 내 위치를 확인하는 앱 만들기

5.3.1   결과보기 iamhere.aia

5.3.2   컴포넌트와 블록 설명

■ 컴포넌트

블록	설명
지도	미국지질조사국에서 제공하는 2차원 지도
마커	지도에 위치를 표시

■ 보이지 않는 컴포넌트

블록	설명
액티비티스타터	웹뷰와 비슷하나 새로운 브라우저를 사용하여 특정 웹페이지를 열 때 사용하는 컴포넌트
위치센서	위도, 경도, 고도, 현재 주소를 알려주는 컴포넌트

■ **블록**

블록	컴포넌트	기능
언제 위치센서1 ▾ .위치가변경되었을때 위도 경도 고도 속도 실행	위치센서	위치센서의 위치가 변경될 때 위도, 경도, 고도, 속도 측정
✕ 지정하기 지도1 ▾ . 중심좌표 ▾ 값	지도	지도를 표시하기 위한 중심 위도, 경도 지정하기
호출 마커1 ▾ .위치설정하기 위도 경도	마커	마커 📍 를 표시할 위도, 경도 설정하기
✕ 지정하기 액티비티스타터1 ▾ . 데이터URI ▾ 값		액티비티스타터를 실행할 때 가져갈 URI 지정하기
호출 액티비티스타터1 ▾ .액티비티시작하기		액티비티스타터 시작하기

⬇ **미디어파일 준비하기**

iamhere.png

[프로그램 원리 이해]

Google지도

액티비티스타터1

Naver지도

구글지도 버튼을 클릭하면 현재 위도, 경도 값을 가지고 Google지도를 실행한다.

네이버지도 버튼을 클릭하면 현재 주소를 가지고 Naver지도를 실행한다.

[구글맵 서치 원리]

구글에서 "현충사"를 지도 검색하면, https://www.google.com/maps/place/@위도,경도,18z?hl=ko를 볼 수 있다. "https://www.google.com/maps/place/"는 구글지도를 사용하는 주소이며, @ 뒤에 위도, 경도는 위치를 나타낼 수 있고, 18z?hl=ko 는 줌레벨과 한국 표시이다.

18z는 확대 정도를 나타낸다. zoom 1은 세계지도가 보이는 정도, zoom 10은 도시가 보이는 정도 zoom 17 정도가 동네가 보이는 정도이다.

앱인벤터에서 위도와 경도를 사용하여 URI 만드는 방법은 다음과 같다.

[네이버 지도 서치원리]

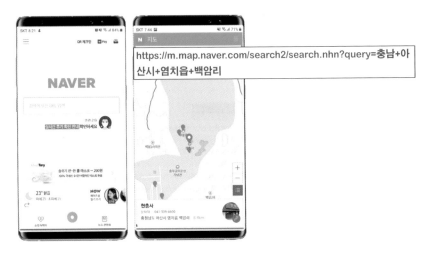

네이버 지도에서 검색하면 주소로 검색하게 된다.

'https://m.map.naver.com/search2/search.nhn?query=충남+아산시+염치읍+백암리'와 같이 검색한다.

+표시는 검색시 공백을 허가하지 않고 +로 변경하여 사용한다.

앱인벤터에서 주소를 사용하여 URl 만드는 방법은 다음과 같다.

5.3.3 디자이너

① 새로운 프로젝트를 작성하기 위해 [프로젝트]–[새 프로젝트 시작하기]를 클릭한다. 프로젝트 이름은 "iamhere"로 입력 후 [확인] 버튼을 클릭한다.

② 컴포넌트 배치하기와 미디어 파일 업로드 하기

[지도] 팔레트에서 [지도]를 뷰어창에 넣고, [마커]는 지도 위에 넣는다. 레이블을 2개 추가한다.

[수평배치] 컴포넌트 안에 버튼 3개를 추가한다.

iamhere.png 파일을 업로드한다.

❸ 보이지않는 컴포넌트 배치하기

[센서] 팔레트에서 위치센서, [소셜] 팔레트에서 공유, [연결] 팔레트에서 액티비티스타터를 추가한다.

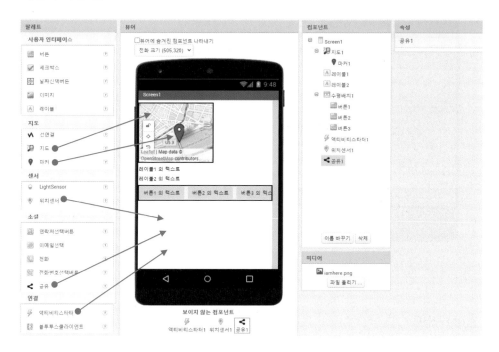

❹ Screen1 속성 편집하기

[아이콘]은 iamhere.png를 선택하고 [제목]은 "지금 내 위치는"으로 입력한다.

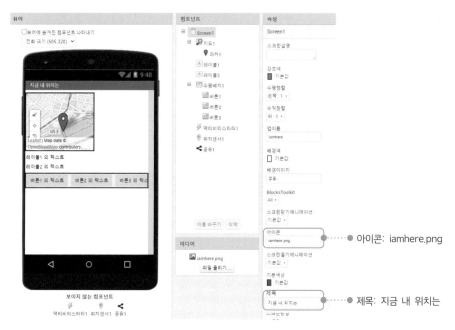

❺ 지도 속성 변경하기

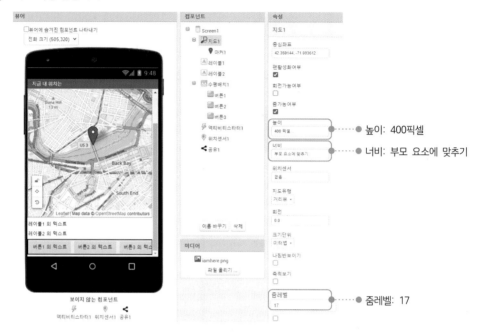

■ **zoom 레벨**

zoom 1   zoom 10   zoom 17

❻ 레이블1 속성 변경하기

안내글을 입력한다. [배경색] 어두운 회색, [너비] 부모 요소에 맞추기, [텍스트] "위치를
켜세요"를 입력한다. [텍스트정렬] 가운데, [텍스트색상] 흰색으로 선택한다.

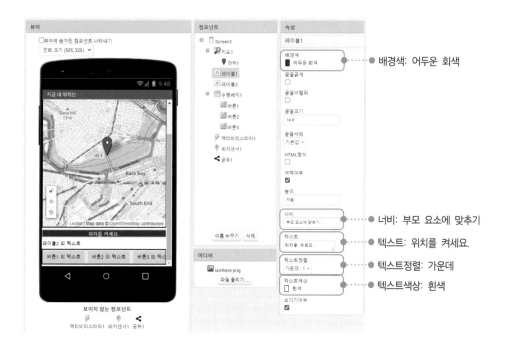

● 배경색: 어두운 회색

● 너비: 부모 요소에 맞추기

● 텍스트: 위치를 켜세요.

● 텍스트정렬: 가운데

● 텍스트색상: 흰색

❼ 레이블2 속성 변경하기

레이블2 선택 후 [이름바꾸기]를 클릭하여 새이름 "위도"로 입력한다. [너비] 부모 요소에 맞추기, [텍스트]는 "위도"로 입력한다.

● 너비: 부모 요소에 맞추기

● 텍스트: 위도

❽ 버튼1, 버튼2, 버튼3 속성 변경하기

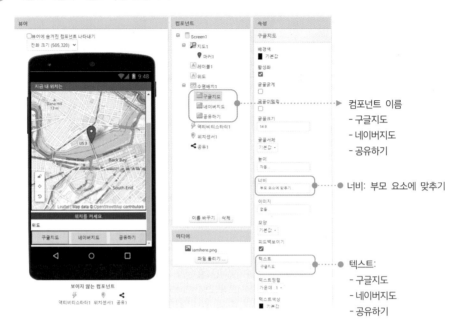

컴포넌트 이름
- 구글지도
- 네이버지도
- 공유하기

너비: 부모 요소에 맞추기

텍스트:
- 구글지도
- 네이버지도
- 공유하기

❾ 액티비티스타터1 속성편집하기

동작:
android.intent.action.VIEW

[동작] 속성에 android.intent.action.VIEW를 입력한다.

- 액티비티스타터는 웹뷰를 대신해서 외부 인터넷 브라우저로 특정 홈페이지를 열 때 사용한다.
- 동작 값은 액티비티스타터를 동작하기 위한 값이다.
- 동작 값은 대소문자를 구분해서 쓴다.
- 데이터URI에는 이동할 홈페이지 주소를 적는다.

⑩ 위치센서1 속성 편집하기

- 거리가 1미터 이상이 되어야 위치가 변경되었다고 인식하고 내부 명령 실행
- 시간이 1초(=1000ms) (millisecond, 1/1000초) 이상이 되어야 이벤트 발생

5.3.4 블록

❶ 위치센서의 위치가 변경되었을 때 위도만 나타내면 [위도]를 표시하는 자리에 위도만 나타난다.

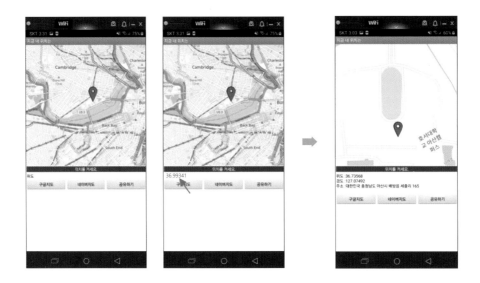

오른쪽 결과와 같이 위도: 위도값, 경도: 경도값, 주소: 현재주소를 세 줄에 나타나도록 코딩해보자.

여기에 지도의 중심좌표를 현재 위치로 표시하기 위해 [지도1.중심좌표] 값을 지정하여 추가한다.

그리고, [마커1.위치 설정하기]를 호출하여 마커가 현재의 위도와 경도에 위치하도록 한다.

구글 지도와 네이버 지도는 앞에서 다루었다. 전체 코드는 다음과 같다.

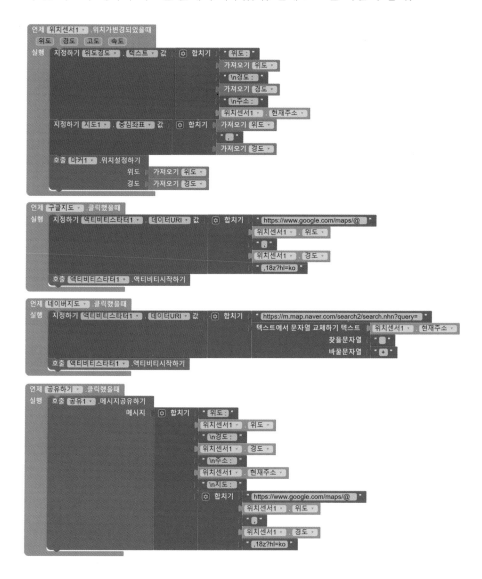

▪ 앱 빌드하기

이제 작성한 프로젝트를 스마트폰에 설치한다.

❶ [빌드]–[앱(.APK용 QR코드 제공)]

❷ 스마트폰에서 MIT ai2 companion을 실행한 후 [scan QR code]를 터치한다.

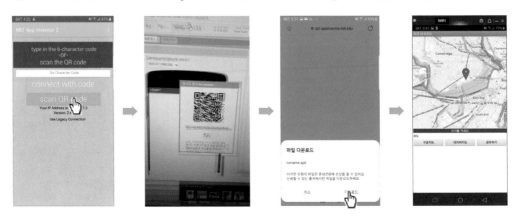

모니터의 QR코드를 스캔한 후 [다운로드]를 클릭한다. [파일열기], [설치], [열기]를 터치하
여 프로젝트를 설치하고 실행한다.

상단바를 내려 위치 허용을 끄고 2~3초 후 다시 위치 허용을 켜주면 위도, 경도값을 빨리
가져올 수있다.

5.4 카메라와 갤러리

스마트폰에 내장된 카메라 컴포넌트를 사용하여 사진을 찍어 공유하거나 갤러리에서 이미
지 불러오기

5.4.1 결과보기 camera.aia

5.4.2 컴포넌트와 블록 설명

■ 컴포넌트

블록	설명
이미지	사진을 보여주는 컴포넌트
이미지선택버튼	스마트폰에 저장된 사진을 갤러리 애플리케이션을 통해 선택하는 컴포넌트

■ 보이지 않는 컴포넌트

블록	설명
카메라	카메라를 호출하고 사진을 찍는 컴포넌트
공유	공유하기

■ 블록

블록	컴포넌트	기능
호출 카메라1 ▼ .사진찍기	카메라	사진촬영을 하는 블록
언제 카메라1 ▼ .사진찍은후에 이미지 실행	카메라	사진을 찍은 후에 이미지를 어떻게 실행할 것인지 지정하는 블록
✕ 지정하기 이미지1 ▼ . 사진 ▼ 값		이미지 컴포넌트에 보여줄 사진을 지정하는 블록
언제 이미지선택버튼1 ▼ .선택후에 실행	이미지선택버튼	갤러리에서 사진을 선택한 후에 실행할 작업을 설정하는 블럭
호출 공유1 ▼ .파일공유하기 파일	공유	문자나 메신저로 파일 공유하는 블록

⬇ 미디어파일 준비하기

camera.png

■ 앱 실행순서

앱 실행 후 [버튼]을 터치하면 카메라가 실행된다. 사진을 찍으면 사진이 [이미지] 컴포넌트에 나타난다.

5.4.3 디자이너

❶ 새로운 프로젝트를 작성하기 위해 [프로젝트]–[새 프로젝트 시작하기]를 클릭한다. 프로젝트 이름은 "camera"로 입력한다.

❷ 컴포넌트를 배치하고 미디어파일을 업로드한다. 보이지 않는 컴포넌트를 추가한다.

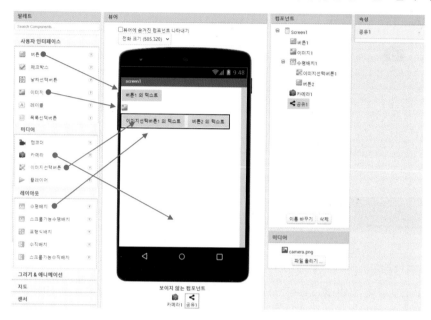

❸ Screen1 속성 편집하기

Screen선택 후 [수평정렬] 가운데, [아이콘] camera.png 선택, [제목]은 "camera"를 입력한다.

❹ [버튼1] 속성 편집하기

[버튼1]의 컴포넌트 이름은 "사진찍기"로 변경한다. [높이]는 50픽셀, [너비]는 60픽셀로
지정한다. [이미지]를 'camera.png'로 선택하고 [텍스트]는 모두 삭제한다.

❺ 이미지 속성 변경하기

[이미지] 컴포넌트 선택 후 [높이] 부모 요소에 맞추기, [너비] 부모 요소에 맞추기 선택
한다.

❻ 이미지선택버튼1 속성 변경하기

[이미지선택버튼1]을 선택하고 [너비] 40퍼센트 입력하고 [텍스트]는 "이미지선택버튼"
을 입력한다.

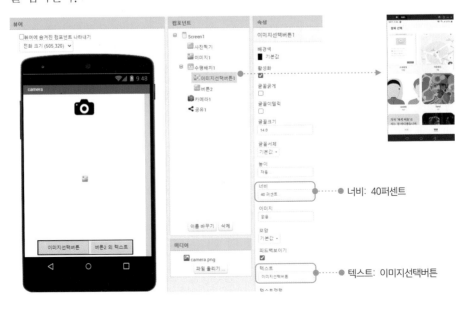

❼ 버튼2 속성 변경하기

[버튼2]를 선택하여 컴포넌트 이름을 "공유하기"로 입력하고 [너비] 40퍼센트, [텍스트]는 "공유하기"로 변경한다.

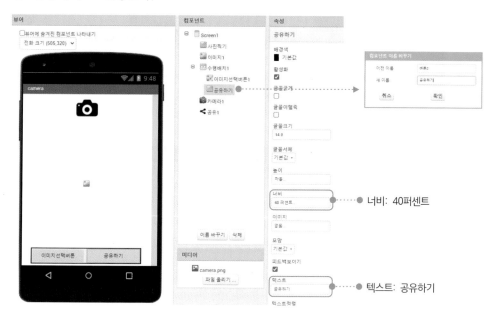

5.4.4 블록

❶ [사진찍기] 버튼을 클릭하면 [카메라1.사진찍기]를 호출한다. 사용자가 사진을 찍으면 그 사진을 이미지에 담고 있다.

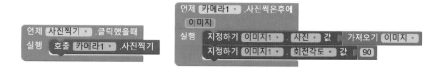

❷ [카메라1.사진찍은후에]는 이미지를 [이미지1.사진]으로 지정한다. 사진이 수평으로 보이게 되므로 90도 회전한다.

전체 코드는 다음과 같다.

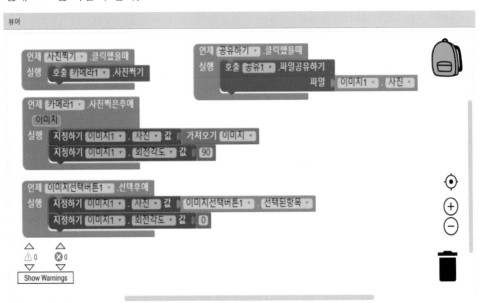

5.5 캠코더와 공유

스마트폰에 내장된 캠코더 컴포넌트를 사용하여 동영상을 찍어 공유하거나 갤러리에서 이미지 영상 불러오기

5.5.1 결과보기 camcorder.aia

5.5.2 컴포넌트와 블록 설명

- **컴포넌트**

블록	설명
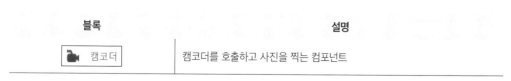 비디오플레이어	캠코더로 촬영한 영상을 플레이 해보는 컴포넌트

- **보이지 않는 컴포넌트**

블록	설명
캠코더	캠코더를 호출하고 사진을 찍는 컴포넌트

■ 블록

블록	컴포넌트	기능
호출 캠코더1 ▼ .비디오녹화하기	캠코더	영상 촬영을 하는 블록
언제 캠코더1 ▼ .녹화후에 클립 실행	캠코더	영상촬영을 한 후에 클립을 어떻게 실행할 것인지 지정하는 블록
✕ 지정하기 비디오플레이어1 ▼ . 소스 ▼ 값		비디오플레이어에 영상을 지정하는 블록
호출 비디오플레이어1 ▼ .시작하기 호출 비디오플레이어1 ▼ .정지	비디오 플레이어	비디오플레이어 재생 시작하기 비지오플레이어 재생 정지
언제 비디오플레이어1 ▼ .재생을완료했을때 실행		비디오플레이어에서 영상 재생을 완료했을 때 실행할 작업을 지정하는 블록

⬇ 미디어파일 준비하기

camcordor.png

■ 앱 실행순서

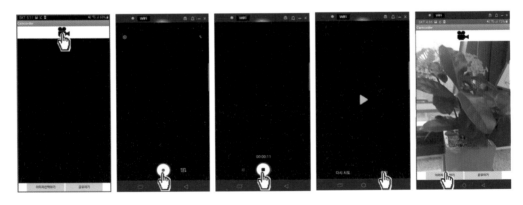

앱 실행 후 [녹화하기]을 터치하면 캠코더가 실
행된다. [촬영]버튼을 눌러 주변을 녹화하고 [정
지]한다. 캠코더 녹화 후 [비디오플레이어.소스]
로 지정한다.

[이미지선택하기] 버튼을 클릭하면 갤러리가 실
행되고 그 중 영상을 선택하면 [비디오플레이
어.소스]로 지정한다.

5.5.3 디자이너

❶ 앞서 작성한 프로젝트를 복사하기 위해 [프로젝트]–[프로젝트 다른이름으로 저장]을 클
릭한다. 프로젝트 이름은 "camcorder"로 입력한다.

❷ 캠코더 만들 준비하기

미디어 파일 'camcorder.png' 업로드하기와 캠코더 추가하기

❸ Screen1 속성 변경하기

Screen을 선택하고 [앱이름]은 "camcorder"로 변경한다. [아이콘]은 'camcorder.png'로
변경하고 [제목]은 "camcorder"로 변경한다.

❹ [사진찍기] 컴포넌트를 [녹화하기]로 변경하기

컴포넌트 창에서 [사진찍기]를 선택하고 [이름바꾸기] 버튼을 클릭하여 "녹화하기"로 변경하기 속성창에서 [이미지]를 'camcorder.png'로 변경한다.

❺ [이미지] 컴포넌트는 삭제한다.

❻ [비디오플레이어] 추가하고 속성창에서 [높이]와 [너비]는 부모 요소에 맞추기로 변경한다.

5.5.4 블록

❶ [녹화하기] 버튼을 클릭하면 [캠코더]가 실행 되면서 비디오 녹화기능이 활성화 된다. 사용자가 녹화버튼을 눌러 녹화하고 [정지] 버튼을 누르면 그 내용이 [클립]에 보관된다. 캠코더 녹화 후에는 [비디오플레이어.소스]로 보관된 클립을 지정한다. 그리고 바로 플레이어를 시작한다.

```
언제 녹화하기 ▼ .클릭했을때
실행   호출 캠코더1 ▼ .비디오녹화하기
```

```
언제 캠코더1 ▼ .녹화후에
 클립
실행   지정하기 비디오플레이어1 ▼ . 소스 ▼ 값   가져오기 클립 ▼
        호출 비디오플레이어1 ▼ .시작하기
```

❷ 비디오플레이어가 재생을 완료하면 [비디오플레이어. 정지]하기

```
언제 비디오플레이어1 ▼ .재생을완료했을때
실행   호출 비디오플레이어1 ▼ .정지
```

완성된 코드는 다음과 같다.

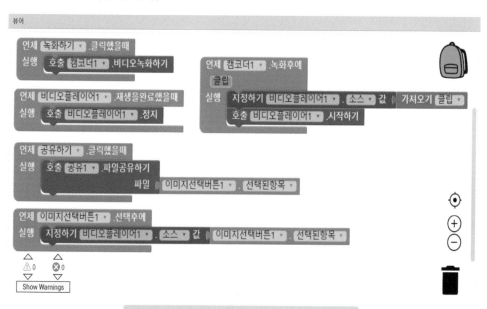

정·리·하·기

1. DT(Design Thinking)의 4단계인 프로토타이핑 만들기 단계는 도출된 아이디어를 구체화 또는 실체화 하는 과정이다. 이를 위해서 실제로 시-제작품, 스토리 보드, 그림 등을 만들어서 고객으로부터 피드백을 받아 좀 더 실 제품이 만들어 졌을 때 실패할 확률을 낮추는 것이 중요하다.

2. 프로토타입 만들기를 통해서 개발자와 사용자 사이에 상호 작용을 함으로써 더 깊은 공감을 이끌어낼 수 있다.

3. 프로토타입의 목적
   (1) 사용자 피드백을 통한 실제 제작품의 완성도를 높임
   (2) 아이디어 검증 도구
   (3) 문제 해결에 대한 실패 방지 수단
   (4) 문제 해결을 위한 아이디어의 명확화

4. 프로토타입을 만드는 원리
   (1) 시작은 단순하게 작성
   (2) 사용자 관점에서 핵심적인 사항만을 작성
   (3) 프로토타입의 목적에 따라 내용의 깊이를 선택
   (4) 최악의 상황에 대비
   (5) 프로토타입을 만드는데 유용한 도구를 활용

5. 프로토타입의 형태
   (1) 스케치 : 아이디어를 간단하게 그림으로 표현
   (2) 페이퍼 프로토타입 : 종이를 사용해서 서비스나 제품의 결과물을 그려서 직접 테스트
   (3) 와이어 프레임 : 파워포인트를 사용해서 페이퍼 프로토타입의 완성도를 높임
   (4) 디지털 프로토타입 : 스마트폰에서 동작하는 앱과 유사한 형태로 소프트웨어를 작성해 실제 동작하는 과정을 소비자를 통해서 테스트
   (5) 기타 : 모델, 물리적 목업(Mockup), 역할극, 광고 모형, 광고, 공간 개조 등

정·리·하·기

6. 프로토타입의 종류에 따른 특징을 구분하면 다음과 같다.

    (1) 콘셉/아이디어, 인터랙션/기능 위주의 프로토타입은 상대적으로 디자인/사용성 위주, 고 퀄리티 프로토타입이 시각적 완성도가 높다.

    (2) 기능적 완성도는 인터랙션/기능 위주 프로토타입과 고 퀄리티 프로토타입이 높다.

7. 앱 인벤터에서는 지도 컴포넌트는 미국 지질조사국에서 제공하는 2차원 지도 정보를 나타낼 수 있다. 뿐만 아니라 지도 위에 특정 위치를 표시하기 위해서 마커 컴포넌트를 사용할 수 있다.

8. 액티비티스타터 컴포넌트는 웹 뷰와 비슷하지만 독립적인 화면을 갖고 항상 새로운 브라우저를 통해서 특정 웹 페이지 정보를 나타낼 수 있다.

9. 앱 인벤터에서 사진을 찍기 위해서는 카메라 컴포넌트를 사용할 수 있다. 뿐만 아니라 캠코더로 촬영한 동영상 정보를 플레이하기 위해서 비디오플레이어 컴포넌트를 사용할 수 있다.

10. 앱 인벤터에서 스마트폰에 저장된 사진을 갤러리 응용 프로그램으로 호출하여 선택할 수 있는 컴포넌트는 이미지선택버튼이다.

연·습·문·제

1.   디자인 사고법의 4단계인 프로토타입 만들기에 대한 설명이다. 올바르지 않은 것은?

　　① 프로토타입 만들기는 사용자의 요구사항을 깊이 공감하기 위한 단계이다.

　　② 원형 혹은 기본이 되는 형을 만드는 단계이다.

　　③ 사용자의 피드백을 통해서 사용자 요구를 더욱 만족시키기 위해서 실시한다.

　　④ 사전에 시제작품(스케치, 모형 등)을 만들어 보는 단계이다.

2.   프로토타이핑의 목적에 대한 설명이다. 올바르지 않은 것은?

　　① 아이디어를 구체화하여 문제에 대한 해결책을 얻는다.

　　② 아이디어의 검증도구 역할을 한다.

　　③ 문제해결에 대한 실패를 방지할 수 있다.

　　④ 아이디어를 모호하게 할 수 있다.

3.   프로토타이핑의 원리에 대한 설명이다. 올바르지 않은 것은?

　　① 프로토타이핑의 시작은 단순하게 한다.

　　② 개발자 관점에서 만든다.

　　③ 프로토타입의 목적에 따라 내용의 깊이를 선택한다.

　　④ 유용한 도구를 사용하여 효과적으로 만든다.

4.   프로토타입 중에서 아이디어를 간단하게 표현하고 브레인스토밍의 재료로 활용하기도 하거나
　　페이퍼 프로토타입을 만들기 위한 전 단계에 주로 사용하는 이것은 무엇인가?

5.   프로토타입별 특징에 대한 설명이다. 올바르지 않은 것은?

　　① 콘셉은 디자인보다 시각적 완성도가 낮다.

　　② 인터랙션은 콘셉보다 기능적 완성도가 높다.

　　③ 높은 품질의 프로토타입은 인터랙션보다 시각적 완성도가 높다.

　　④ 사용성 위주 프로토타입은 인터랙션보다 기능성이 높다.

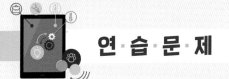

6. 프로토타입의 형태에 대한 설명이다. 올바르지 않은 것은?

① 페이퍼프로토타입은 종이에 서비스나 제품을 그려서 실제 사용하는 것처럼 테스트한다.

② 와이어프레임은 파워포인트를 이용하여 화면의 구성이나 위치, 프로그램 순서를 표현한다.

③ 디지털프로토타입은 페이퍼프로토타입보다 완성도가 낮다.

④ 디지털목업은 3D 디지털 모델을 컴퓨터를 이용한 설계이다.

7. 앱 인벤터에서 미국지질조사국에서 제공한 2차원 정보를 표현하는데 사용하는 컴포넌트는 무엇인가?

① 지도   ② 마커
③ 위치센서   ④ GPS

8. 앱 인벤터에서 웹 정보를 표현하기 위해서 사용하는 컴포넌트 중에 하나로, 항상 새로운 페이지를 열어서 웹 정보를 나타내는 것은 무엇인가?

① 웹 뷰   ② 액티비티스타터
③ 캠코더   ④ 캔버스

9. 앱 인벤터에서 디자인을 마치고 블록을 작성하는 과정에서 특정 컴포넌트에 이동할 웹 페이지의 주소를 입력하기 위해서 사용하는 속성은 무엇인가?

① 거리간격   ② 시간간격
③ DOI   ④ 데이터URI

10. 앱 인벤터에서 스마트 폰에 저장된 사진을 불러와서 갤러리 앱을 통해 선택하기 위해서 사용하는 컴포넌트는 무엇인가?

① 카메라   ② 이미지
③ 이미지선택버튼   ④ 공유

CHAPTER 6

디자인사고(5)

6.1   테스트(5단계)

6.1.1   테스트 개요

완성된 프로토타입을 실제로 제시하고 제품이나 서비스에 대한 피드백을 받아 개선점을 찾는다. 테스트 과정 중에 사용자에게 또 다른 아이디어를 얻을 수 있다. 그러므로 실제로 사용자가 생활하는 동일 환경에서 테스트를 하는 것이 가장 적당하다. 하지만, 그렇지 못할 경우에는 테스트 시나리오를 만들어서 테스트 한다.

> 완성된 프로토타입을 실제로 제시하고 제품을 테스트하여 서비스의 요구 사항을 분석하거나 사항의 정당성을 검증하고 시제품의 성능을 평가하여 다음 단계 또는 시스템에 반영하고자 하는 것.

디자인 사고의 과정에서 찾아낸 문제 해결 방안이 사용자가 만족하는지를 점검하는 과정이다. 즉, 해결방안이 사용자의 마음에 들지 않는다면 반복과정을 통해 디자인사고 과정을 다시 실행해야 한다. 즉, 사용자를 이해하는 하나의 과정으로 볼 수 있다. 첫 번째 공감과는 달리 테스트에서는 사용자의 문제가 명확하게 정의되고 검증된 프로토타입에 대한 문제를 해결한다.

테스트를 할 때에는 다음을 주의해야 한다.

① 어떤 프로토타입으로 테스트할 것인지 결정한다.
② 테스트하고자 하는 시나리오 또는 핵심 내용을 인식한다.
③ 테스트 과정에서 사용자와 상호작용(관찰, 피드백 등)하는 방법을 결정한다.

6.1.2   테스트의 필요성

사용자를 대상으로 테스트를 하는 것은 디자인 사고가 인간 중심의 도구라는 것의 핵심이 된다. 즉, 사용자를 대상으로 테스트를 함으로써 사용자를 더욱 깊이 이해할 수 있다. 테스트는 사용자의 니즈(필요성)가 충족되었는지 확인하는 작업이다.

테스트를 통해 얻을 수 있는 효과는 다음과 같다.

① 프로토타입을 개선할 수 있는 정보와 아이디어를 제공한다.
② 사용자를 이해할 수 있는 기회이다.
③ 간과했던 아이디어를 바로 잡을 수 있다.

6.1.3 테스트의 과정

테스트는 사용자가 생활하는 공간에서 실시하는 것이 가장 효과적이다. 하지만 실행할 수 없다면 상황을 가정하여 스토리나 역할을 정하여 테스트한다. 그리고 테스트는 공감과 같은 효과를 갖기 때문에 공감을 진행했던 사람이 실시하는 것이 좋다. 테스트 상황을 비디오로 녹화하는 것도 효과적이다.

다음은 테스트 과정을 요약한 것이다.

① 적절한 사용자를 선정한다. 그리고 테스트를 통해 달성할 목표를 설정한다.

② 사용자들에게 프로토타입을 사용하도록 한다. 이 경우 사용자에게 아이디어에 대한 추가 설명을 하지 않는다.

③ 사용자가 프로토타입을 사용하는 부분을 관찰한다.

④ 사용자들에게 프로토타입을 사용해본 느낌을 이야기하도록 요청한다.

⑤ 사용자에게 질문한다. 가장 중요한 부분으로 프로토타입의 적합 여부, 느낌, 각각 부분의 역할에 대한 생각을 물어본다. 이때, 긍정이나 부정과 상관없이 사용자들의 의견을 솔직하게 받는다.

⑥ 결과 분석 및 수정 방향을 논의한다. 피드백을 받은 후에 관찰 내용을 분류하거나 우선순위를 작성한다. 이후에 구체적인 수정 방향을 논의한다.

6.1.4 테스트의 종류

테스트는 산업의 각 분야에서 사용하는 기법이다. 이 중에서 소프트웨어 분야에서 사용하는 테스트의 종류들은 여러 가지이다. 다음은 각 테스트에 대한 내용이다.

- 블랙박스 테스트(Black box) : 주어진 입력에 요구되는 결과가 나오는가를 테스트. 주로 기능이나 인터페이스에 대한 테스트.
- 화이트박스 테스트(White box) : 논리적인 구조를 테스트. 주로 문제해결을 어떻게 처리하는가를 점검.
- 단위 테스트(Unit) : 단위별로 독립적으로 테스트.
- 통합 테스트(Integration) : 복잡한 시스템인 경우 여러 단위가 잘 연동되는지를 테스트.
- 알파 테스트(Alpha) : 개발자가 가상의 사용자가 되어 테스트.
- 베타 테스트(Beta) : 실제 사용자들 중에서 일부가 테스트.

6.2   팀 회의 진행하기

[5단계 테스트와 피드백]

- 테스트 결과 확인하기 : 프로토타입을 점검하고 발전시킬 점을 토론하기

  - 문제점 해결하기
  - 추가 개선사항 토론하기

성찰하기 무엇을 이루었는가
무엇이 개선될 수 있는가
문제점은 없는가
또 다른 아이디어는 있는가

- 다음 계획 : 오늘의 결과물을 어떻게 관리할 것인가?

5단계. 테스트 - 발전시키기   _____분반 _____조

해결 방법을 공유하고 의견을 받는다.   8분 (2회 × 각 4분)

완성된 해결방법에 대해 정리하고, 토론하여 보완점 및 개선점을 생각해 봅시다.

＋ 무엇이 이루어졌는가…	**―** 무엇이 개선될 수 있는가…
？ 문제점은…	**！** 아이디어는…

5단계. 테스트 - 발전시키기

여러 방법을 공유하고 의견을 받는다.   8분 (2회 × 각 4분)

완성된 해결방법에 대해 정리하고, 토론하여 보완점 및 개선점을 생각해 봅시다.

_____ 분반 _____ 조

+ 무엇이 이루어졌는가...

− 무엇이 개선될 수 있는가...

? 문제점은...

! 아이디어는...

6.3 타이머 만들기

라면을 끓인지 3분 후에 타이머가 울리게 설정하여 맛있는 라면을 먹을 수 있도록 도와주는 앱

6.3.1 결과보기 timerAlarm.aia

6.3.2 컴포넌트와 블록 설명

■ 보이지 않는 컴포넌트

블록	설명
I 텍스트박스	사용자가 글을 쓸 수 있는 컴포넌트. 힌트를 써서 사용자의 입력을 안내하거나 숫자만 입력하도록 제한 가능
버튼	클릭하면 버튼에 연결된 동작을 수행하는 컴포넌트

■ 보이지 않는 컴포넌트

블록	설명
⚠ 알림	간단한 알림 메시지를 스마트폰 화면에 보여주는 컴포넌트
⏰ 시계	시간 가져오기, 시간계산, 타이머를 작동시키는 컴포넌트
▶ 플레이어	음악을 재생하는 컴포넌트

■ 블록

블록	컴포넌트	기능
호출 알림1 ▾ .경고창보이기 알림 ◢	알림	알림 홈에 연결된 내용으로 알림창을 보여주는 블록
호출 알림1 ▾ .진행대화창종료	알림	이벤트가 발생하면 알림창을 종료하는 블록
언제 시계1 ▾ .타이머가작동할때 실행	시계	시계가 작동하고 있을 때 실행할 기능을 가지는 블록
⊗ 지정하기 시계1 ▾ . 타이머활성화여부 ▾ 값 참 ▾ 거짓 ▾	시계	시계1의 타이머 활성화 시키기/ 타이머 비활성화 시키기 블록
호출 플레이어1 ▾ .시작하기 호출 플레이어1 ▾ .정지	플레이어	지정된 음악 재생을 시작하는 블록/ 정지하는 블록

⬇ 미디어파일 준비하기

timer.png, timerAlarm.mp3

■ [시계] 컴포넌트를 사용하는 timerAlarm

1분 후에 라면을 먹으려면 [알람] 변수에 60초를 입력해둔다. [스텝] 변수가 1초씩 증가하면서 [알람] 변수와 계속 비교한다. [알람]=[스텝] 인 경우 알람을 울린다.

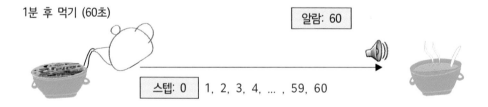

타이머 항상 작동
☑
타이머 활성 여부
☑
타이머 간격
1000

- 타이머 항상 작동 : 해당 스크린이 열리면 바로 시계 작동하기
- 타이머 활성 여부 : 참이면 활성화, 거짓이면 비활성화
- 타이머 간격 : 타이머가 한 작업을 실행하고 다음 작업을 실행하기까지 딜레이 값. 단위 ms(millisecond).1000ms = 1초

6.3.3 디자이너

❶ 새로운 프로젝트를 작성하기 위해 [프로젝트]–[새 프로젝트 시작하기]를 클릭한다. 프로젝트 이름은 "timerAlarm"으로 입력 후 [확인] 버튼을 클릭한다.

❷ 컴포넌트를 배치한다.
   이미지를 추가하고 [수평배치] 안에 텍스트박스와 버튼을 추가한다. 그 아래에 버튼과 레이블을 차례로 추가한다.

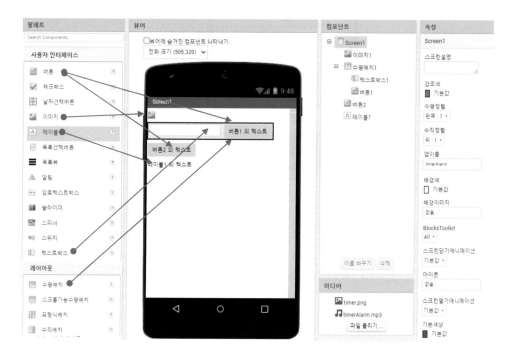

❸ 보이지 않는 컴포넌트 추가하기와 미디어 추가하기, Screen1 속성 변경하기

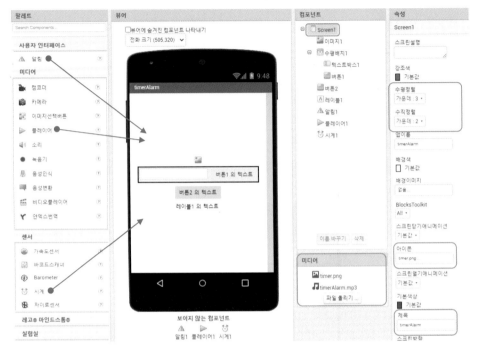

보이지 않는 컴포넌트 [알림], [플레이어], [시계]를 추가한다. 미디어 파일을 업로드한다.

Screen1을 선택하고 속성창에서 [수평정렬]과 [수직정렬]을 가운데로 변경한다. [아이콘]은 'timer.png'로 선택하고 [제목]은 "timerAlarm"을 입력한다.

❹ 이미지1 속성 변경하기

[높이] 200픽셀, [너비] 200픽셀, [사진]은 'timer.png'를 선택한다.

❺ 텍스트박스 속성 변경하기

[글꼴크기] 16으로 변경, [너비]는 170픽셀, 힌트는 삭제한다.

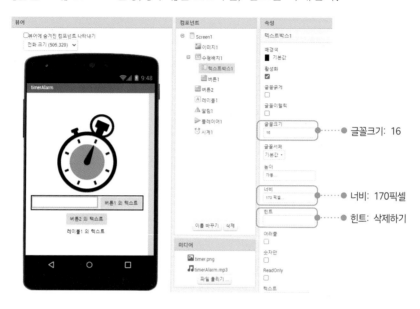

❻ 버튼1 속성 변경하기

[버튼1] 컴포넌트 선택 후 [이름바꾸기] "알람켜기"로 변경한다. [텍스트]는 "분 후 알람
켜기"로 입력한다.

❼ 버튼2 속성 변경하기

[버튼2]를 선택 후 [이름바꾸기]를 클릭하여 "알람끄기"로 변경한다. [텍스트]를 알람끄
기로 변경한다.

❽ 레이블1의 속성 변경하기

[레이블1] 컴포넌트 선택 후 [이름바꾸기]를 클릭 후 "스텝"으로 변경한다. [텍스트]도
동일하게 "스텝"으로 입력한다.

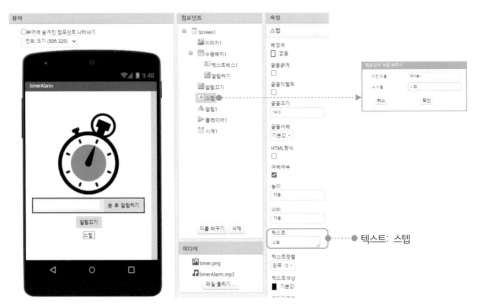

[스텝]은 1초가 지날 때마다 시간이 가는 것을 확인하는 곳이다. 1초 또는 2초 간격은
[시계] 컴포넌트에서 변경할 수 있다.

⑨ 시계 속성 변경하기

[타이머항상작동]과 [타이머활성화여부] 체크를 모두 해제한다. [타이머활성화여부]를 "참"으로
하면 시계가 작동하도록 하기 위해서이다.
[타이머간격] 1000은 1초를 말하며 1초가 지날때마다 숫자를 [스텝]레이블에 보여줄 것
이다.

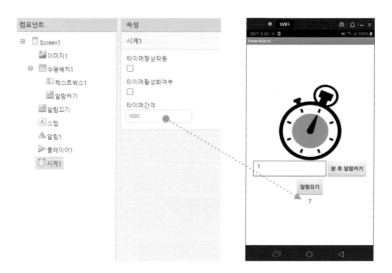

⑩ 플레이어 속성 변경하기

[플레이어1]을 선택 후 소스로 'timerAlarm.mp3'을 선택한다.

6.3.4 블록

[알람] 변수와 [스텝] 변수를 만든다.

`전역변수 만들기 알람 초기값  0`   `전역변수 만들기 스텝 초기값  0`

[텍스트박스]에 분을 입력하고 [알람켜기] 버튼을 클릭하면 [텍스트박스]에 입력한 숫자x60
으로 [알람] 변수값을 지정한다. 이때 초로 변경하는 것을 잊지 않는다. 그리고 스텝은 0으
로 지정한다. 그리고 시계를 활성화한다.

시계가 작동할때, 1초마다 1씩 [스텝]값을 증가하고 [스텝.텍스트]에 증가되는 값을 보여준다.

그리고 [알람]=[스텝]이 면 경고창이 보이고, 알람이 울리도록 한다.

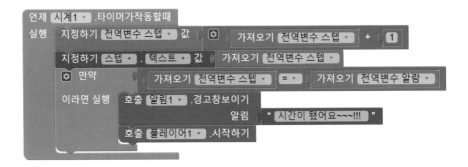

전체 코드는 다음과 같다.

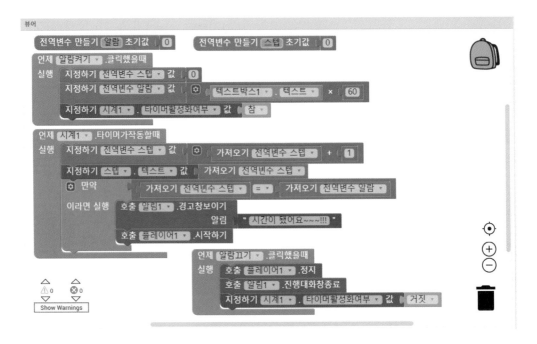

6.4   알람 만들기

매일 같은 시간에 일어나거나 같은 시간에 수업이 있는 경우, 알람 시간을 설정하여 알람이 울리도록 하는 앱

6.4.1   결과보기 clockAlarm.aia

6.4.2   컴포넌트와 블록 설명

■ 컴포넌트

블록	설명
시간선택버튼	시간선택버튼 창에서 시, 분을 선택하는 컴포넌트
스위치	참과 거짓(Boolean) 상태를 변경할 수 있는 스위치로 만든 컴포넌트

■ 보이지 않는 컴포넌트

블록	설명
시계1	현재시간을 보여주는 컴포넌트로 사용
시계2	선택한 시간과 비교하기 위한 컴포넌트로 사용
플레이어	음악을 재생하는 컴포넌트

- ■ **블록**

블록	컴포넌트	기능
a) 호출 [시계1▼] .현재시각인스턴트로가져오기		시간을 하나의 객체로 가져오기
호출 [시계1▼] .시간형식으로바꾸기 인스턴트	시계	a)에서 가져온 객체를 시간 형식으로 바꾸는 블록
호출 [시계2▼] .시가져오기 인스턴트	시계	a)에서 가져온 객체에서 '시간'을 가져오는 블록
호출 [시계2▼] .분가져오기 인스턴트	시계	a)에서 가져온 객체에서 '분'을 가져오는 블록
가져오기 [전역변수 활성화▼] = ▼ [참▼]		전역변수 활성화가 참인지 판단하는 논리블록

🔖 **미디어파일 준비하기**

clock1.jpg, clock1.jpg, clockAlarm.mp3

6.4.3 디자이너

❶ 새로운 프로젝트를 작성하기 위해 [프로젝트]-[새 프로젝트 시작하기]를 클릭한다. 프로젝트 이름은 "clockAlarm"으로 입력 후 [확인] 버튼을 클릭한다.

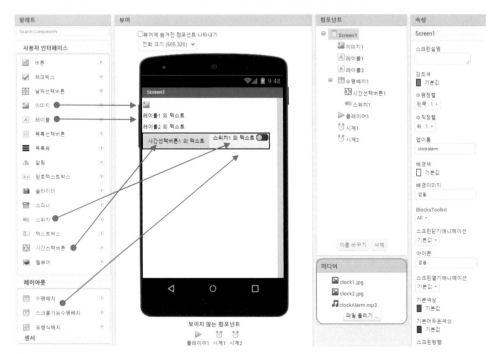

❷ 화면에 컴포넌트 배치하기 [이미지], [레이블] 두 개, 수평배치를 추가하고 그 안에 [시간 선택버튼]과 [스위치]를 배치한다.

❸ 보이지않는 컴포넌트와 미디어파일 추가하기
미디어 팔레트에서 [플레이어]와 센서 팔레트에서 [시계] 컴포넌트 두 개를 추가한다. 미디어파일을 업로드하여 준비를 완료한다.

❹ Screen1 속성 변경하기
[수평정렬] 가운데를 선택, [아이콘]은 'clock1.jpg'를 선택, [제목]은 "clockAlarm"을 입력한다.

❺ 이미지1 속성 변경하기

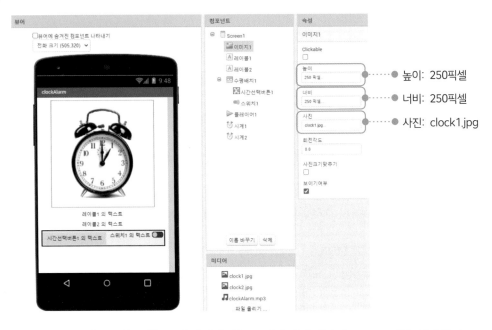

[이미지] 컴포넌트는 [높이] 250픽셀, [너비] 250픽셀, [사진]은 'clock1.jpg'를 선택한다.

❻ 레이블 속성 편집하기

[레이블1] 선택 후 [이름바꾸기]를 클릭하여 컴포넌트 이름을 "현재시간"으로 변경한다.
[글꼴크기] 20, [텍스트] "현재시간"을 입력한다.

❼ 레이블2 속성 변경하기

[배경색] 어두운 회색, [글꼴크기] 15, [너비] 부모 요소에 맞추기, [텍스트] "시간 선택 후 스위치를 터치하여 On으로 변경하세요."로 입력, [텍스트정렬] 가운데, [텍스트색상] 흰색을 선택한다.

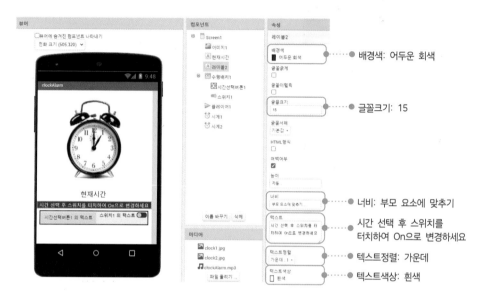

❽ 수평배치 속성 변경하기

[수직정렬] 가운데로 선택한다.

❾ 시간선택버튼 속성 변경하기

[너비] 70퍼센트, [텍스트] "시간선택버튼"으로 변경한다.

⑩ 스위치 속성 변경하기

[너비] 30퍼센트, [텍스트] "OnOff"로 변경한다.

⑪ 시계1, 시계2 속성 변경하기

시계1은 [타이머항상작동]과 [타이머활성화여부]에 체크하고, [타이머간격]은 1000으로 둔다.
시계2는 [타이머항상작동]은 체크 해제하고 [타이머활성화여부]는 체크한다. [타이머간격]은
1000으로 둔다.

⑫ 플레이어 속성 변경하기

[플레이어]의 [소스]는 'clockAlarm.mp3'로 지정한다.

6.4.4 블록

[시계1]은 [현재시간.텍스트]로 시간을 보여주는 역할만 한다. [시계.타이머가 작동할때] [현재시간.텍스트]값에 [현재시각인스턴트]를 가져오면 (1)과 같은 객체가 보인다.

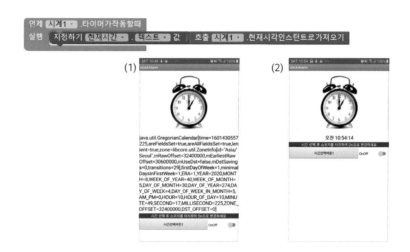

이 블록을 수정하여 객체 중 자료를 정제하여 우리가 인식할 수 있는 [시간형식으로 바꾸기] 블록을 추가하면 (2)와 같이 정상적인 시간을 볼 수 있다.

[시간선택버튼1]을 클릭하면 이 컴포넌트에 내장되어있는 시간선택창이 나타나고 알람을 울릴 시간과 분을 선택하면 시간선택버튼1.텍스트에 선택한 시간이 표시되도록 지정한다. 표시되는 형식은 **"알람시간 시 : 분"**과 같이 만들어보자.

이때 선택한 시간과 분은 변수를 만들어 각각 저장한다. 이 자료는 알람을 울릴 때 비교값으로 사용된다. 알람이 울릴 조건은 다음과 같다.

① 내가 선택한 [시간]이 현재 시간에서 추출한 [시간]과 같다.

② 내가 선택한 [분]이 현재 시간에서 추출한 [분]과 같다.

③ 스위치가 [On]이다. 즉 알람 기능을 켰다.

스위치는 On일때와 Off 일 때 두 가지 경우가 있다. ▮스위치1 ▾ .에▮ 블록이 [스위치1.On] 블록이다. 스위치가 On이면 [텍스트]에 "On"을 지정하고 그렇지 않으면 "Off"를 지정한다.

[시계2]는 알람을 울릴 조건이 만족하는지 비교한다.

변수 [시간]의 값과 [시계2.현재시각인스턴트로 가져오기]로부터 가져온 시간과 같은지 비교한다.

변수 [분]의 값과 [시계2.현재시각인스턴트로 가져오기]로부터 가져온 분과 같은지 비교한다.

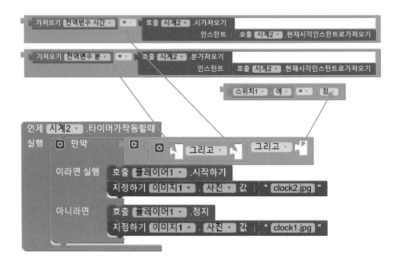

세 개의 홈은 조건 세가지를 넣는 곳이며 앞에서부터 분, 시, 스위치 순서로 들어가야 잘 실행된다. 알람을 켜야 알람이 울리기 때문에 [스위치1.에] 가 "참"일때만 알람이 작동한다. 그러므로 이 조건도 꼭 들어가야 한다.

전체 코드는 다음과 같다.

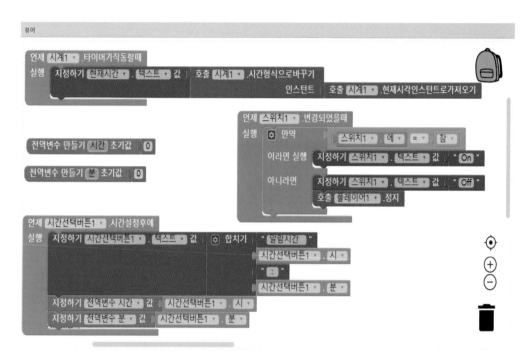

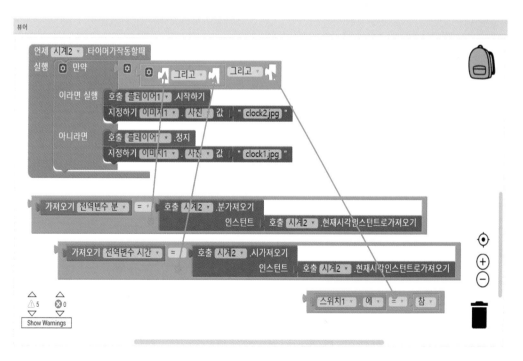

앱을 설치하고 실행해보자.

6.5 게임 타이머

게임을 할 때 모두에게 공평하게 10초의 제한 시간을 주기 위해 게임 시간을 알려주는 앱.

6.5.1 결과보기 gameAlarm.aia

6.5.2 컴포넌트와 블록 설명

■ **컴포넌트**

블록	설명
버튼	클릭하면 버튼에 연결된 동작을 수행하는 컴포넌트
텍스트박스	사용자가 글을 쓸 수 있는 컴포넌트. 힌트를 써서 사용자의 입력을 안내하거나 숫자만 입력하도록 제한 가능

■ **보이지 않는 컴포넌트**

블록	설명
시계	시간 가져오기, 타이머 간격을 조절하여 타이머를 작동시키는 컴포넌트
음성변환	텍스트를 음성으로 읽어주는 컴포넌트

- **블록**

블록	컴포넌트	기능
지정하기 전역변수 타이머작동 값 참 거짓		논리값 참, 거짓을 담을 변수
소수로 나타내기 숫자 자릿수	수학	어떤 숫자를 소수 이하 몇 자리로 보여줄지 선택하는 블록
레이블2 . 텍스트 - 0.1	수학	레이블2의 텍스트 값에서 0.1을 빼는 블록
호출 음성변환1 .말하기 메시지	음성변환	메시지 홈의 내용을 음성으로 말하는 블록
만약 이라면 실행	제어	만약 홈의 내용이 참이면 실행할 내용과 거짓이면 실행할 내용을 구분하는 블록

⬇ **미디어파일 준비하기**

timer.png

6.5.3 디자이너

❶ 새로운 프로젝트를 작성하기 위해 [프로젝트]–[새프로젝트 시작하기]를 클릭한다. 프로젝트 이름은 "gamaAlarm"으로 입력 후 [확인] 버튼을 클릭한다.

❷ 컴포넌트와 보이지않는 컴포넌트 배치하기. 미디어파일 업로드하기

[수평배치]를 추가하고 그 안에 [레이블], [텍스트박스], [버튼]을 차례로 배치한다. 그 아래에 [버튼]과 [레이블]을 추가한다.

보이지 않는 컴포넌트로는 [시계] 두 개와 [음성변환] 컴포넌트를 추가한다.

미디어 파일 하나를 업로드한다.

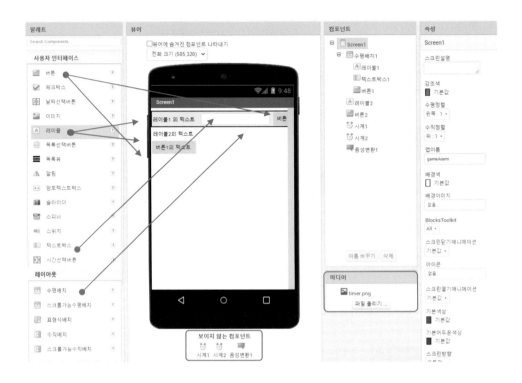

❸ Screen1 속성 변경하기

Screen1의 속성창에서 [수평정렬] 가운데, [아이콘] 'timer.png' 선택, [제목]은 "game-Alarm"으로 입력한다.

❹ 수평배치 속성 변경하기

[수평배치]는 [수평정렬] 가운데, [수직정렬] 가운데, [너비]는 부모에 맞추기로 선택한다.

❺ 레이블1의 속성 변경하기

[수평배치] 안의 [레이블1]은 [글꼴크기] 16, [텍스트]를 "(초)설정"으로 입력한다.

❻ 텍스트박스1 속성 변경하기

[텍스트박스] 속성창에서 [글꼴크기] 20, [너비] 부모 요소에 맞추기, [텍스트] 10으로 입력한다.

❼ 버튼1 속성 변경하기

[버튼1] 선택 후 [이름바꾸기]를 클릭하고 "시작"으로 변경한다. [배경색] 청록색, [너비] 100픽셀, [텍스트] "시작"으로 입력한다.

❽ 레이블2 속성 변경하기

[레이블2] 선택 후 [이름바꾸기]를 클릭하여 "카운트"로 변경한다. [글꼴크기] 120, [높이] 250픽셀, [너비] 부모 요소에 맞추기를 선택하고 [텍스트]는 "0"을 입력한다.

❾ 버튼2 속성 변경하기

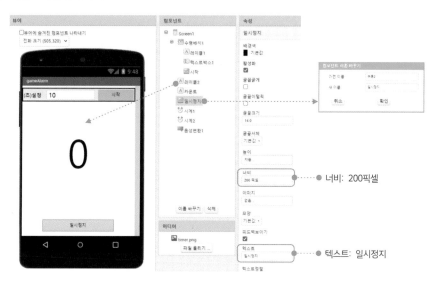

[버튼2] 선택 후 [이름바꾸기]를 클릭하여 "일시정지"로 컴포넌트 이름을 변경한다. [텍스트] 역시 "일시정지"로 입력한다. [너비]는 200픽셀로 한다.
[카운트] 레이블 위로 [레이블]을 하나 넣고 [높이] 50픽셀 정도 넣는다. [텍스트]는 삭제한다.

❿ 시계1 컴포넌트의 타이머간격 변경하기

[시계1]은 [카운트] 레이블에 숫자를 표시할 컴포넌트이다. 1초 = 1000 밀리세컨드 이므로 7.1초 7.0초 와 같이 소수이하 자리까지 표현하려면 [시계1]의 타이머 간격을 100으로 변경해야 한다.

6.5.4 블록

앱을 실행시킬 경우 [텍스트박스]에 원하는 초를 입력한다. 기본값으로 10을 입력해두었다. [시작]버튼을 클릭하면 타이머를 작동시킨다. 이때 [텍스트박스]에 10을 입력했다면 이 값을 그대로 [카운트]레이블의 텍스트로 지정한다. 그리고 시계가 작동하기 시작하면 "시작합니다"를 말한다.

[타이머작동] 변수 값이 참이면 [카운트.텍스트] 값을 0.1씩 감소하면서 나타나도록 한다. 이때 소숫점 이하 자리수 한자리까지 사용한다.

시계가 작동할 때 무조건 계속 작동하는 것이아니라 0초가 되면 타이머작동을 멈추고 "종료되었습니다"를 말하려면 "[카운트.텍스트] < 0 " 이때 실행할 내용을 추가한다.

다음은 일시정지할 때의 블록이다.

전체 코드는 다음과 같다.

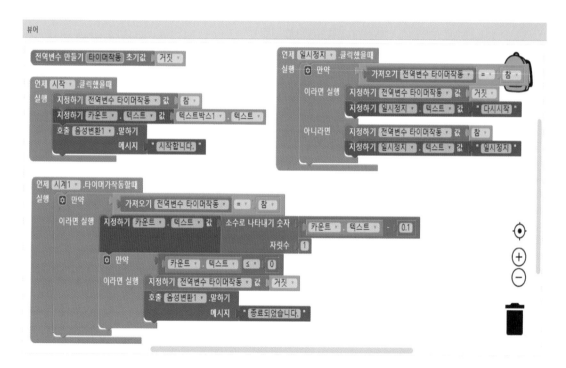

1. 디자인 사고법의 5번째 단계인 "테스트" 과정에서는 완성된 프로토타입을 실제로 제시하고 제품을 테스트하여 서비스 요구사항을 만족하는지 분석하고, 사용자 요구사항의 정당성을 분석한다. 뿐만 아니라 만들어진 시제작품의 성능을 평가해서 다음 단계 또는 시스템에 반영하기 위한 과정이다.

2. 테스트 단계에서 주의할 점
   (1) 어떤 프로토타입 혹은 시-제작품을 사용해서 테스트할지 결정
   (2) 테스트 시나리오 혹은 핵심 내용에 대해서 정확하게 인식
   (3) 테스트 과정에서 사용자와 상호작용하는 방법

3. 테스트 효과
   (1) 사용자의 필요성이 충족되었는지 혹은 개선할 수 있는 아이디어와 정보 제공
   (2) 사용자를 이해할 수 있는 기회 획득
   (3) 간과했던 아이디어를 개선할 수 있는 기회 획득

4. 테스트 과정
   (1) 테스트를 통해 얻고자 하는 목표를 설정하고, 적절한 테스트 사용자를 선정
   (2) 실제 사용자의 동의를 얻어 테스트 진행
   (3) 사용자의 테스트 과정을 관찰
   (4) 사용자의 테스트 느낌을 경청
   (5) 사용자 의견 및 느낌에 대한 솔직한 피드백을 수집
   (6) 테스트 결과 분석 및 수정 방향 설정

5. 테스트 종류
   (1) 블랙박스 테스트 : 기능이나 인터페이스 위주의 단위 테스트
   (2) 화이트박스 테스트 : 문제 해결의 전체적인 과정이 논리적으로 진행되는지 여부를 테스트
   (3) 단위 테스트 : 단위별로 독립적인 테스트
   (4) 통합 테스트 : 여러 단위가 통합적으로 잘 연동되는지 테스트
   (5) 알파 테스트 : 개발자가 스스로 가상의 사용자 역할을 맡아 테스트
   (6) 베타 테스트 : 실제 사용자가 수행하는 통합 테스트

1. **디지털 사고법의 5단계인 테스트 과정에 대한 설명이다. 올바르지 않은 것은?**

① 실제 작품에 대해서 테스트를 수행하는 과정이다.

② 어떤 프로토타입을 테스트할 것인지 결정할 때 주의해야 한다.

③ 테스트 하고자 하는 시나리오 또는 핵심 내용을 사전에 인식한다.

④ 테스트 과정에서 사용자와 상호 작용이 원활하게 수행한다.

2. **다음은 테스트 과정을 통해서 얻을 수 있는 효과에 대한 설명이다. 올바르지 않은 것은?**

① 프로토타입을 개선할 수 있는 아이디어를 제공한다.

② 사용자를 이해할 수 있는 기회이다.

③ 개발자의 노고를 이해할 수 있는 기회가 된다.

④ 간과했던 아이디어를 바로 잡을 수 있는 기회이다.

3. **다음은 테스트 수행 과정에 대한 설명이다. 올바르지 않은 것은?**

① 1단계 : 적절한 사용자를 선정한다.

② 2단계 : 사용자에게 프로토타입을 사용하게 한다.

③ 3단계 : 사용자가 프로토타입을 사용하는 과정을 관찰하고, 느낌을 듣는다.

④ 4단계 : 사용자가 프로토타입을 효과적으로 사용할 수 있는 방법을 개발자에게 질문한다.

4. **테스트의 종류들에 대한 설명이다. 올바르지 않은 것은?**

① 화이트박스 테스트 : 문제해결에 대한 전반적이고 논리적인 해결방법을 테스트한다.

② 블랙박스 테스트 : 복잡한 시스템의 여러 단위가 잘 동작하는지 테스트한다.

③ 알파 테스트 : 개발자가 사용자 입장이 되어 수행하는 사전 테스트이다.

④ 베타 테스트 : 실제 사용자들이 실제 사용하는 것처럼 테스트한다.

5. **앱 인벤터에서 사용자가 글을 쓸 수 있고 사전에 입력할 문장을 힌트로 제공할 수 있는 컴포넌트는 무엇인가?**

6. 스마트폰에 간단한 안내 사항을 조그만 박스로 나타내어 보여 주는데 사용하는 컴포넌트는 무엇인가?

① 안내   ② 알림
③ 알람   ④ 메시지

7. 사용자로부터 원하는 시간을 시, 분 단위로 선택할 수 있도록 하는 컴포넌트는 무엇인가?

① 시계   ② 알람
③ 시간선택버튼   ④ 스위치

8. 시계를 사용한 앱을 만들 때, 현실생활에서 사용하는 시간의 단위로 보여지지 않는 경우가 발생한다. 이때 사용하는 블록은 무엇인가?

CHAPTER 7

변수와 리스트

7.1 변수와 리스트 이해하기

7.1.1 변수란?

사용자로부터 입력된 데이터를 저장하기 위한 이름이 부여된 메모리 공간이다.

- 각각의 변수는 '식별자'라는 고유의 이름을 가져야 한다.
- 변수는 나중에 프로그램에서 변경할 수 있는 데이터를 담는 컨테이너이다.

앱인벤터의 변수는 숫자, 문자, 파일이름 등을 담을 수 있다.

- 전역변수 : 프로젝트 내에서 어디서든 사용이 가능 (주로 사용)
- 지역변수 : 현재 연결된 블록 내에서만 사용 가능

■ 앱인벤터에서 변수 만들기

데이터를 저장하기 위한 이름이 부여된 메모리 공간이다.
블록은 [공통블록] 안의 [변수]에서 사용한다.

① 변수 만들기

초기값을 지정하여 변수를 만들 수 있다. 초기값은 숫자, 문자, 파일이름 등을 사용할 수 있다.

② 변수에 값 지정하기

초기값을 변경할 수 있다. 값을 지정하는 블록은 다음과 같이 위쪽에 홈이 파여있다.

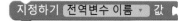

③ 변수 값 사용하기

변수 값을 가져와서 계산에 사용할 수 있다. 값을 가져오는 블록은 다음과 같이 왼쪽에 홈이 파여있다.

7.1.2 리스트

리스트는 여러 항목을 나열하는 목록으로 같은 유형의 자료를 반복해서 입력할 때 사용한다. 하나의 이름을 사용하며 연결된 항목이 여러 개이므로 순서대로 1, 2, 3, 4, …. 숫자를 사용해서 접근할 수 있다.

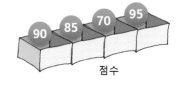

위 그림의 경우 앞에서부터 [점수] 리스트의 1번째 항목, [점수] 리스트의 2번째 항목과 같이 접근한다.

■ **앱인벤터에서 리스트 만들기**

❶ 리스트 만들기

리스트 또한 값으로 숫자, 문자, 파일이름 등을 사용할 수 있다.

❷ 리스트에 값 지정하기

[점수] 리스트 1번째 위치의 값을 변경하고자 한다면, [항목 교체하기] 블록을 사용한다.

이 블록의 의미는 [점수] 리스트를 가져오기하여, 1번째 위치를 찾아, '95'로 바꾸라는 의미이다.

❸ 값을 추가할 때는 [항목 삽입하기] 블록을 사용한다. [점수] 리스트를 가져와서 5번째 위치에 '100'을 삽입하라는 의미이다.

❹ [점수]리스트에 저장된 값 중에서 첫번째 항목을 사용하려 할 때는 [항목 선택하기] 블록을 사용한다.

이 블록은 값을 가져와서 레이블에 텍스트로 표시할 수 있다.

7.2   사칙연산 계산기

변수 두 개를 사용하여 덧셈, 뺄셈, 곱셈, 나눗셈을 해보자. 사용자가 두 개의 변수값을 입력하면 그 값을 계산하는 앱

7.2.1   결과보기 variable.aia

7.2.2   컴포넌트와 블록 설명

■ 보이지 않는 컴포넌트

블록	설명
텍스트박스	사용자가 글을 쓸 수 있는 컴포넌트. 힌트를 써서 사용자의 입력을 안내하거나 숫자만 입력하도록 제한 가능
버튼	클릭하면 버튼에 연결된 동작을 수행하는 컴포넌트

- **블록**

블록	컴포넌트	기능
언제 더하기 ▼ .클릭했을때 실행	버튼	버튼을 클릭하면 실행할 이벤트를 지정하는 블록
⚙ ▢ + ▢ ▢ - ▢ ⚙ ▢ × ▢ ▢ / ▢	수학	더하기, 빼기, 곱하기, 나누기를 실행하는 블록

7.2.3 디자이너

❶ 새로운 프로젝트를 작성하기 위해 [프로젝트]–[새 프로젝트 시작하기]를 클릭한다. 프로젝트 이름은 "variable_two"으로 입력 후 [확인] 버튼을 클릭한다.

❷ 컴포넌트를 배치한다.
레이블을 추가하고 [수평배치] 컴포넌트 안에 (레이블, 텍스트박스, 레이블, 텍스트박스)를 추가한다. 그 아래에 [수평배치] 컴포넌트를 넣고 버튼 4개를 추가한다.

그 아래에 레이블 2개를 추가한다.

❸ 레이블1 속성 변경하기

❹ 수평배치 내의 레이블 두 개 속성 변경하기

[레이블2] 선택 후 [텍스트] "변수1 :" 로 변경한다. [레이블3] 선택 후 [텍스트] "변수2 :"
로 변경한다.

❺ 텍스트박스 두 개 속성 변경하기

[텍스트박스1] 선택 후 [이름바꾸기]클릭 후 "변수1"로 변경하기.
[텍스트박스2] 선택 후 [이름바꾸기]클릭 후 "변수2"로 변경하기.

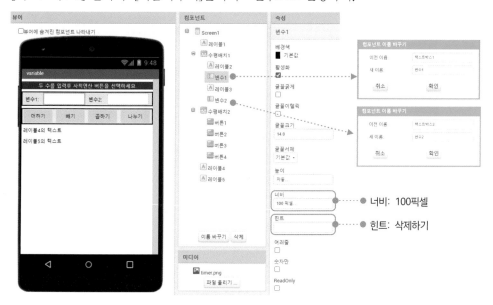

[변수1]과 [변수2] 모두 [너비]는 100픽셀로 하고, [힌트]는 삭제한다.

❻ 버튼 4개의 컴포넌트 이름을 차례대로 [더하기], [빼기], [곱하기], [나누기]로 변경한다.
[텍스트]도 동일하게 "더하기", "빼기", "곱하기", "나누기"로 입력한다. 버튼 4개 모두
[너비]는 70픽셀로 한다.

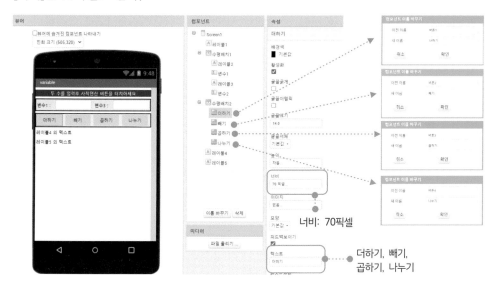

❼ 레이블4 속성 변경하기

[레이블4] 선택 후 [텍스트]를 삭제하고 [높이] 50픽셀로 변경한다.

❽ 레이블5 속성 변경하기

[레이블5] 선택 후 [이름바꾸기]를 클릭하여 "결과"로 변경한다. [글꼴굵게]에 체크하고 [글꼴크기] 18로 한다. [텍스트]는 "결과"로 입력하고 [텍스트색상]은 빨강으로 선택한다.

❾ 두 개의 수평배치 모두 [수평정렬]과 [수직정렬]을 가운데로 선택하고, [너비]를 부모 요소에 맞추기로 선택한다.

❿ Screen1을 선택하고 [수평정렬] 가운데로 선택하고 [제목] "variable"로 입력한다.

버튼 사이사이가 좁은 경우 [레이블]을 추가하고 [텍스트]를 삭제한 후 스페이스바를 한 번 입력한다.

7.2.4 블록

[변수1]과 [변수2] 변수를 만든다. 초기값은 0을 지정한다. 이 두 값을 계산에 사용할 것이다.

사용자가 [변수1] 텍스트박스에 10을 입력하고 [변수2] 텍스트박스에 5를 입력했다고 가정하자. [더하기] 버튼을 클릭하면 텍스트박스에 입력된 10을 [변수1]에 지정하고, 5를 [변수2]

에 지정한다. 더하기이므로 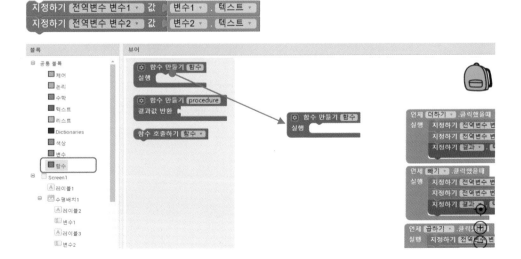 블록을 사용하여 계산한다. 그리고 이 값을 [결과] 레이블에 지정한다.

더하기 ▭, 빼기 ▭, 곱하기 ▭, 나누기 ▭ 블록을 사용하는 것 외에는 코드가 모두 동일하다.

이와같이 동일한 작업이 반복해서 실행될 때는 이것을 함수로 만들어 사용하면 코드가 많이 줄어들 수 있다. 반복해서 사용하는 두 줄을 "함수"로 만들어보자.

공통블록 [함수]에서 첫 번째 [함수만들기] 블록을 뷰어창에 둔다. 그리고 반복해서 사용하는 블록을 넣어준다. [더하기.클릭했을 때] 블록 안의 두 줄을 끌어다 함수에 넣어준다.

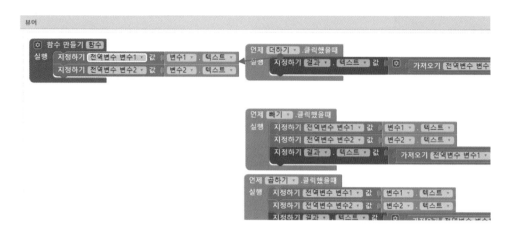

이제 빠져나간 두 줄 대신 [함수 호출하기.함수] 블록을 채워넣는다.

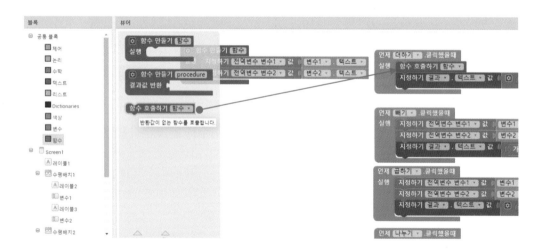

이제 [빼기], [곱하기], [나누기]를 클릭했을 때 블록 안에 있는 변수값 지정하는 블록은 모두 삭제해도 된다. "함수"를 호출하면 똑같이 사용할 수 있기 때문이다.

완성된 전체 코드는 다음과 같다.

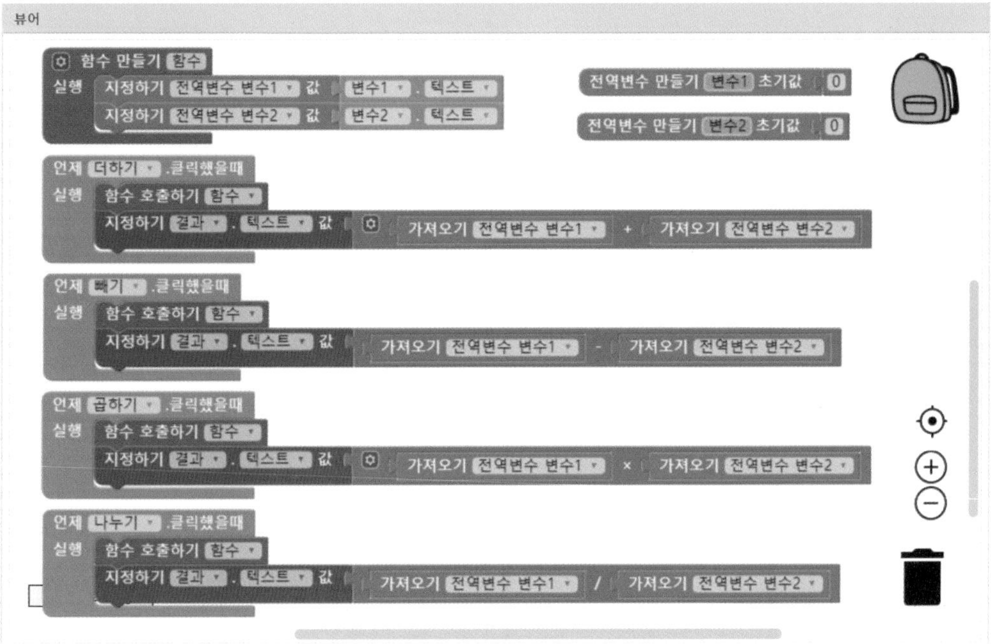

앱을 실행하여 결과를 확인해봅시다.

7.3   학점 계산기

점수를 입력하면 총점, 평균, 학점으로 출력해주는 앱

7.3.1   결과보기 grade.aia

7.3.2   컴포넌트와 블록 설명

■ 보이지 않는 컴포넌트

블록	설명
수평배치	내부에 컴포넌트를 수평으로 배치하는 컴포넌트
표형식배치	내부에 컴포넌트를 격자로 배치하는 컴포넌트

■ 블록

블록	컴포넌트	기능
	수학	두 수를 비교하여 참인지 거짓인지를 반환하는 블록 같은가, 같지 않은가, 작은가, 작거나 같은가, 큰가, 크거나 같은가를 비교하는 블록
	수학	두 수를 더하여/나누어 값을 반환하는 블록
	제어	만약 옆의 홈에 들어오는 블록의 결과가 참이라면, '이라면 실행' 옆의 블록을 실행. 그렇지 않으면 '아니라면' 옆의 블록을 실행하는 블록

⬇ 미디어파일 준비하기

grade.png

■ 화면구성하기

❶ [수평배치]를 넣고 두 개의 레이아웃 컴포넌트를 넣어야한다.

①은 [수직배치]이고 ②는 [표형식배치] 2X5 이다.

❷ 총점과 평균을 구하는 [표형식배치] 2X2 하나 더 있다.

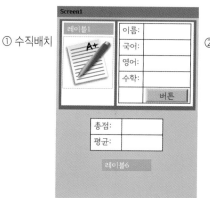

① 수직배치   ② 표형식배치

7.3.3 디자이너

❶ 새로운 프로젝트를 작성하기 위해 [프로젝트]–[새 프로젝트 시작하기]를 클릭한다. 프로젝트 이름은 "grade"으로 입력 후 [확인] 버튼을 클릭한다.

❷ 먼저 [수평배치] 컴포넌트를 넣고 그 안에 [수직배치] 컴포넌트와 [표형식배치] 컴포넌트를 추가한다. [표형식배치] 컴포넌트의 [너비]를 60%로 변경한다. [열] 2, [행] 5로 지정한다. 그리고 미디어파일을 업로드한다.

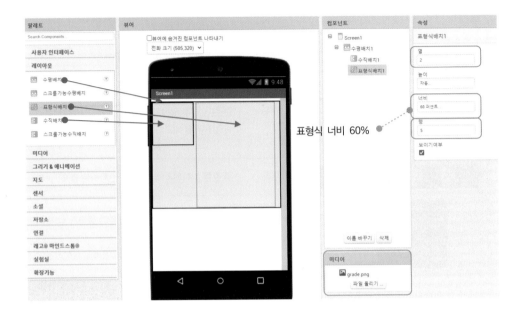

❸ 수직배치 내부 채우기

[수직배치] 내부에 [레이블] 컴포넌트와 [이미지]컴포넌트를 배치한다.

[이미지] 컴포넌트는 [높이] 120픽셀, [너비] 120픽셀, [사진]은 'grade.png' 로 선택하고 [사진크기 맞추기]에 체크한다.

❹ 레이블 속성 변경하기

[레이블1] 선택 후 속성창에서 [글꼴굵게]에 체크하고 [글꼴크기] 20, [텍스트]는 "학점구하기를 입력한다.

❺ 표형식배치 내부 채우기

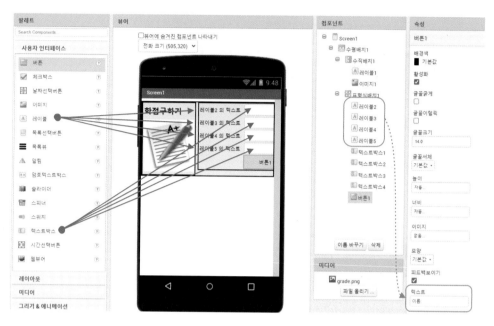

[레이블2] ~ [레이블5]까지 [표형식배치] 첫 번째 열에 넣고 [텍스트]를 각각 "이름:", "국어 :", "영어 :", "수학 :" 으로 변경한다.

❻ 텍스트박스 4개 속성 변경하기

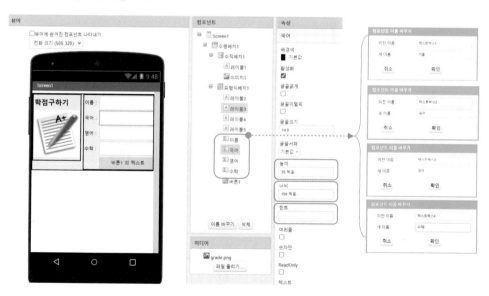

[텍스트박스1] ~ [텍스트박스4] 까지 [표형식배치 두 번째 열에 차례대로 넣고 컴포넌트 이름을 각각 [이름], [국어], [영어], [수학] 으로 변경한다. [높이] 35픽셀, [너비] 150픽셀, [힌트]는 삭제한다. 마지막줄에는 [버튼]을 추가한다.

❼ 버튼 속성 변경하기

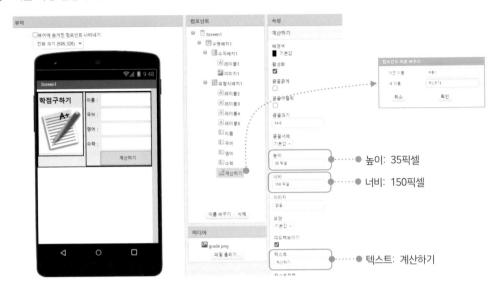

❽ 아래쪽 표형식배치 추가하기

[표형식배치]를 추가하고 레이블 4개를 추가한다. [레이블6]을 선택 하고 [텍스트]에 "총점 : "을 입력한다. [레이블7]을 선택하고 [텍스트]에 "평균 : "을 입력한다.

❾ 레이블8, 레이블9 속성 변경하기

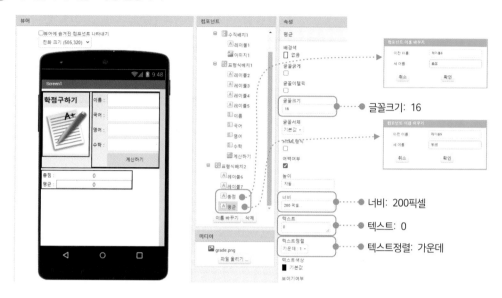

[레이블8] 선택 후 [이름바꾸기]를 클릭하여 "총점" 입력한다. [레이블9] 선택 후 [이름바꾸기]를 클릭하여 "평균"을 입력한다. 속성창에서 [글꼴크기] 16, [너비] 200픽셀, [텍스트] 0, [텍스트정렬] 가운데로 선택한다.

❿ 학점 레이블 추가하기

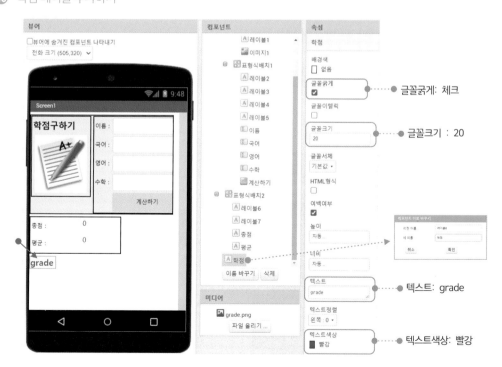

[레이블] 컴포넌트를 화면 하단에 추가한다. [레이블] 선택 후 [이름바꾸기]를 클릭하여 "학점"으로 변경한다. 속성창에서 [글꼴굵게]에 체크하고 [글꼴크기] 20으로 한다. [텍스트]는 "grade"로 입력하고 [텍스트색상]은 빨강으로 선택한다.

⑪ Screen1 속성 변경하기

Screen1을 선택하고 속성창에서 [수평정렬] 가운데를 선택하고 [제목]에 "grade"를 입력한다.

7.3.4 블록

먼저 [총점], [평균], [학점] 변수를 만들자.

전역변수 만들기 평균 초기값 0
전역변수 만들기 총점 초기값 0
전역변수 만들기 학점 초기값 " "

각 텍스트 박스에 입력되는 텍스트를 모두 더하여 [총점] 변수에 넣어준다.

지정하기 전역변수 총점 ▼ 값 ⚙ 국어 ▼ . 텍스트 ▼ + 영어 ▼ . 텍스트 ▼ + 수학 ▼ . 텍스트 ▼

총점을 3으로 나누어 [평균] 변수에 넣어준다.

지정하기 전역변수 평균 ▼ 값 가져오기 전역변수 총점 ▼ / 3

이제 구해진 [평균]을 사용하여 학점을 구해보자.

⚙ 만약   가져오기 전역변수 평균 ▼ ≥ ▼ 95
이라면 실행 지정하기 학점 ▼ . 텍스트 ▼ 값 " A+ "
아니고 만약   가져오기 전역변수 평균 ▼ ≥ ▼ 90
이라면 실행 지정하기 학점 ▼ . 텍스트 ▼ 값 " A "
아니고 만약   가져오기 전역변수 평균 ▼ ≥ ▼ 85
이라면 실행 지정하기 학점 ▼ . 텍스트 ▼ 값 " B+ "
아니고 만약   가져오기 전역변수 평균 ▼ ≥ ▼ 80
이라면 실행 지정하기 학점 ▼ . 텍스트 ▼ 값 " B "
아니고 만약   가져오기 전역변수 평균 ▼ ≥ ▼ 75
이라면 실행 지정하기 학점 ▼ . 텍스트 ▼ 값 " C+ "
아니고 만약   가져오기 전역변수 평균 ▼ ≥ ▼ 70
이라면 실행 지정하기 학점 ▼ . 텍스트 ▼ 값 " C "
아니라면   지정하기 학점 ▼ . 텍스트 ▼ 값 " F "

전체 코드는 다음과 같다.

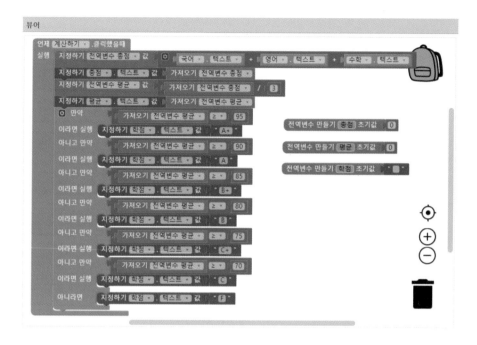

7.4 계산기 완성하기

가감승제가 가능하고, 십의자리 백의자리 계산이 가능한 계산기 완성하기

7.4.1 결과보기 calculator_basic.aia

7.4.2 계산기에 사용 순서를 생각해보자.

무엇이 필요한가?
어떤구조로 할 것인가?
어떤 블록을 사용할 것인가?

① 숫자를 누르면 무엇을 해아할까?
  - 버튼을 누르면 숫자가 [변수]에 기억되야 한다.
  - 버튼을 누르면 사용자가 볼 수 있도록 화면에 글자가 표시되야 한다.

② 더하기, 빼기, 곱하기, 나누기 중 무엇을 눌렀을까?
  - 연산자를 기억할 변수 [가감승제]가 필요하다.
  - 먼저 누른 숫자를 [결과] 변수에 옮기고 새로 들어온 값은 [변수]에 기억하자.
  - 내가 누른 연산자도 화면에 표시되야 한다.

③ 결과를 보기 위해 = 을 누르면 결과가 나타난다.

3 + 7 = ?

7.4.3 디자이너

❶ 작성된 기본 파일 불러오기 calculator_basic.aia

모양을 위해 여백과 수직, 수평배치를 섞어 사용하였다. 표배치는 4x4 를 사용하였다.

❷ 각 버튼의 [텍스트] 값 알아보기

숫자의 [텍스트]는 각 버튼의 숫자로 입력하였다. 연산자도 더하기는 +, 빼기는 −, 곱하기는 x, 나누기는 ÷ 로 입력하였다.

7.4.4 **블록**

❶ 필요한 변수를 만든다.

전역변수 만들기 (변수) 초기값 [0]
전역변수 만들기 (결과) 초기값 [0]
전역변수 만들기 (가감승제) 초기값 [0]

❷ 먼저 숫자 버튼을 터치하면 해당 숫자를 [변수]에 넣어준다. 그리고 사용자가 볼 수 있
도록 가장 상단의 [숫자표시] 컴포넌트에 보여준다.

언제 (Num1 ▾) .클릭했을때
실행   지정하기 (전역변수 변수 ▾) 값 (1)
       지정하기 (숫자표시 ▾) . (텍스트 ▾) 값   가져오기 (전역변수 변수 ▾)

이 작업은 1 ~ 0까지 모두 만들어야 한다. 위 블록을 9개 복사하고 숫자만 변경한다.

▶① ▶② ▶③ ▶④ ▶⑤ ▶⑥ ▶⑦ ▶⑧ ▶⑨ ▶⓪

❸ 연산자를 클릭했을 때,

[더하기] 버튼을 클릭했을 때 변수 [변수]에 담겨있는 값을 변수 [결과]에 지정한다. 이렇
게 되면 [결과] 변수와 [변수] 변수에는 동일한 값이 들어있을 것이다. 이것은 연산자 후
에 값이 들어올 것을 대비해서 미리 옮겨두는 것이다.

그리고 [더하기.텍스트] 즉 +을 [가감승제] 변수에 담아둔다. 차후 계산을 위해서이다.

이 값을 사용자가 볼 수 있도록 [숫자표시.텍스트]에 지정한다.

언제 (더하기 ▾) .클릭했을때
실행   지정하기 (전역변수 결과 ▾) 값   가져오기 (전역변수 변수 ▾)
       지정하기 (전역변수 가감승제 ▾) 값   (더하기 ▾) . (텍스트 ▾)
       지정하기 (숫자표시 ▾) . (텍스트 ▾) 값   가져오기 (전역변수 가감승제 ▾)

[더하기.클릭했을 때] 블록을 복사하여 [빼기], [곱하기], [나누기] 까지 완성한다.

언제 (빼기 ▾) .클릭했을때
실행   지정하기 (전역변수 결과 ▾) 값   가져오기 (전역변수 변수 ▾)
       지정하기 (전역변수 가감승제 ▾) 값   (빼기 ▾) . (텍스트 ▾)
       지정하기 (숫자표시 ▾) . (텍스트 ▾) 값   가져오기 (전역변수 가감승제 ▾)

언제 (곱하기 ▾) .클릭했을때
실행   지정하기 (전역변수 결과 ▾) 값   가져오기 (전역변수 변수 ▾)
       지정하기 (전역변수 가감승제 ▾) 값   (곱하기 ▾) . (텍스트 ▾)
       지정하기 (숫자표시 ▾) . (텍스트 ▾) 값   가져오기 (전역변수 가감승제 ▾)

언제 (나누기 ▾) .클릭했을때
실행   지정하기 (전역변수 결과 ▾) 값   가져오기 (전역변수 변수 ▾)
       지정하기 (전역변수 가감승제 ▾) 값   (나누기 ▾) . (텍스트 ▾)
       지정하기 (숫자표시 ▾) . (텍스트 ▾) 값   가져오기 (전역변수 가감승제 ▾)

④ 이제 =을 클릭했을 때,

결괏값을 계산하기 위해서 [결과] 변수값 + [변수] 변수값을 계산한다.

이때 [가감승제]에 지정된 값에 따라 다르게 계산한다.

+ 이면  , − 이면  , x이면  , ÷이면

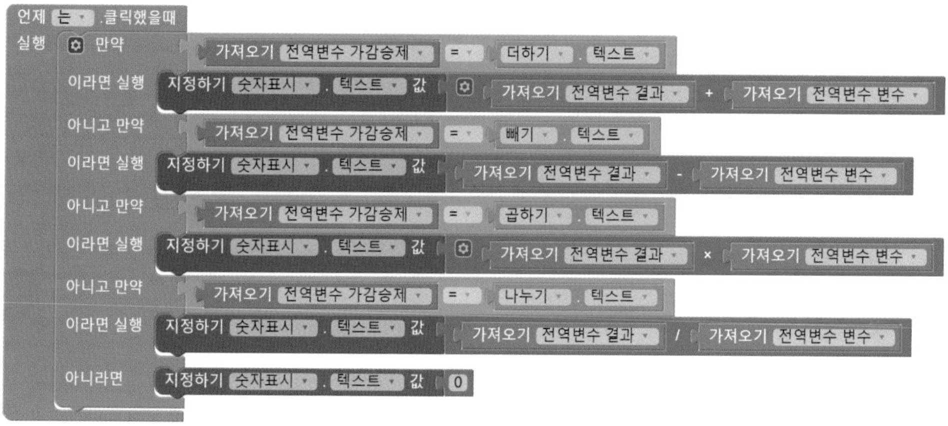

전체 코드는 다음과 같다.

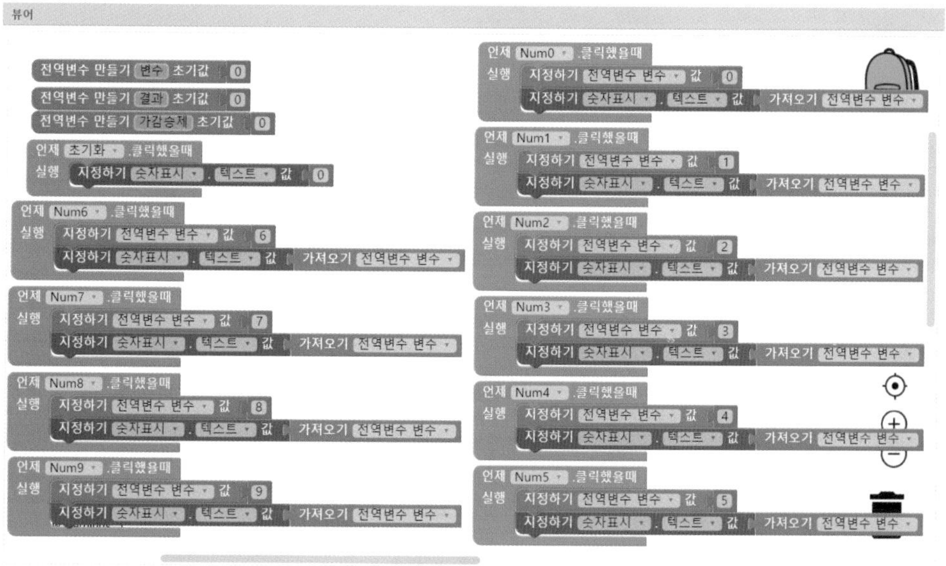

■ 10의자리, 100의자리까지 계산하려면 어떻게 해야할까?

```
1
12
12 + 3
```

위 블록을 다음과 같이 바꿔야 한다. 한자리일 때는 위와 같이 해도 되지만, 10자리 100자리까지 사용하려면 자리값을 올리려면 x10을 해주어야 한다. 그리고 지금 누른 값을 붙여준다.

이때, [현재숫자표시상태] 변수를 사용해서 + − x ÷ 와 같은 문자가 들어와서 10과 곱해지는 오류를 막아준다. [현재숫자표시상태]가 0일때는 계속해서 숫자를 입력하고 +, − 와 같은 연산자가 입력되는 순간 [현재숫자표시상태]를 1로 변경하여 곱하기를 하지 않도록 한다.

이 블록이 10개가 생기면 똑같은 블록이 너무 많으므로 다음과 같이 함수로 변경한다.

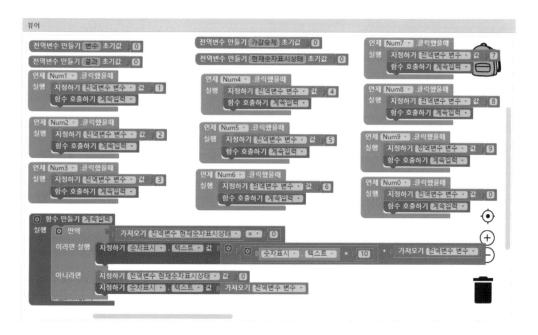

이후 2번 ~ 0번까지는 다음과 같이 작성하면 코드를 줄일 수 있다.

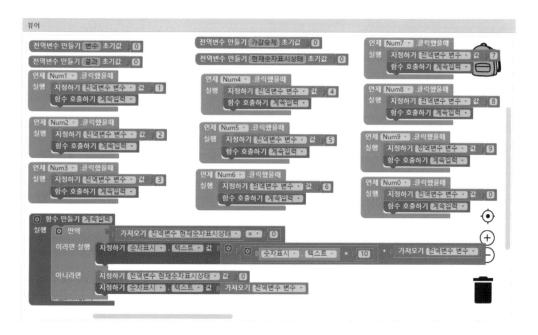

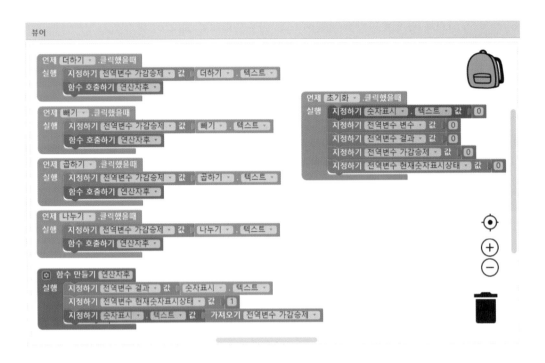

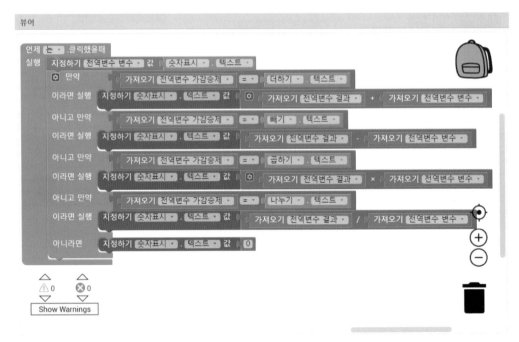

정·리·하·기

1. 데이터를 저장하기 위해서 주기억장치(메인 메모리)에 임시적으로 할당된 가상의 공간을 '변수'라고 한다. 이것은 독립된 고유한 '이름'을 가지고 데이터를 담는 그릇 역할을 한다.

2. 변수는 영향을 미치는 범위에 따라서 '전역변수'와 '지역변수'로 구분할 수 있다. 앱 인벤터에서 전역 변수는 프로젝트 어느 곳에서나 사용이 가능하다. 하지만 이와 달리 지역변수는 현재 연결된 블록 내 부에서만 사용 가능하다.

3. 변수는 공통 블록을 선택해서 만들어지는 '전역변수 만들기' 블록을 사용한다. 이때 변수에 고유한 이 름을 적어주고, 초기값을 할당한다.

4. 변수의 값을 사용하기 위해서는 '가져오기' 블록이나 '지정하기' 블록을 사용해서 변수의 값을 새롭게 지정하거나 변수에 저장된 값을 가져와서 사용할 수 있다.

5. '리스트'는 변수를 확장한 개념으로 고유한 하나의 이름을 가지고 여러개의 변수들을 연속적으로 저장 할 수 있는 블록이다. 리스트를 생성하기 위해서는 '전역변수 만들기' 블록을 선택해서 변수를 초기화 한 후, 새롭게 만들어진 전역변수에 '리스트 만들기' 블록을 연결해서 생성한다.

6. 기존에 만들어 둔 리스트에 새로운 값을 추가하기 위해서는 '항목 삽입하기 리스트' 블록을 사용해서 추가하고 싶은 위치와 항목 값을 지정해서 값을 추가할 수 있다. 그리고 리스트에 저장된 값을 변경하 기 위해서는 '항목 교체하기 리스트' 블록을 사용해서 원하는 위치와 바꿀항목 속성에 값을 대입해서 변경할 수 있다.

7. 앱 인벤터에서 여러 개로 구성된 컴포넌트들을 행과 열을 맞춰서 표처럼 배치하기 위해서는 '표형식배 치' 레이아웃 컴포넌트를 사용할 수 있다.

1.   다음은 변수에 대한 설명이다. 올바르지 않은 것은?

① 변수는 주기억장치에 임시 저장공간으로 만들어진다.

② 앱 인벤터에서 변수는 숫자형, 문자형을 사용할 수 있다.

③ 변수는 같은 이름을 가질 수 있다.

④ 변수에 파일 이름을 대입할 수도 있다.

2.   다음은 리스트에 대한 설명이다. 올바르지 않은 것은?

① 리스트는 변수를 확장하여 여러 개의 자료를 저장할 수 있다.

② 리스트는 같은 유형의 자료를 연속적으로 저장한다.

③ 리스트를 만들려면 '전역변수 만들기' 블록을 사용한 후 '리스트만들기 블록'을 연결한다.

④ 리스트는 순서대로 값을 저장하지 않아도 된다.

3.   변수를 사용해서 계산기 앱을 만드는 과정에 대한 설명이다. 올바르지 않은 것은?

① 수학 계산을 위해서 노랑색 4칙 연산 블록을 사용할 수 있다.

② 초록색 블록은 컴포넌트의 속성값을 가진다.

③ 변수에 값을 대입하기 위해서 주황색 '지정하기' 블록을 사용한다.

④ 두 개의 변수의 크기를 비교하기 위해서 관계연산자 블록을 사용한다.

4.   조건에 따라서 수행해야 할 블록이 다르게 하기 위해서 사용하는 만약 ~ 이라면 실행 ~ 아니라면 블록은 무슨 블록 그룹에 속하는가?

① 수학   ② 제어

③ 논리   ④ 프로시저

5.   하나의 변수를 입력 받은 후 2개 이상으로 구성된 조건들에 따라서 수행해야 할 문장을 결정하기 위해서는 블록들 주에서 사용하할 수 있는 블록은 무엇인가?

CHAPTER 8

UI/UX 디자인

8.1 UI 디자인 정의, 발전과정, 특징

8.1.1 UI 디자인 정의

UI(User Interface)디자인은 인간과 컴퓨터 사이의 상호작용을 이용한 디자인 방법이다.

컴퓨터의 발달로 사용자와 컴퓨터 사이의 상호정보교환의 문제점을 인식하게 되었을 때, 빌 모글리지는 '컴퓨터 소프트웨어의 사용성에 대한 연구'에서 '인터렉션 디자인' 이라는 단어를 처음 사용하면서부터 UI(User Interface)가 사용되었다.

빌 모글리지가 디자인한 최초의 노트북   빌 모글리지

UI 라는 용어를 제안한 빌 모글리지

8.1.2 UI 디자인 발전과정

UI(User Interface)는 GUI(Graphic User Interface)에서 유래 되었으며 UI(User Interface)를 판단하는 기준으로는 사용성(Usability)을 들고 있다.

첫 번째로 컴퓨터 소프트웨어 초창기에는 CLI(Command Line Interface)였다. CLI(Command Line Interface)는 텍스트를 기본으로 하여 명령어를 조작하는 사용자 인터페이스였다. 따라서 매우 제한적인 인터페이스 수준에서 작업을 효율을 높이고 실수를 줄이는 것이 중요하였다.

두 번째로는 GUI(Graphic User Interface)이다. GUI는 그래픽 환경을 기반으로 마우스를 이용하였다. 그래픽 환경의 발전과정을 살펴보면 컴퓨터의 발달, IT의 발달, 웹 2.0 시대로 발전하며 블로그, UCC등 대표되는 콘텐츠 생산의 주체가 바뀌었다. 정보의 전달이나 구성 방식이 단방향 교류에서 쌍방향의 교류로 변화되었다. 또한 스마트폰의 등장 이후에는 새로운 스마트폰 환경이 급성장 하였고 사회 현상에 따라 서비스나 애플리케이션의 개념이 탄생하여 트위터나 페이스북과 같은 SNS를 통한 사용자 상호작용 형태는 새로운 요구들을 제시하기 시작하였다.

세 번째로는 NUI(Natural User Interface)이다. NUI는 사람의 말과 행동으로 기기를 조작하는 특징이 있다. 멀티터치, 햅틱, 3D모션 인식같은 자기 신체를 활용한 NUI로 발전하였다.

네 번째로는 OUI(Organic User Interface)이다. OUI는 모든 자연 상태에서 발견할 수 있는 다양한 형태, 변형, 진화 등의 특성을 반영한 UI를 의미한다. 예를 들어 콜라 캔 포장지에 콜라 캔 자체의 상품정보, 광고, 동영상 정보를 담고 있는 콜라 제품을 예로 들 수 있다.

UI 디자인 발전과정

따라서 UI(User Interface)판단기준이 되는 사용성(Usability)은 사용자의 환경에서 사용자가 얼마나 효율적으로 주어진 작업을 쉽고 빠르게 사용 가능한 지에 대한 척도이다. 제이콥 닐슨은 사용성의 평가 속성으로써 용이성(Learnability), 효율성(efficiency), 기억성(Memorability), 오류성(Errors), 만족성(Satisfaction)을 제안하였다.

- 용이성 : UI를 처음 사용하는 사용자가 시스템을 얼마나 빨리 익숙해 질수 있는 지 여부의 정도를 말한다.
- 효율성 : 시스템이 익숙해 졌다면, 고급기능을 얼마나 빠른 시간에 사용가능한지를 나타낸다.
- 기억성 : 사용자가 시스템에 오랜 시간 사용하지 않았을 시에도, 재사용 시 얼마나 빨리 재사용에 익숙한지 여부를 평가한다.
- 오류성 : 사용자가 작업을 하는 도중에 최소의 오류가 발생 하였는지 여부를 평가한다.
- 만족성 : 사용자 개인의 특성을 고려하여 개인의 만족도를 평가할 수 있도록 한다.

8.2   UX 디자인 정의, 프로세스, 개발 방법

8.2.1   UX 디자인 정의

UX(User Experience) 디자인은 사용하려는 제품을 사용자 입장에서 환경 및 고객의 요구에 맞는 제품과 서비스를 만들어 내는 하나의 방법론이다.

8.2.2   UX 디자인 프로세스

UX디자인 프로세스는 문제발견, 리서치, 프로토타이핑, 테스트 4개의 단계로 설명 할 수 있다.

- 문제 발견(Find Problem) : 사용하려는 제품, 서비스, 시스템에 관련된 시장을 분석한다.
- 리서치(Research) : 필드리서치, 데스크 리서치 하여 사용자의 환경에 맞는 제품을 개발을 위한 모델링을 한다.
- 프로토타이핑(Prototyping) : 제품이나 서비스, 시스템 개발을 위해 미리 만들어 본다.
- 테스트(test) : 프로토타이핑 된 제품을 테스트 한다.

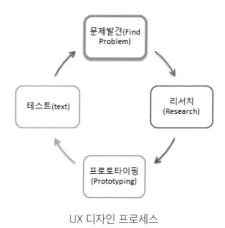

UX 디자인 프로세스

8.2.3   UX 디자인 개발 방법

UX디자인 개발 방법에는 대표적으로 애자일 프로세스방법 ,린 프로세스 방법이 있다.

- 애자일 프로세스 : 제품을 빠르게 출시 후 점진적으로 개선해 나가는 프로세스 방식이다.
- 린 프로세스 : 모든 구성원이 서로의 관점을 이해하고, 어떤 경험을 만들 것 인가에 대한 공동의 목표를 갖는 협업방식이다.

8.3   UI 디자인과 UX 디자인의 차이점

8.3.1   UI 디자인

UI 디자인은 UX 디자인을 통해서 생성된 결과물을 아트(art)로 진화시키는 작업이다. UX 프로세스는 사용자가 앱의 페이지나 탐색 흐름 안에서 상호 작용하는 작업들을 의미하는 반면 UI 프로세스는 이러한 페이지 및 탐색 흐름이 사용자에게 어떻게 보이고 느껴지는가를 정의한다.

UI 디자인은 그래픽, 색상, 애니메이션, 폰트, 버튼 스타일, 제스처 기반 탐색 도구 등 모바일앱을 아름답고 재미있게 만드는 모든 측면에 초점을 맞춘다. 모바일 앱에서 사용되는 이러한 UI 구성 요소들은 그 모바일 앱에 대한 전반적인 미적 감각을 제공하게 된다..

UI 디자이너는 모바일 앱을 탐색할 때 사용자가 특정 요소를 느낄 수 있게 함으로써 UX디자인을 보다 더 진화시킨다. 이것은 단순히 평평하고 물질적인 디자인과 예쁜 그림의 결합만을 의미하는 것은 아니다. UI 디자이너는 사용자가 모바일 앱을 100% 편안하고 자신있게 느끼는 상태로 만들어야 한다.

예를 들어, UX 디자이너가 버튼을 눌러 사용자를 다른 페이지로 이동하는 시나리오를 설계하면 UI 디자이너는 이 시나리오에 사용자에게 다른 페이지로 연결되는 시각적 신호를 추가한다. 이것은 사용자가 버튼을 누를 경우 다음 페이지가 로드되는 동안 버튼의 색상을 변경하여 사용자로 하여금 다음 화면이 현재 로딩 중인 것을 알려주는 등의 방식을 통해서 구현할 수 있다.

8.3.2   UX 디자인

UX 디자이너는 앱 화면에서의 정보 배치 방식 및 사용자가 이 앱과 어떻게 상호 작용하는지를 디자인 한다.

UX 디자이너는 사용자가 원하는 작업을 완료 할 수 있도록 하는 데 가장 큰 중점을 둔다. 이전 절에서 언급했던 문제발견, 리서치, 프로토타이핑, 테스트 등의 단계를 통해 사용자가 직관적이고 매끄러운 방식으로 앱이 제공하는 기능을 사용하여 원하는 작업을 완료 할 수 있도록 설계해야 한다.

따라서, UX 디자이너는 사용자의 앱 사용이 논리적인 단계로 흘러가도록 디자인 해야한다. 즉, 사용자를 위한 직관적이고 올바른 경험을 구축하는 것이 가장 큰 책임이다. 사용자가 깊게 생각할 필요 없이 몇몇 화면들을 거쳐서 원하는 작업을 쉽게 완료할 수 있을 때 이러한 직관적인 경험이 완성되는 것이다.

아래 그림은 스마트워치의 메인 화면을 대상으로 한 UX 디자인(왼쪽) 및 UI 디자인(오른쪽) 결과물의 일반적인 차이점을 잘 나타내고 있다.

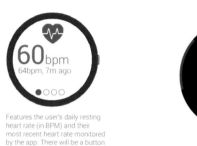

UI 디자인 및 UX 디자인 결과물

(1) UI 디자인 결과물

- 메인 화면에 사용자의 하루평균 심박도를 표시
- 메인 화면에 심박도 측정 앱이 가장 최근에 측정한 심박도를 별도로 표시
- 버튼 형태의 아이콘을 누르면 사용자의 현재 심박도를 측정하여 보여주도록 할 것

(2) UX 디자인 결과물

- 메인화면의 색상은 검은색으로 설정
- 심박도 버튼 모양 디자인
- 심박도 숫자의 색상은 흰색으로 설정
- 하루 동안의 평균 심박도 숫자를 가장 크게 표기
- 현재 화면의 위치를 나타내는 표시자와 심박도 표시 영역 사이에 흰색 바 형태의 구분자를 위치시킴

8.4   모바일 UX 디자인

8.4.1   모바일 UX 디자인의 정의

성공적인 모바일 앱의 개발을 위해서는 다양한 조건들을 만족해야 하지만 그 중에서도 모바일 환경에 적합한 UX 설계는 필수적인 요소 중 하나이다. 일반적으로 시장에서 성공하는 모바일 앱들은 그에 걸맞는 훌륭한 모바일 UX를 제공하는 경우가 많다.

훌륭한 모바일 UX를 설계하기 위해서는 기존에 제작된 앱들의 모범 사례를 참조하는 것이 효과적인 방법이다. 사용자가 익숙해져 있는 기존 앱들을 참조하면 앱 사용자의 행동을 유도하는 가장 효과적인 방법을 파악하여 적용 할 수 있다.

기존 앱 사용자들의 행동 패턴 및 선호도에 대한 구체적인 이해가 없으면 사용자들을 만족시키기 위한 필수적인 요소들을 놓칠 가능성이 높으며 이는 곧 긍정적이지 않은 사용자 경험으로 귀결된다.

훌륭한 모바일 UX를 디자인하기 위해 사용되는 다양한 전략들을 소개한다. 다음에 나오는 내용들을 염두하여 UX를 디자인할 경우 보다 성공적인 산출물을 만들어 낼 수 있을 것이다.

8.4.2   모바일 UX 디자인 전략

(1) 사용자 인터페이스 (UI) 디자인

앱의 모바일 UX를 제작하는 데에 있어서 가장 큰 요소는 UI이다. 모바일 앱 UI의 요소에는 대상 모바일 기기가 사용하는 다양한 크기의 화면부터 필요할 때마다 팝업되는 가상 키보드에 이르기까지 모든 것이 포함될 수 있다.

iOS와 Android 두 주요 모바일 플랫폼들은 계속해서 UI 디자인을 변경하여 이를 사용하는 앱과 사용자들에게 영향을 미치고 있다. 이러한 변경은 기존 UI의 개선 뿐 아니라 새로운 형태의 UI 추가도 포함된다. 모바일 앱 개발자는 변경 사항을 지속적으로 확인하고 새로운 기능을 활용하는 앱을 개발하여 이점을 누려야 한다. 개발자는 이러한 행동을 통하여 끊임없이 변화하는 모바일 환경에서 경쟁력을 유지할 수 있다.

(2) 색상 선택 : 심리적 관점

UX 디자인시 색상 선정은 심리적인 관점에서 모바일 앱에 영향을 준다. 색상이 사용자의 특정 행동을 유도할 수 있기 때문이다.

색상은 현실 세계에서와 마찬가지로 사람들에게 특정 감정을 심어 줄 수 있으며 특정 색상
은 사람들을 특정 방식으로 반응시킨다. 예를 들어 빨간색이나 초록색 버튼은 사용자로 하
여금 클릭을 유도하는 것으로 알려져 있다.

다른 한 가지의 예를 더 들어보면 중국 시장에 출시된 앱들의 상당수는 빨강 색상을 사용하
고 있다. 빨간색은 중국의 웹 사이트 들에서도 주로 사용되고 있으며 이 색은 전통적으로 중
국인들에게 행복을 의미하는 색상으로 알려져 있다.

(3) 간결한 UI 디자인

지난 몇 년 동안의 UX 디자인의 트렌드는 최대한 간결한 UI를 사용하는 것이었다. 이 관점
은 모바일 앱이 단순히 미적으로 보기 좋은 것 보다는 훌륭한 기능을 제공하는 것에 중점을
두는 것으로 최근 몇 년간 UX 디자인의 대세론으로 여겨지고 있다.

이 접근법의 핵심 원리는 사용자가 반드시 알아야 하는 것들 만을 제시하는 것이다. 사용
자가 불필요하게 암기해야만 하는 정보 역시 최대한 줄여야 한다. 이는 사용자에게 앱을 소
개하는 데 있어서 심리적으로 효과적인 방법으로 알려져 있으며 사용자에게 탁월한 모바일
UX 제공하기 위한 기본 지침이 되고 있다.

대표적인 예로 Walmart 앱의 경우 모바일 물품 구매 시 불필요한 정보를 입력함에 따른 사
용자의 불만을 방지하기 위해 모바일 구매 과정을 최대한 간소화 시켰다.

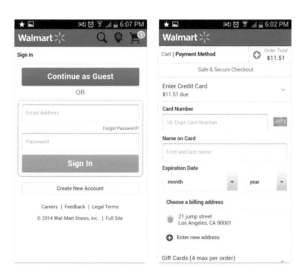

Walmart 앱의 로그인 및 물품구매 화면

또한 Walmart 앱은 guest로 로그인을 통한 구매 옵션을 제공하므로 물품 구매를 위해 별도로 로그인을 할 필요가 없다. 그리고 이 앱의 UI는 전반적으로 넓은 여백과 버튼을 많이 사용하고 있다. 결과적으로 이 앱은 Walmart의 매출 증가에 큰 역할을 하게 되었다.

항상 사용자의 입장에서 생각하는 것을 잊지 말아야 한다. 사용자가 처음 모바일 앱을 설치하여 실행 했을 때에 한 달 안에 사용자가 세면용품에 얼마나 많은 돈을 쓸지와 같은 질문을 하는 것은 당신에게만 좋은 일이며 힘들게 벌어들인 현금을 지출하는 고객에게는 전혀 가치 없는 질문이다.

간결화된 UI 디자인은 로그인 화면에도 적용될 수 있다. 로그인 화면에서는 사용자가 앱을 사용하기 위해 절대적으로 필요로 하는 데이터만을 수집하고 불필요한 내용은 요구하지 않도록 해야 한다. 이러한 시도로 사용자가 앱을 설치 후 로그인도 하지 않고 바로 삭제해버리는 비극을 막을 수 있다.

ONE store 앱은 사용자에게 다양한 로그인 방식을 제공한다. 사용자는 별도의 계정 생성이 필요 없이 기존에 사용하던 google 계정이나 소셜계정 및 휴대전화번호 등을 통해서 손쉽게 이 앱에 로그인 할 수 있다.

ONE store 앱의 로그인 화면

(4) 모바일 onboarding UX

모바일 UX의 맥락에서 볼 때 처음 앱을 접하는 사용자에게 그 앱의 사용방법을 안내하는 onboarding UX를 제공하는 것은 사용자 유치 및 유지를 위해 큰 도움이 될 것이다. onboarding UX를 앱 고속도로로 진입하는 진입로로 생각한다면 이후의 UX들은 해당 고속도로의 경치로 볼 수 있다.

온 보딩의 목표는 사용자가 원하는 것을 신속하고 효율적으로 달성하는 방법을 보여줌으로써 사용자에게 앱의 가치를 보여주는 것이다. 이 단계에서 모바일 UX를 극대화하기 위해 구현할 수있는 많은 전략이 있으며 대표적인 전략 중 하나는 점진적 onboarding 이다. 이 onboarding 프로세스는 대화식으로 진행되며 실제로 앱을 사용할 때 지침을 사용자에게 제공한다. 앱에 복잡한 워크 플로우나 여러 섹션, 숨겨진 기능 및 제스처(손동작) 기반 상호 작용이 있는 경우 이러한 점진적 onboarding이 효과적이다.

Twitter 앱은 이러한 점진적 onboarding UX를 적용하여 사용자에게 다음 단계로 넘어 가기 위해서 해야 할 일을 안내한다.

Twitter 앱에서 적용한 점진적인 onboarding UX

(5) Customization(사용자 정의)에서 personalization(개인화)로의 전환

기존의 PC용 웹사이트는 사용자의 선호도에 따라 사용자가 화면을 직접 customization 하는 것이 가능하도록 하기 위해 다양한 기술을 활용했다. 예를 들어서 사용자는 자신의 취향에 따라서 웹사이트의 특정 아이콘을 다른 위치로 옮긴다던지 새로운 메뉴를 추가한다던지 등의 동작이 가능했다. 그러나 이러한 customization은 화면 크기가 매우 다양한 모바일 플랫폼에서는 적용이 쉽지 않게 되었다.

이러한 cutomization의 개념은 모바일 시대로 진화하면서 자연스럽게 personalization으로 전환되었다. 모바일 앱을 사용하는 사용자의 행동은 앱에 의해 원격 서버에 기록되고 이렇게 형성된 Big Data를 통해 모바일 UX를 개선 할 수 있다. 예를 들어 사용자가 매달 초에 특정 유형의 유아용품을 앱을 통해 구매할 경우 이 맞춤형 앱은 매월 말에 해당 유형의 제품에 대한 특별 딜을 제공한다. 이와 같이 앱 제공 업체는 맞춤형 추천을 사용자에게 제공하여 수익 증대를 실현할 수 있다.

Personalization의 또 다른 예는 여러가지 앱들에서 활용하고 있는 푸시 알림이다.

Starbucks의 모바일 앱은 고객이 보유하고 있는 포인트를 추적하여 현재 포인트로 제공 받을 수 있는 프로모션을 알리는 푸시 알림을 보낸다. 항공권 특가 알림 앱인 플레이윙즈 앱은 구매 시점에 따라 가격 변동이 심한 각종 항공권 프로모션 정보 가운데 사용자가 등록한 관심 지역과 여행 일정에 따른 항공권 특가 소식만을 모아 실시간 푸시 알림으로 제공한다.

Playwings 앱의 맞춤설정 및 푸시알림

위에서 제시한 사례들에서 알 수 있듯이 모바일 앱에 효과적인 personalization UX를 적용할 경우 지속적인 수익 창출에 긍정적인 효과를 가져오게 된다.

(6) 제스츄어(Gesture)

터치를 통한 pinching, swiping, scrolling 동작은 최근 모바일 기기에서 사용하고 있는 제스츄어의 대표적인 예이다. swiping이나 pinching 등의 기능이 거의 없었던 과거의 모바일 기기에서는 제스츄어 동작이 매우 제한되었다. 그러나 최근 이러한 기능들이 추가되면서 UX 디자이너는 UI 디자인에서 제스츄어에 중점을 두었다. 공유 및 삭제와 같은 작업을 위해 swiping 동작을 사용하는 것이 대표적인 예이다.

또한 제작하는 앱과 유사한 기능을 하는 다른 앱들에서 사용하는 제스츄어를 참조하는 것도 중요하다. 이러한 제스츄어 동작을 앱에서 동일하게 적용할 경우 기존 사용자가 처음부터 앱에 익숙해지는 효과가 있을 수 있다.

Google 및 NAVER TV와 같은 앱은 공간을 절약하기 위해 사이드 swipe 메뉴를 사용한다. 이것은 탁자 위에서 빈 공간을 만들고 싶을 때에는 탁자 위의 물건들을 걷어낼 것이다. swipe 메뉴는 이러한 인간의 심리를 적절히 활용한 UI의 한 예이다.

Google 앱과 NAVER TV 앱에서 적용한 swipe 메뉴

iPhone 개발자의 경우 최근에 발표된 3D Touch 제스쳐어에 주목해야 할 것이다. 이는 기존 터치 동작에 압력이라는 개념을 추가한 기술이며 앱 개발자들은 iPhone의 사용자들이 이러한 새로운 기능을 수행 할 수 있게 되었다는 것을 염두하여 UX를 개발해야 한다.

예를 들어 앱 아이콘을 특정 강도의 세기로 누르면 메뉴를 통해 추가 정보를 가져올 수 있으며 카메라 아이콘을 이와 같이 누르면 셀프샷 모드로 작동 할 수 있는 옵션이 제공되는 형태의 동작이 가능할 것이다.

8.4.3 모바일 UX 디자인을 위한 프로토타입 제작 도구

와이어 프레임(Wireframe)은 모바일 앱의 페이지 및 웹페이지의 구조를 제안하기 위한 화면 설계도이다. 실제 세부 디자인을 진행하기 전에 선(wire)을 이용해 윤곽선(Frame)을 설계해볼수 있다. 이것은 디자인의 컨셉, 고객의 요구사항, 콘텐츠의 기능 요소를 모두 파악하여 전략적으로 설계되어야 하므로 매우 중요한 요소이다.

또한 이 와이어 프레임이 잘 갖추어야만 디자이너와 웹 퍼블리셔, 개발자, 그리고 고객의 서로 소통을 원활히 할수 있다.

와이어 프레임의 제작툴로는 CACOO, 아이폰 목업 등이 있다.

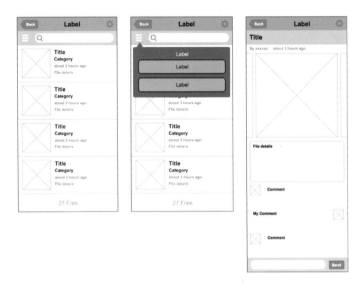

CACOO 와이어 프레임의 예

CACOO 와이어 프레임의 예 – 제작도구 메뉴

프로토 타이핑 코딩을 하지 않고도 테스트가 가능하도록 견본을 만들어 보는 행위를 의미한다. 이러한 프로토 타이핑을 통하여 성능과 구현 가능성 등을 시험하기 위해 전체적인 기능을 간편하게 만들어 보면서 시행착오를 줄일 수 있다. 프로토타입 제작툴로는 UX핀, POP앱, Fluid UI 등이 있다.

Fluid UI 프로토 타입의 툴 메뉴

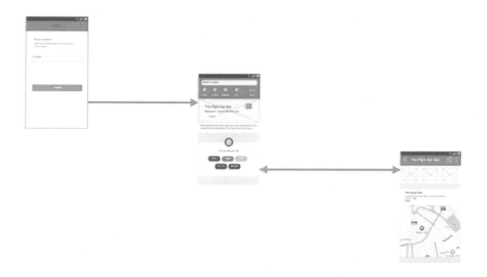

Fluid UI 프로토 타입의 예

8.5   mp3player

이미지를 터치하거나 스피너를 터치하여 원하는 음악을 선택한 후 ▶ 버튼을 누르면 선택한 음악이 재생된다.

동영상을 원하면 🎥 버튼을 터치하여 유투브 영상을 볼 수 있다.

8.5.1   결과보기 mp3player.aia

8.5.2   컴포넌트와 블록 설명

■ 컴포넌트

블록	설명
🔲 버튼	클릭하면 버튼에 연결된 동작을 수행하는 컴포넌트
🎚 슬라이더	최저~최고 수치를 지정하고 숫자를 선택하는 컴포넌트
🗒 스피너	몇 개의 자료 중 하나를 선택하는 컴포넌트

■ 보이지 않는 컴포넌트

블록	설명
▶ 플레이어	음악을 재생하는 컴포넌트
⚡ 액티비티스타터	새로운 창에 인터넷 브라우저를 띄우는 컴포넌트

■ 블록

블록	컴포넌트	기능
언제 슬라이더1 ▼ .위치가변경되었을때 섬네일위치 실행		섬네일의위치가 변경하면 이 값으로 무엇을 할 것인지 블록 추가하기
✕ 지정하기 플레이어1 ▼ . 볼륨 ▼ 값		플레이어의 볼륨값 지정하기
✕ 지정하기 액티비티스타터1 ▼ . 데이터URI ▼ 값		액티비티스타터가 이동할 URI 지정하기
호출 액티비티스타터1 ▼ .액티비티시작하기		액티비티스타터 시작하기
항목 선택하기 리스트 가져오기 전역변수 앨범 ▼ 위치 가져오기 전역변수 순서 ▼		앨범리스트의 순서번째 위치의 항목 선택하기
길이 구하기 리스트 가져오기 전역변수 노래 ▼		노래 리스트의 길이 구하기

⬇ **미디어파일 준비하기(앨범, 음악, 버튼)**

- bts1.png, bts2.png, bts3.png, bts4.png, bts5.png, bts6.png
- 1.BoyWithLuv.mp3, 2.IDOL.mp3, 3.DNA.mp3, 4.FAKELOVE.mp3, 5.FIRE.mp3, 6.DYNAMITE.mp3
- btnPause.png, btnPlay.png, btnStop.png, btnVideo.png

8.5.3 디자이너

❶ 새로운 프로젝트를 작성하기 위해 [프로젝트]–[새프로젝트 시작하기]를 클릭한다. 프로젝트 이름은 "mp3Player"로 입력 후 [확인] 버튼을 클릭한다.

❷ 컴포넌트 배치하기

위부터 차례로 [레이블], [버튼], [슬라이더], [수평배치], [스피너]를 추가한다. 수평배치 안에는 [버튼] 세 개를 추가한다.

[버튼1]을 선택하고 속성창에서 [높이] 250픽셀, [너비] 95퍼센트를 선택한다.

[슬라이더]는 [너비]를 부모 요소에 맞추기 한다.

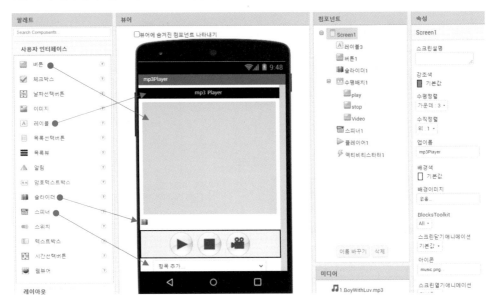

❸ 보이지않는 컴포넌트 추가하기와 미디어파일을 업로드한다.

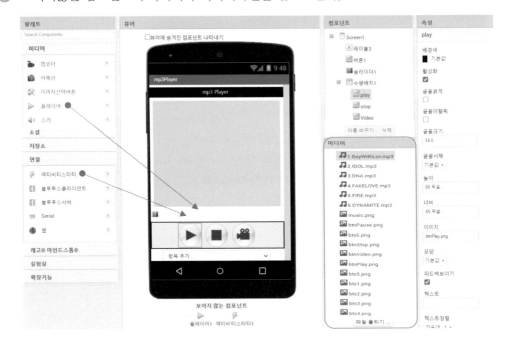

[미디어] 팔레트에서 [플레이어]를 추가하고, [연결] 팔레트에서 [액티비티스타터]를 추가한다.

앨범, 음악, 버튼이미지 등의 미디어파일을 업로드한다.

④ 버튼 속성 변경하기

컴포넌트 창에서 [버튼2] 선택 후 [이름바꾸기]를 클릭하여 "play"로 변경한다. 속성창에서 [높이] 55픽셀, [너비] 55픽셀, [이미지] btnPlay.png를 선택한다.

[버튼3] 선택 후 [이름바꾸기]를 클릭하여 "stop"으로 변경한다. 속성창에서 [높이] 55픽셀, [너비] 55픽셀, [이미지] btnStop.png를 선택한다.

[버튼4] 선택 후 [이름바꾸기]를 클릭하여 "video"로 변경한다. 속성창에서 [높이] 55픽셀, [너비] 55픽셀, [이미지] btnVideo.png를 선택한다.

⑤ 스피너1 속성 변경하기

[너비] 80퍼센트, [프롬프트] "노래선택하기"를 입력한다.

나머지 필요한 사항은 임의로 조정한다.

8.5.4 블록

① 기본 자료 리스트로 준비하기

리스트의 위치를 가리킬 변수 [순서] 만들기

전역변수 만들기 순서 초기값   0

[앨범] 리스트 만들기, [노래] 리스트 만들기, [비디오] 리스트 만들기

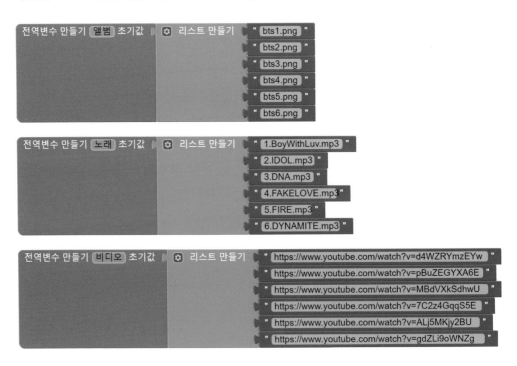

② 이 mp3Player에는 6개의 노래가 들어있다. 해당하는 노래에 대한 앨범과 비디오가 같은 번호에 존재한다. [순서] 변수의 값이 1이면 모두 1을 가리키게 될 것이다. 모든 리스트의 첫 번째 항목에는 모두 BoyWithLuv에 대한 앨범, 노래, 비디오가 들어있다.

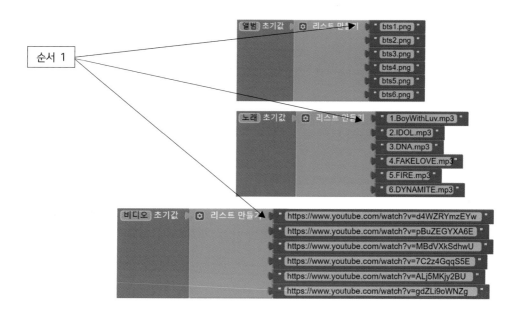

리스트에서 항목을 선택하는 블록은 [항목선택하기 리스트]블록을 사용한다.

이 블록은 [앨범]리스트에서 순서번째 항목을 선택한다는 뜻이다.

- [버튼1]을 클릭할 때, 맨 처음 [순서]를 하나 증가시킨다.
- [버튼1.이미지]에 [앨범]리스트의 순서번째 항목을 선택하여 지정한다.
- [플레이어1.소스]에 [노래]리스트의 순서번째 항목을 선택하여 지정한다.
- [액티비티스타터1.데이터URI]에 [비디오]리스트의 순서번째 항목을 선택하여 지정한다.

❸ 만약 버튼을 여러번 터치해서 [순서] 변수 값과 리스트 길이가 같아지면, [순서] 변수에 1을 지정한다. [순서] 변수값이 리스트 길이보다 값이 커지면 없는 항목을 가리키게 되기 때문이다.

```
언제 버튼1 ▼ .클릭했을때
실행  지정하기 전역변수 순서 ▼ 값    ⚙ 가져오기 전역변수 순서 ▼  +  1
     지정하기 버튼1 ▼ . 이미지 ▼ 값   항목 선택하기 리스트  가져오기 전역변수 앨범 ▼
                                    위치  가져오기 전역변수 순서 ▼
     지정하기 플레이어1 ▼ . 소스 ▼ 값   항목 선택하기 리스트  가져오기 전역변수 노래 ▼
                                    위치  가져오기 전역변수 순서 ▼
     지정하기 액티비티스타터1 ▼ . 데이터URI ▼ 값  항목 선택하기 리스트  가져오기 전역변수 비디오 ▼
                                    위치  가져오기 전역변수 순서 ▼
     ⚙ 만약   가져오기 전역변수 순서 ▼ = 길이 구하기 리스트  가져오기 전역변수 노래 ▼
       이라면 실행  지정하기 전역변수 순서 ▼ 값  1
```

❹ [슬라이더1]의 위치가 변경되면 섬네일 위치의 값을 [플레이어1.볼륨]으로 지정한다.

```
언제 슬라이더1 ▼ .위치가변경되었을때
  섬네일위치
실행  지정하기 플레이어1 ▼ . 볼륨 ▼ 값   가져오기 섬네일위치 ▼
```

❺ [play] 버튼을 클릭했을 때 [pause]와 [play]가 번갈아 나오도록 한다.

만약, 이미지가 play 이면 플레이어를 시작하고 이미지를 pause 이미지로 변경한다. 아니라면 플레이어를 일시정지하고 play 이미지로 변경한다.

```
언제 play ▼ .클릭했을때
실행  ⚙ 만약   play ▼ . 이미지 ▼ = " btnPlay.png "
       이라면 실행  호출 플레이어1 ▼ .시작하기
                 지정하기 play ▼ . 이미지 ▼ 값  " btnPause.png "
       아니라면  호출 플레이어1 ▼ .일시정지하기
                 지정하기 play ▼ . 이미지 ▼ 값  " btnPlay.png "
```

❻ 마지막으로 스피너에 대한 작업이다.

스피너는 Screen1이 초기화되면 [노래]리스트를 가져와서 [스피너1.요소]로 사용한다. 그러면 스피너를 터치하면 6개의 목록이 나타나게 된다.

```
언제 Screen1 ▼ .초기화되었을때
실행  지정하기 버튼1 ▼ . 이미지 ▼ 값  " music.png "
     지정하기 스피너1 ▼ . 요소 ▼ 값  가져오기 전역변수 노래 ▼
```

스피너에서 어떤 항목을 터치하여 선택하면 그 후에 위에서 했던 작업을 반복한다.

- [버튼1.이미지]에 [앨범]리스트의 순서번째 항목을 선택하여 지정한다.
- [플레이어1.소스]에 [노래]리스트의 순서번째 항목을 선택하여 지정한다.
- [액티비티스타터1.데이터URI]에 [비디오]리스트의 순서번째 항목을 선택하여 지정한다.

그리고 플레이어를 정지하고 [play.이미지]를 'btnPlay.png'로 지정한다.

각 리스트의 값은 아래와 같다.

[앨범리스트]	[노래리스트]	[비디오리스트]
bts1.png	1.BoyWithLuv.mp3	https://www.youtube.com/watch?v=d4WZRYmzEYw
bts2.png	2.IDOL.mp3	https://www.youtube.com/watch?v=pBuZEGYXA6E
bts3.png	3.DNA.mp3	https://www.youtube.com/watch?v=MBdVXkSdhwU
bts4.png	4.FAKELOVE.mp3	https://www.youtube.com/watch?v=7C2z4GqqS5E
bts5.png	5.FIRE.mp3	https://www.youtube.com/watch?v=ALj5MKjy2BU
bts6.png	6.DYNAMITE.mp3	https://www.youtube.com/watch?v=gdZLi9oWNZg

전체 코드는 다음과 같다.

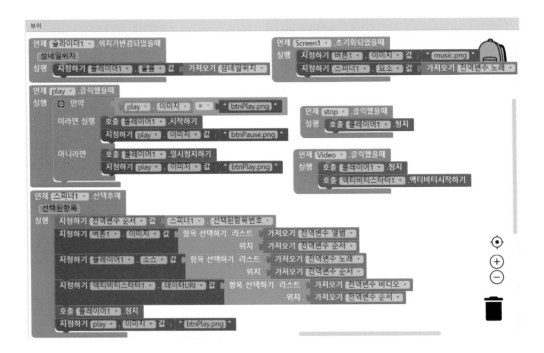

정·리·하·기

1. 사용자 인터페이스(UI: User Interface)는 빌 모글리지에 의해서 처음 제안되었다. 컴퓨터 소프트웨어의 사용성을 높이고자 하는 노력으로부터 비롯되었다. 이는 사용자와 컴퓨터 상호 정보교환에서 편리성을 높이는 방향으로 발전하고 있다.

2. UI 디자인 발전과정

   CLI > GUI > NUI > OUI

   (1) CLI(Command Line Interface) : 텍스트를 기본으로 사용자가 명령어를 입력해서 컴퓨터를 조작하는 인터페이스

   (2) GUI(Graphic User Interface) : 그래픽 환경을 기본으로 마우스로 명령어를 입력하여 컴퓨터를 조작하는 인터페이스

   (3) NUI(Natural User Interface) : 사람의 말과 행동으로 기기를 조작하는 인터페이스

   (4) OUI(Organic User Interface) : 모든 자연상태에서 발견할 수 있는 다양한 형태의 특성을 반영한 인터페이스

3. 제이콥 닐슨의 5가지 사용성 평가 속성

   (1) 용이성 : 사용자가 UI에 얼마나 빨리 익숙해질 수 있는지 여부

   (2) 효율성 : 사용자가 고급 기능을 얼마나 빨리 사용 가능한지 아닌지 여부

   (3) 기억성 : 오랫동안 사용하지 않다가 다시 사용했을 때 얼마나 빨리 익숙해지는지 여부

   (4) 오류성 : 사용자가 작업 도중 얼마나 높은 오류를 발생하는지 여부

   (5) 만족성 : 사용자 인터페이스에 대한 개인 만족도

4. UX(User Experience)는 사용자의 경험을 바탕으로 사용자가 필요로 하는 것이 무엇인지, 무엇을 원하는지 분석하여 만들어진 상품이 가치가 높다는 점을 고려하여 제품, 시스템, 서비스를 개발하고자 하는 노력이다.

5. UI는 사용자의 사용성을 집중으로 파악하고 분석하여 사용자 만족도를 높이고자 하는 노력이라면, UX는 사용자의 생각, 감정, 행동들에 대한 복합적인 분석방법이다.

6. UX 디자인 프로세스

   문제발견 > 리서치 > 프로토타이핑 > 테스트

   (1) 문제 발견 : 사용하려는 제품, 서비스, 시스템에 대한 시장 분석

(2) 리서치 : 사용자 환경에 맞는 제품을 개발하고자 필드 리서치 및 데스크 리서치를 실시

(3) 프로토타이핑 : 제품이나 서비스, 시스템에 대한 시-제작품을 개발

(4) 테스트 : 프로토타입을 시험 및 유지 보수

7. 훌륭한 모바일 UX를 설계하기 위해서는 기존에 제작된 앱들의 모범 사례를 참조하는 것이 효과적이다. 사용자들의 행동 패턴 및 선호도에 대해 구체적으로 이해한 후 사용자들을 만족시키기 위한 필수적인 요소들을 잘 배치하면 된다.

8. 효과적인 모바일 UX 디자인을 위한 전략
    (1) UI 디자인 : 사용자의 기호 및 사용하는 운영체제별로 가장 적합한 UI를 중심으로 디자인을 한다. 이를 통해서 사용자 만족도 상승 및 사용 편리성을 높일 수 있다.
    (2) 사용자 친화적 색상 디자인 : 사용자의 선택을 높이고 버튼을 누르고 싶은 욕구가 드는 친화적인 색상을 버튼이나 메뉴의 배경색으로 설정한다.
    (3) 간결한 UI 디자인 : 사용자는 디지털 매체의 복잡하고 산만한 광고 및 UI 정보들에 이미 충분히 지쳐있다. 최대한 간결하고 사용 접근이 편리한 디자인을 선호한다.
    (4) 개인화 추세 : 사용자들은 자신의 요구사항만으로 구성된 개인화된 디자인을 선호한다.
    (5) 제스처 중심 디자인 : 기존과 달리 최근 스마트폰은 다양한 사용자 제스처들을 제공한다. 핀칭, 스와이핑, 스크롤링 등을 적합하게 지원하는 디자인이 선호된다.

9. 와이어 프레임을 이용한 모바일 UX 디자인
    • 최근에는 와이어 프레임을 사용해서 사전에 사용자의 만족도를 높일 수 있는 디지털 프로토타이핑을 제공할 수 있다. CACOO, 아이폰 목업 등이 와이어프레임을 지원한다.
    • 선(Line)만으로 단순하고 빠르게 사전 디자인이 가능하다.

10. 디지털 프로토타이핑을 이용한 모바일 UX 디자인
    • 디지털 환경에서 다양한 인터페이스를 사용해서 실제 앱이나 상품과 유사한 결과물을 사전에 제작해 볼 수 있다.
    • 대표적으로 Fluid UI, POP 등이 디지털 프로토타이핑을 지원한다.

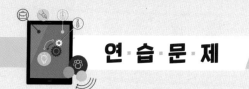

1. 다음은 UI에 대한 설명이다. 괄호에 알맞는 용어는 무엇인가?

> 빌 모글리에 의해서 처음 제안된 UI는 사용자가 컴퓨터 소프트웨어의 (　　　　　)을 높이
> 고자 한 노력이었다. 이를 통해서 사용자와 컴퓨터 상호 정보 교환에 편리성을 높일 수 있다.

2. UI발전 과정에 대한 설명이다. 올바르지 않은 것은?

① CLI > NUI > GUI > OUI 순으로 발전하였다.

② CLI : 텍스트 기반으로 사용자가 명령어를 입력하여 컴퓨터를 조작

③ NUI : 사용자의 모든 말과 행동으로 컴퓨터를 조작

④ GUI : 사용자가 마우스로 명령어를 입력하여 컴퓨터를 조작

3. UI에 대한 제이콥 닐슨의 평가 속성에 대한 설명이다. 올바르지 않은 것은?

① 사용자가 얼마나 UI에 빨리 익숙해질 수 있는지 여부를 용이성이라 한다.

② 사용자가 고급 기능을 얼마나 빨리 사용 가능한지 여부를 기억성이라 한다.

③ 사용자가 작업 도중 에러를 최소한 발생하는지 여부를 오류성이라 한다.

④ 사용자가 인터페이스에 대해 얼마나 만족하는지 여부를 만족성이라 한다.

4. 다음은 무엇에 대한 설명인가?

> 사용자의 경험을 바탕으로 제품, 서비스, 시스템을 개발하고자 하는 노력

① GX　　　　　　　　　　　　　　② GI

③ UX　　　　　　　　　　　　　　④ UI

5. UX 디자인 프로세스에 대한 설명이다. 올바르지 않은 것은?

① 문제 발견 : 사용하려는 제품, 서비스, 시스템에 대한 시장 분석

② 리서치 : 사용자 환경에 맞는 제품을 개발하고자 필드 및 데스크 리서치

③ 프로토타이핑 : 시스템에 대한 시-제작품 개발

④ 인수 설치 : 프로토타입 시험 및 유지보수

6. 다음은 효과적인 모바일 UX 디자인 전략에 대한 설명이다. 올바르지 않은 것은?

① 사용자 만족도 상승 및 사용 편리성 확대를 위한 UI 디자인 방법을 적용한다.
② 사용자 선택을 높일 수 있는 친화적인 색상을 사용해서 버튼을 제작한다.
③ 다양한 제스처를 지원할 수 있도록 지원한다.
④ 사용자의 요구사항에 적합하도록 독립화 추세이다.

7. 모바일 UX를 위한 제스처에 대한 설명이다. 올바르지 않은 것은?

① 플리킹(Flicking) : 화면을 빠르게 문지르듯 떼어 빠르게 스크롤하는 제스처
② 롱탭(Long tap) : 한 지점을 일정 시간 이상 길게 누르고 있는 제스처
③ 스프레딩(Spreading) : 두 손가락을 동시에 클릭하는 제스처
④ 핀칭(Pinching) : 두 손가락을 동시에 안쪽으로 드래그하는 제스처

8. 다음은 모바일 UX를 위한 제스처 중에서 다음은 무엇을 설명하는가?

> 한 손가락을 화면 위에 터치한 상태에서 수평 또는 수직 방향으로 일정 거리를 움직이는 제스처. 이때 사선 방향으로 움직이는 것은 해당 이벤트로 인식되지 않는다.

9. 와이어프레임을 이용해 모바일 UX 디자인을 좀 더 좋게 만들 수 있다. 이에 대한 설명으로 올바르지 않은 것은?

① 사용자 만족도를 높이기 위해서 와이어프레임을 이용한다.
② 다양한 도형들을 이용해 와이어프레임을 구성한다.
③ 대표적인 지원 제품으로 CACOO, 아이폰 목업 등이 있다.
④ 단순하고 빠르게 사전 디자인이 가능하다.

10. 다음은 모바일 UX 디자인을 지원하기 위한 도구에 대한 설명이다. 이것은 무엇인가?

> 디지털 환경에서 다양한 인터페이스를 사용해서 실제 앱과 유사한 결과물을 사전에 제작해 볼 수 있다. 대표적으로 Fluid UI가 있다.

CHAPTER 9

게임 만들기

[게임 만들기 제작 순서]

① 게임을 정한다.

② UI를 구상한다.

③ 이미지를 준비한다.

④ 필요한 컴포넌트를 배치한다.

⑤ 각 컴포넌트 기능을 분석한다.

⑥ 코딩한다.

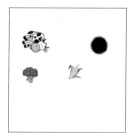
블랙홀 게임

퀴즈게임

가위바위보

두더지게임

[게임시 사용하는 센서들]

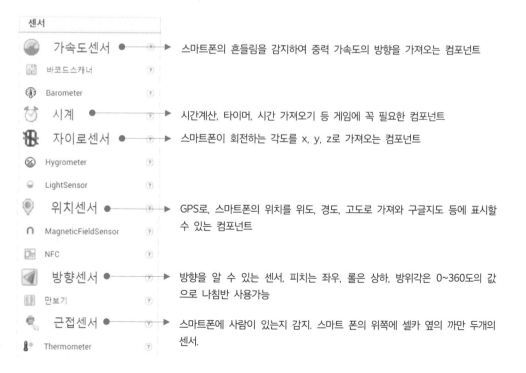

센서	
가속도센서 ● →	스마트폰의 흔들림을 감지하여 중력 가속도의 방향을 가져오는 컴포넌트
바코드스캐너 ⑦	
Barometer ⑦	
시계 ● ⑦ →	시간계산, 타이머, 시간 가져오기 등 게임에 꼭 필요한 컴포넌트
자이로센서 ● ⑦ →	스마트폰이 회전하는 각도를 x, y, z로 가져오는 컴포넌트
Hygrometer ⑦	
LightSensor ⑦	
위치센서 ● →	GPS로, 스마트폰의 위치를 위도, 경도, 고도로 가져와 구글지도 등에 표시할 수 있는 컴포넌트
MagneticFieldSensor ⑦	
NFC ⑦	
방향센서 ● ⑦ →	방향을 알 수 있는 센서, 피치는 좌우, 롤은 상하, 방위각은 0~360도의 값으로 나침반 사용가능
만보기 ⑦	
근접센서 ● ⑦ →	스마트폰에 사람이 있는지 감지. 스마트 폰의 위쪽에 셀카 옆의 까만 두개의 센서.
Thermometer ⑦	

9.1   블랙홀 게임

블랙홀 게임은 방향센서의 기능을 사용한다. 사용자가 스마트폰을 기울이면 이를 감지하고 소가 움직인다. 브로콜리나 옥수수를 먹으면 점수가 올라가고 블랙홀에 닿으면 소가 잠시 사라진다. 시간이 제한 있으므로 블랙홀은 피해서 점수를 높인다.

9.1.1   결과보기 blackhole.aia

9.1.2   컴포넌트와 블록 설명

■ 컴포넌트

블록	설명
캔버스	그림을 그리거나 게임을 할 때 배경으로 사용. 스프라이트를 겹쳐 놓을 수 있음
이미지스프라이트	캔버스 영역 안에서 움직이는 컴포넌트

■ 보이지 않는 컴포넌트

블록	설명
◢ 방향센서	방향을 알 수 있는 센서, 피치와 롤, 방위각을 이용하여 스프라이트를 움직이도록 제어함
⏰ 시계	시간을 계산하여 일정 시간이 지나면 스프라이트가 이동하거나 게임을 제어함
◀)) 소리	짧은 소리파일을 재생. 진동도 가능
⚠ 알림	간단한 메시지를 스마트폰 화면에 보여주고 싶을 때 사용

■ 블록

블록	컴포넌트	기능
언제 방향_센서1 ▼ .방향이변경되었을때 방위각 피치 롤 실행	방향센서	하, 좌우방향이 변경되면 실행할 블록 추가하기
언제 소 ▼ .충돌했을때 다른 실행	소 스프라이트	소가 다른 스프라이트와 충돌이 발생하면 실행할 블록 추가하기
언제 시계1 ▼ .타이머가작동할때 실행	시계	시계가 작동 중일 때 또는 작동이 멈출 때 실행해야 할 블록 추가하기
언제 다시시작 ▼ .클릭했을때 실행	버튼	다시시작 버튼을 누르면 초기화해야 할 블록 추가하기
호출 소 ▼ .충돌여부가져오기 다른	소 스프라이트	소가 다른 스프라이트와 충돌했는지 여부 가져오기
⚙ 만약 이라면 실행	소리	조건에 맞으면 실행내용 추가하는 블록
호출 옥수수 ▼ .좌표로이동하기 X Y	옥수수 스프라이트	지정한 x, y좌표로 이동하기
임의의 정수 시작 1 끝 290	수학	1부터 290까지의 숫자 중 임의의 값 선택하기
호출 알림1 ▼ .경고창보이기 알림	알림	알림 홈의 내용으로 경고창 보이기

⬇ 미디어파일 준비하기

cow.png, broccoli.png, corn.png, blackhole.png, beatbox.wav, chomp.wav

9.1.3 디자이너

❶ 새로운 프로젝트를 작성하기 위해 [프로젝트]–[새프로젝트 시작하기]를 클릭한다. 프로 젝트 이름은 "blackhole"로 입력 후 [확인] 버튼을 클릭한다.

❷ 컴포넌트 배치하기

가장 먼저 [그리기&애니메이션] 팔레트에서 [캔버스]를 추가한다. 이 [캔버스] 안에 이미 지스프라이트를 추가해야 하므로 속성창에서 [높이] 85퍼센트, [너비] 부모 요소에 맞추 기를 선택한다.

[이미지 스프라이트] 4개를 [캔버스] 위에 드래그하여 배치한다.

[레이아웃] 팔레트에서 [수평배치]를 추가하고 그 안에 [레이블] 4개를 추가한다. [수평 배치] 아래에 [버튼] 하나를 추가한다.

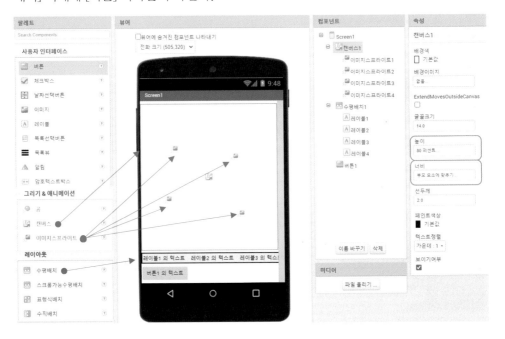

❸ 보이지 않는 컴포넌트 추가하기와 미디어 업로드하기

[센서] 팔레트에서 [방향센서]와 [시계] 3개를 추가한다. 시계는 시간을 변경하여 스프라 이트를 서로 다르게 제어하려 한다. [미디어] 팔레트에서 [소리]를 3개를 추가하고 [사용 자인터페이스] 팔레트에서 [알림]을 추가한다.

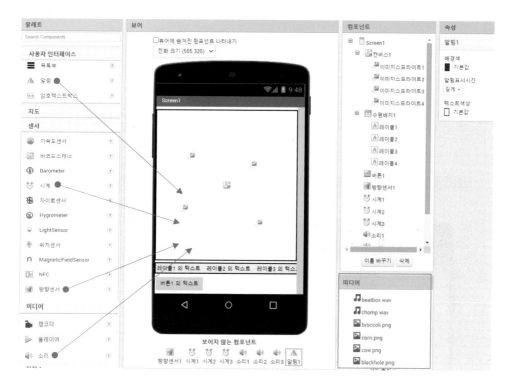

④ Screen1 속성 변경하기

Screen1을 선택 후 속성창에서 [수평정렬] 가운데, [아이콘] 'cow.png' 선택한다. [앱이름]과 [제목]은 "blackhole"로 입력한다.

❺ 이미지스프라이트1, 이미지스프라이트2 속성 변경하기

먼저, 컴포넌트 창에서 [이미지스프라이트1] 선택 후 [이름바꾸기]를 클릭하여 "소"로 변경한다. 속성창에서 [높이] 80픽셀, [너비] 80픽셀, 사진은 'cow.png'를 선택한다.

두 번째, 컴포넌트 창에서 [이미지스프라이트2] 선택 후 [이름바꾸기]를 클릭하여 "블랙홀"로 변경한다. 속성창에서 [높이] 80픽셀, [너비] 80픽셀, 사진은 'blackhole.png'를 선택한다.

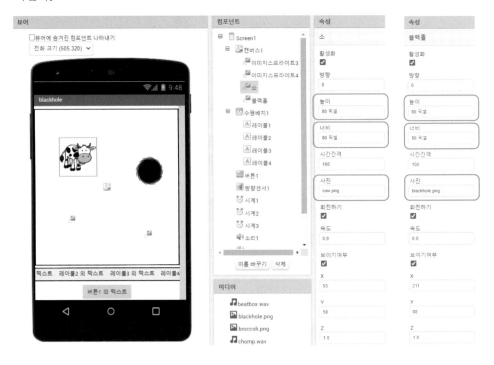

❻ 이미지스프라이트3, 이미지스프라이트4 속성 변경하기

컴포넌트 창에서 [이미지스프라이트3] 선택 후 [이름바꾸기]를 클릭하여 "브로콜리"로 변
경한다. 속성창에서 [높이] 50픽셀, [너비] 50픽셀, 사진은 'broccoli.png'를 선택한다.
그리고, 컴포넌트 창에서 [이미지스프라이트4] 선택 후 [이름바꾸기]를 클릭하여 "옥수
수"로 변경한다. 속성창에서 [높이] 50픽셀, [너비] 50픽셀, 사진은 'corn.png'를 선택한다.

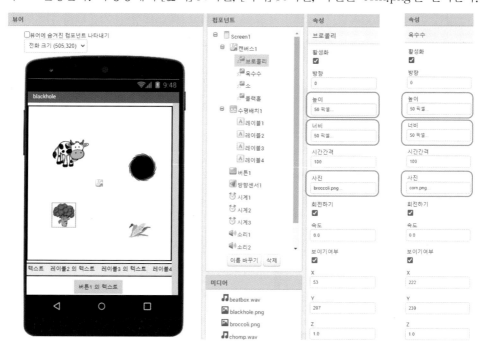

❼ 레이블1, 레이블3 속성 변경하기

[레이블1]과 [레이블3]은 [텍스트]만 변경한다. [레이블1] 선택후 속성창에서 [텍스트]에
"게임시간 : "을 입력한다.
[레이블3] 선택후 속상창에서 [텍스트]에 "점수 : "를 입력한다.

❽ 레이블2, 레이블4 속성 변경하기

컴포넌트 창에서 [레이블2] 선택 후 [이름바꾸기]를 클릭하고 "게임시간"으로 변경한
다. 속성창에서 [너비] 100픽셀, [텍스트] "20"으로 입력하고 [텍스트정렬] 가운데를 선
택한다.

컴포넌트 창에서 [레이블4] 선택 후 [이름바꾸기]를 클릭하고 "점수"로 변경한다. 속성
창에서 [너비] 100픽셀, [텍스트] "0"으로 입력하고 [텍스트정렬] 가운데를 선택한다.

❾ 버튼 속성 변경하기

컴포넌트 창에서 [버튼1] 선택 후 [이름바꾸기]를 클릭하고 "다시시작"으로 변경한다. 속
성창에서 [너비] 100픽셀, [텍스트] "다시시작"으로 입력한다.

❿ 시계 속성 변경하기

시계는 각각 다른 스프라이트에서 사용한다. [시계1]은 브로콜리를 제어하는데 사용하
며 1초마다 다른 위치에 나타난다. [시계2]는 블랙홀이 사용하며 1.5초마다 다른 위치에
나타난다. [시계3]은 옥수수가 사용하며 2초마다 다른 위치에 나타난다.

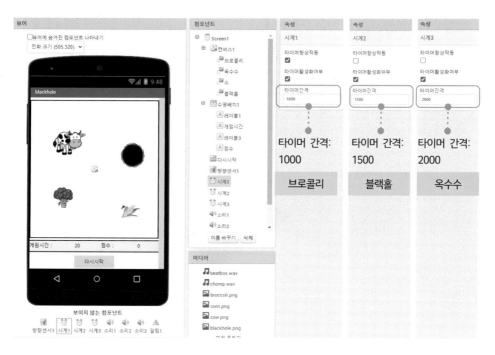

⑪ 소리 속성 변경하기

브로콜리와 옥수수가 소와 닿으면 chomp.wav 소리가 나고, 블랙홀과 소가 닿으면 beatbox.wav 소리가 난다.

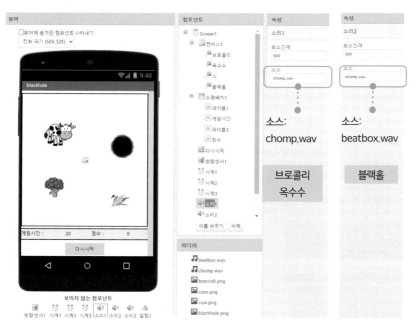

- **방향센서 사용하기**

방향센서는 스마트 폰의 기울기에 따라 공을 굴리거나 소를 굴러가게 할 수 있다.

- 각도, 크기, 방위각, 피치, 롤, 각도 등의 값을 구할 수 있다.
- 방향센서가 활성화 되어있어야 한다.

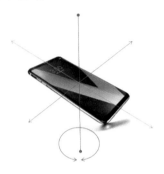

- 각도는 스마트폰이 기울어져있는 각도: -180~ 180까지
- 크기는 기울어진 정도 : 0~1(값이 너무 작아 x100하여 사용함)
- 방위각은 북쪽에서 얼마나 기울어져 있나 : 0 ~ 360
- 피치는 가로(x좌표)를 나타내며 : -90 ~ 90
- 롤은 세로(y좌표)를 나타내며 : -90 ~ 90
- 평평한 각도에서는 0

9.1.4 블록

(1) 방향센서 사용하기

방향센서 블록 : 방향센서를 통해 스마트폰의 방향이 변경되었을 때 동작할 수 있도록 한다.

- 방향은 방향센서의 각도를 말하고,
- 속도는 방향센서의 크기 값에 100을 곱한 값 정도 해야 움직임이 느껴진다.

(2) 시계 사용하기

시계 : 시계1은 게임이 시작되면 동작하도록 하였다. [게임시간.텍스트] 초기값을 20으로 지정하고 1초마다 1씩 작아지도록 한다.

- [시계1]에 [타이머간격]이 1000 이므로 1초마다 내부 블록이 반복해서 실행된다. 그러므로 1초마다 1씩 감소하게 된다.

코드를 좀 더 추가해보면, 1초마다 1씩 감소하면서 [브로콜리.보이기여부]를 판단하여 '거짓'이라면 임의의 위치에 브로콜리를 이동하고 [브로콜리.보이기여부]를 '참'으로 변경한다.

그렇다면, [브로콜리.보이기여부]는 언제 '거짓'이 될까?

[소]와 충돌하면 브로콜리는 잠시 숨겨둔다. 그 코드를 먼저 살펴보자.

소와 충돌하는 스프라이트가 브로콜리도 있고 블랙홀도 있다. 무엇과 부딪혔는지에 따라 소리와 점수가 다르게 처리되므로 [만약. ~라면 실행] 블록을 사용하였다.

소가 [브로콜리]와 충돌하면 [소리1]을 재생하고 점수가 1 증가한다. 사용자가 볼 수 있도록 [점수.텍스트]에도 표시해준다. 그리고 [브로콜리.보이기여부]를 '거짓'으로 하여 화면에서 잠시 사라지도록 한다. 1초 후 [시계1]의 역할로 임의의 위치에 브로콜리를 다시 보이게 한다.

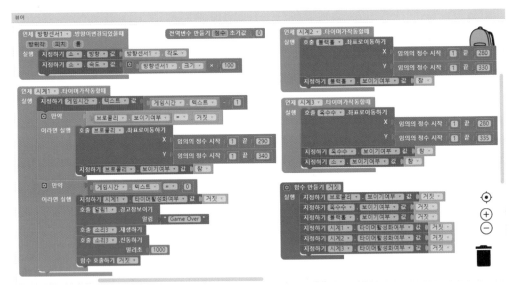

전체 코드는 다음과 같다.

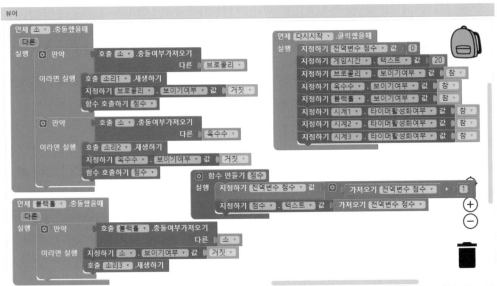

9.2 두더지 게임

두더지가 숨어있다가 위로 나올 때 손으로 터치하면 아픈 모양으로 바뀌고 다시 내려간다.

9.2.1 결과보기 mole.aia

9.2.2 컴포넌트와 블록 설명

■ 컴포넌트

블록	설명
표형식배치	내부에 컴포넌트를 격자로 배치하는 컴포넌트
이미지	이미지를 보여주는 컴포넌트

■ 보이지 않는 컴포넌트

블록	설명
소리	소리를 재생하거나 진동을 울리는 멀티미디어 컴포넌트
시계	시간을 계산하여 일정 시간이 지나면 스프라이트가 이동하거나 게임을 제어함

■ **블록**

블록	컴포넌트	기능
전역변수 만들기 이미지 초기값 ⚙ 리스트 만들기		이미지 변수.리스트를 이용하여 9개 구성
⊗ 지정하기 이미지1 ▾ . 사진 ▾ 값	이미지	특정 이미지에 사진 지정하기
⊗ 지정하기이미지. 사진 ▾ 컴포넌트 값	이미지	일반화하기. 여러 이미지에 한꺼번에 사진 지정하기
언제든지이미지.클릭했을때 컴포넌트 아직다루어지지않음 실행	제어	어떤 이미지를 클릭했을때, 실행할 블록 지정하기 만약 그 컴포넌트가~라면, 과 같은 조건을 넣을 수 있음
이미지. 사진 ▾ = " up.png " 컴포넌트 가져오기 컴포넌트 ▾		일반화한 이미지가 up.png 와 같은지를 판단하는 논리블록

⬇ **미디어파일 준비하기**

background.png, up.png, down.png, sick.png, Pluck.wav

두더지 이미지는 세 가지가 있다.

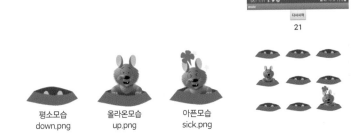

평소모습
down.png

올라온모습
up.png

아픈모습
sick.png

21

9.2.3 디자이너

❶ 새로운 프로젝트를 작성하기 위해 [프로젝트]-[새프로젝트 시작하기]를 클릭한다. 프로젝트 이름은 "mole"로 입력 후 [확인] 버튼을 클릭한다.

❷ 컴포넌트 배치하기
[버튼], [레이블], [표형식배치]를 추가하고 [표형식배치] 속성에서 [열] 3, [행] 3, [높이] 53퍼센트로 입력한다.

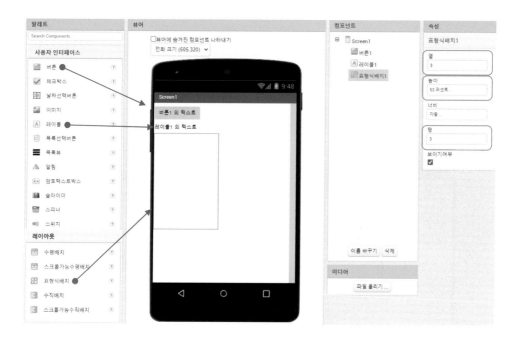

❸ 보이지 않는 컴포넌트 추가하기와 미디어파일 업로드하기

[이미지]를 9개 [표형식배치]에 차례대로 넣는다. [미디어] 팔레트에서 [소리] 컴포넌트를 추가하고 [센서] 팔레트에서 [시계] 컴포넌트를 4개 추가한다. 미디어 파일을 업로드한다.

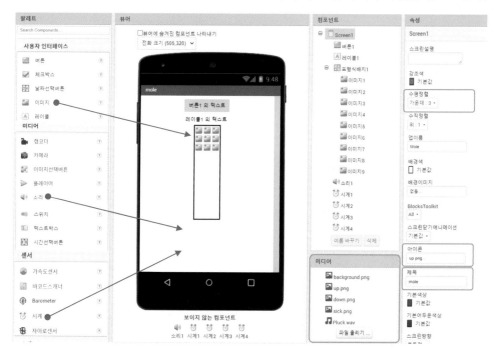

❹ Screen1 속성 변경하기

속성창에서 [수평정렬] 가운데, [아이콘] 'up.png'를 선택하고 [제목]은 "mole"을 입력한다.

❺ 시계 속성 변경하기

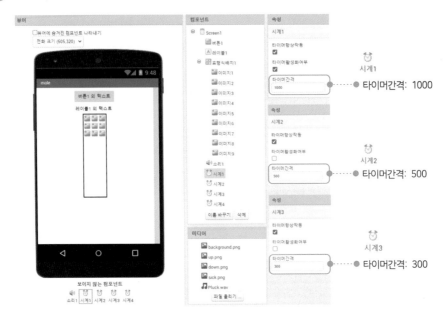

[시계1]은 [타이머간격] 1000으로 변경한다. 1
초에 한 번씩 해야 할 일을 이 블록에 넣는다.
down.png 사진을 모두 지정하는 일이 될 것
이다.

[시계2]는 [타이머간격] 500으로 변경한다. 0.5
초에 한 번씩 랜덤한 번호의 이미지를 up.png로 선택한다.

[시계3]은 [타이머간격] 300으로 변경한다. 0.3초에 한 번씩 랜덤한 번호의 이미지를
up.png로 선택한다.

[시계4]는 [타이머간격] 30000으로 변경한다. 30초가 지나면 게임을 종료할 때 사용한다.

❻ 소리 속성 지정하기

[소리] 컴포넌트 선택 후 작업창에서 [소스] "Pluck.wav"로 선택한다.

❼ 버튼 속성 변경하기

[버튼1] 컴포넌트 선택 후 [이름바꾸기]를 클릭하여 "다시시작"으로 이름을 변경한다. 속
성창에서 [텍스트]를 "다시시작"으로 변경한다.

❽ 레이블 속성 변경하기

[레이블1]을 선택 후 [이름바꾸기]를 클릭하여 "점수"로 변경한다. 속성창에서 [글꼴크기] 30, [텍스트] 0, [텍스트정렬] 가운데로 선택한다.

❾ 표형식 배치 속성 변경하기

[이미지1]~ [이미지9]에 동일하게 변경한다. [Clicable] 에 체크하고 [너비] 30퍼센트, [사진] 'down.png'로 선택한다.

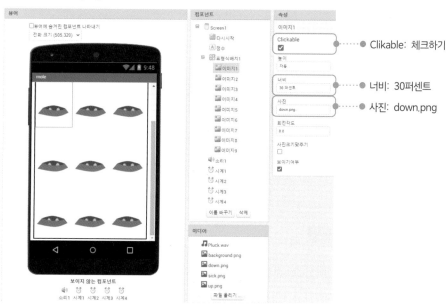

⑩ Screen1 속성 정리하기

9.2.4 블록

[이미지1]~[이미지9] 까지는 동일한 이미지가 들어간다. 그러나 down.png, up.png, sick. png 가 계속 바뀌게 된다. 그러므로 이름이 지정되어있지 않은 리스트를 만들어둔다.

점수를 누적하기 위해 변수 [점수]를 만든다.

전역변수 만들기 점수 초기값 0

이제 두더지 그림이 보여야 하고 랜덤하게 올라왔다 내려갔다가 반복된다. 맨 처음에는 down.png가 9개 모든 이미지에 있는 상태에서 시작하고자 한다.

아래 블록의 의미는 시계가 작동하는 1초마다 [이미지.사진]을 지정한다. 이때 [이미지]리스트의 1부터 9까지의 인덱스를 사용하며 항목을 선택한다. 사용하는 사진은 down.png이다.

이미지1에 사진을 지정하기 위해서는 원래 [이미지1.사진] 블록을 사용하지만 일반화하여 사용하면 블록 수를 많이 줄일 수 있다. 일반화는 다음과 같이 만든다.

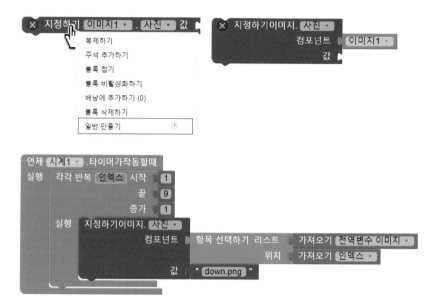

[시계2]는 0.5초마다 [이미지]리스트 중 랜덤한 위치의 컴포넌트에 up.png를 지정하고 [이미지.사진]으로 지정한다.

[시계3]은 0.3초마다 [이미지]리스트 중 랜덤한 위치의 컴포넌트에 up.png를 지정하고 [이미지.사진]으로 지정한다.

[시계4]는 30초가 지정되어있다. 이 시간이 되면 모든 게임을 멈춘다.

이제 9개의 이미지 중 하나를 클릭했을 때 두더지 모양이 sick.png로 변경하고 점수를 1 증가시키는 코딩을 보자. 이때 중요한 것은 두더지가 up.png로 되어있어야 한다. 두더지가 들어가 있는데 잡을 수는 없다. 이 블록이 가장 중요한 블록이다.

[다시시작] 버튼을 클릭하면 [점수] 변수를 0으로 초기화하고 모든 [시계]를 활성화한다. 그리고 1부터 9까지의 이미지를 down.png로 지정하고 다시 시작한다.

전체 코드는 다음과 같다.

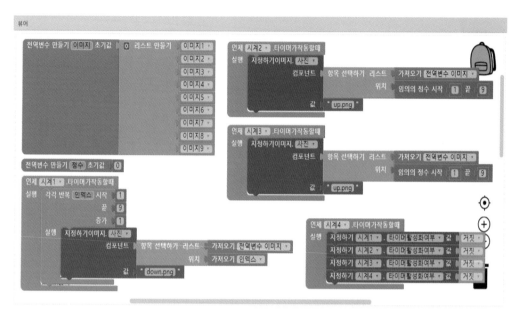

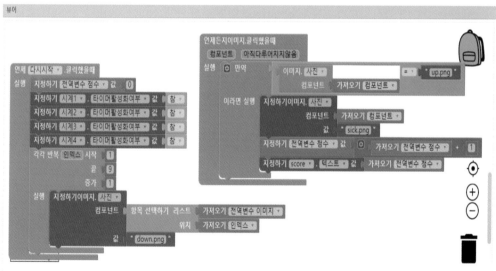

정·리·하·기

1. '방향 센서' 컴포넌트는 핸드폰을 원하는 방향으로 움직이면 게임 내부에 존재하는 스프라이트가 원하는 방향으로 이동하도록 만들 수 있다. 이때 피치와 롤, 방향각을 이용해서 스프라이트를 움직이도록 제어한다.

2. 스프라이트가 다른 스프라이트와 부딪히거나 벽에 부딪히면 알아내기 위해서 '호출. 충돌여부 가져오기' 블록을 사용할 수 있다.

3. 앱 인벤터 3.0으로 업그레이드 된 이후로 이미지를 클릭하면 인식하고 제어하기 위한 블록으로 '언제 이미지.클릭했을 때' 블록이 추가되었다.

4. 이미지나 버튼을 한꺼번에 처리할 수 있는 일반 만들기를 사용하여 쉽고 빠른 작업이 가능하다.

5. 다양한 게임 시나리오를 만들고 등장인물과 동작절차에 적합한 알고리즘을 만들어보는 경험을 통해서 프로그래밍에 대한 재미와 코딩에 대한 자신감을 얻을 수 있다. 재미난 시나리오와 등장인물을 설계하고 게임 실행 도중에 적용할 수 있는 동작시나리오를 개발하고자 도전해 보자.

1. 게임을 만들기 위해서 소 스프라이트를 지정하고, 이를 핸드폰의 움직임에 따라서 조절할 수 있는 '방향 센서'에 대한 설명이다. 올바르지 않은 것은?

① 크기는 기울어진 정도를 0부터 1의 범위이다.
② 피치는 X좌표를 기준으로 −90부터 90의 범위이다.
③ 방위각은 북쪽에서 얼마나 기울어져 있는지 여부를 0도부터 360도 까지 나타낼 수 있다.
④ 기울기는 −360도에서 +360도 범위이다.

2. 앱 인벤터는 게임을 만드는 데 사용하는 스프라이트들의 충돌을 감지할 수 있는가?

(예,   아니오   )

3. 슬라이더 컴포넌트에 대한 설명이다. 올바르지 않은 것은?

① 텍스트 박스로 입력받아서 값을 지정하는 것보다 편리하기 위해서 만들어졌다.
② 막대 바 모양으로 생겨서 범위 내의 값을 지정할 수 있다.
③ 현재 지정된 값을 저장하기 위해서 '크기' 속성을 사용한다.
④ 섬네일위치 속성값이 슬라이더 컴포넌트의 현재 값이다.

4. 사용자로부터 자료를 입력받기 위해서 사용할 수 있는 컴포넌트 중에서 사용자가 좀 더 편리하게 예시로 지정된 값들 중에서 하나를 선택하여 입력할 수 있도록 하는 컴포넌트는 무엇인가?

5. 다음은 앱 인벤터에서 보이지 않는 컴포넌트에 대한 설명이다. 올바르지 않은 것은?

① 보이지 않는 컴포넌트는 디자이너 화면에서 스마트폰 하단에 나타난다.
② 스피너는 보이지 않는 컴포넌트이다.
③ 시계는 보이지 않는 컴포넌트이다.
④ 알림은 보이지 않는 컴포넌트이다.

CHAPTER 10

데이터베이스

10.1 데이터베이스

10.1.1 데이터베이스란

컴퓨터 또는 클라우드에 저장되는 구조화된 정보 또는 데이터의 체계적인 집합.

데이터베이스 관리 시스템(DBMS)에 의해 제어하며 작성, 수정, 접근, 제어로 관리된다.

일반적으로 행, 열로 이루어지며 쿼리 작업을 통해 효율적으로 실행한다.

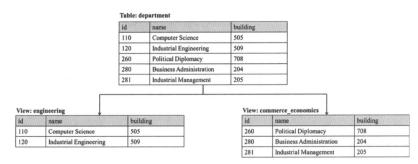

출처: https://untitledtblog.tistory.com/124

10.1.2 앱인벤터의 데이터베이스

(1) 타이니DB

- 타이니DB는 말 그대로 작은 DB를 말하며 스마트폰에 데이터를 저장한다.
- 앱인벤터 환경에서 데이터를 저장하기 위한 작은 DB로 보이지 않는 요소로 표시된다.
- 태그(이름표)를 사용하여 저장하고, 태그(이름표)를 사용하여 불러올 수 있다.

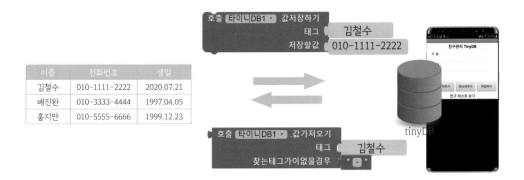

김철수의 데이터를 저장하려면 태그로 '김철수'를 사용하고 저장할 값으로 '010-1111-2222'를 저장한다. 데이터를 가져오려면 태그로 '김철수'를 사용하면 값이 따라온다. 이때 '김철수'가 없을때는 하이픈(−)을 보여준다.

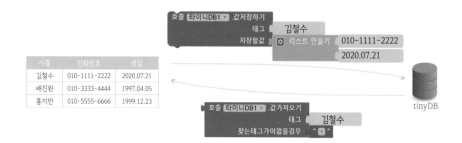

저장할 데이터가 여러개인 경우에는 [리스트]를 사용하여 저장할 수 있다. 이때 자료를 가져오면 **김철수, 010-1111-2222, 2020.07.21**과 같이 가져온다. 이때는 데이터의 분리가 필요하다.

먼저 DB에서 자료를 가져올 때 태그를 사용하여 [값 가져오기]를 실행하면 김철수의 연락처와 생일을 가져온다.

보이지 않는 이 자료는 임시 변수 data에 넣어 분리해서 사용할 것이다. 이때 사용하는 블록이 [지역변수 만들기] 블록이다.

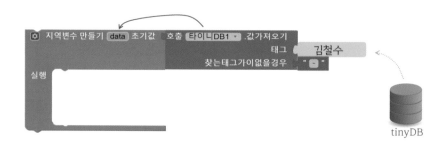

임시변수 data에 담긴 김철수의 자료 중에서 첫 번째 자료, data에 담긴 김철수의 자료 중에서 두 번째 자료를 가져오는 블록은 다음과 같다.

이렇게 선택한 자료를 [연락처.텍스트]와 [생일.텍스트]에 지정한다.

(2) 타이니웹DB

- 타이니DB와 동일하지만 데이터를 웹에 저장하여 어디서나 접근이 가능함
- http://tinywebdb.appinventor.mit.edu 를 사용하여 접근함
- 많은 사람들이 함께쓰기 때문에 데이터가 오염될 수 있음

(3) 파이어베이스DB

- google 계정으로 사용가능하며 웹에 데이터를 저장하는 데이터베이스
- 저장과 수정상태가 실시간 확인 가능함

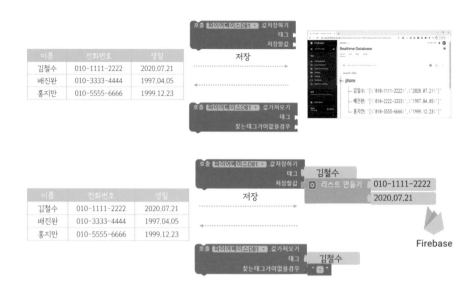

저장할 데이터가 여러개인 경우에는 [리스트]를 사용하여 저장할 수 있다. 이때 자료를 가져오면 **김철수, 010-1111-2222, 2020.07.21**과 같이 가져온다. 이때는 데이터의 분리가 필요하다.

타이니DB와 마찬가지로 태그를 사용하여 [값 가져오기]블록으로 파이어베이스DB에서 값을 가져온다.

파이어베이스DB는 값을 가져오면 [값을 받았을 때] 블록이 실행된다.

지역변수 data를 만들어서 가져오기 한 "값"을 data에 담아서 [연락처.텍스트]에 첫 번째 자료를 지정하고 [생일.텍스트]에 두 번째 자료를 지정한다.

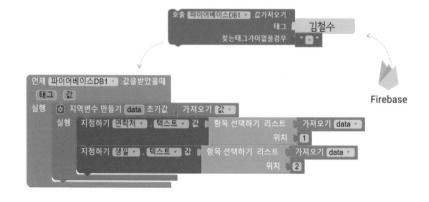

10.2   타이니DB 친구관리

스마트폰 안의 작은 Database인 타이니DB에 친구 전화번호와 생일을 저장하고 불러오는 앱

10.2.1   결과보기 tinyDB.aia

10.2.2   컴포넌트와 블록 설명

■ 컴포넌트

블록	설명
표형식배치	레이아웃을 격자형으로 만드는 배치 컴포넌트
목록뷰	데이터를 목록형으로 나열해주는 컴포넌트

■ 보이지 않는 컴포넌트

블록	설명
타이니DB	앱의 데이터를 저장하기 위한 스마트폰 내부의 작은 DB

■ **블록**

블록	기능
호출 타이니DB1 .값저장하기 태그 저장할값	태그를 사용하여 값을 저장하는 블록
호출 타이니DB1 .값가져오기 태그 찾는태그가이없을경우	태그를 사용하여 값을 가져오는 블록 찾는 태그가 없는 경우 오류 메시지 사용 가능
호출 타이니DB1 .태그가져오기	타이니DB1의 태그 전체 가져오는 블록
호출 타이니DB1 .태그지우기 태그	해당 태그 삭제하는 블록
호출 타이니DB1 .모두지우기	타이니DB1 전체 삭제하는 블록
언제 목록_뷰1 .선택후에 실행	목록뷰 항목 중 항목하나를 터치한 후에 실행할 블록 추가하기

⬇ **미디어파일 준비하기**

DBicon.png

10.2.3 디자이너

❶ 새로운 프로젝트를 작성하기 위해 [프로젝트]−[새프로젝트 시작하기]를 클릭한다. 프로젝트 이름은 "tinyDB"로 입력 후 [확인] 버튼을 클릭한다.

❷ 컴포넌트 배치하기

[레이블], [표형식배치], [수평배치], [레이블], [목록뷰]를 차례로 넣어준다.

이 중 [표형식배치]는 속성창에서 [너비] 부모요소에 맞추기를 선택하고 [행] 3으로 변경한다. 그리고 내부에 첫 열에 [레이블] 세 개를 차례로 배치하고, 두 번째 열에 [텍스트박스]를 세 개 배치한다.

[수평배치] 컴포넌트 내부에는 [버튼] 세 개를 넣어준다.

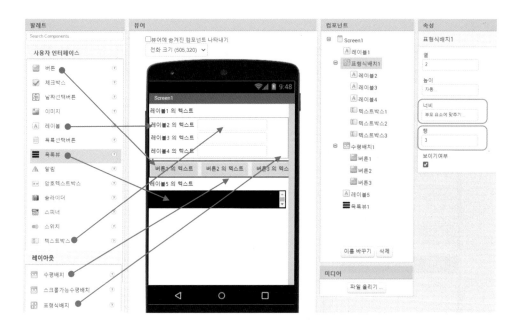

③ 보이지 않는 컴포넌트 추가하기와 미디어 파일 업로드하기 그리고 Screen1 속성 변경하기

[저장소] 팔레트에서 [타이니DB] 추가하기 그리고 [미디어] 파일 업로드하기
Screen1 선택 후 속성창에서 [수평정렬] 가운데, [아이콘] 'DBicon.png' 선택하고 [제목]
은 "tinyDB"를 입력한다.

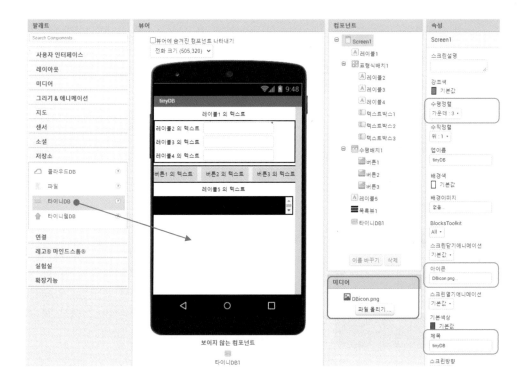

❹ 레이블 속성 변경하기

[레이블1]을 선택하고 속성창에서 [글꼴크기] 18, [너비] 부모요소에 맞추기를 선택한다.
[텍스트] "친구관리 TinyDB"를 입력하고 [텍스트정렬]은 가운데를 선택한다.

❺ [표형식배치] 내부의 레이블 세 개 속성 변경하기

[레이블2] 선택후 속성창에서 [너비] 80픽셀, [텍스트] "이 름 : " 입력, [텍스트정렬] 가
운데 선택한다. [레이블3]과 [레이블4]도 동일하게 변경한다. [텍스트]만 "연락처 : ", "생
일 :"로 각각 변경한다.

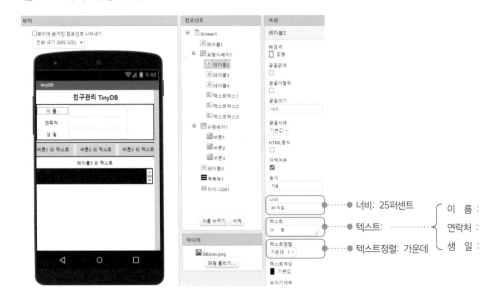

❻ [표형식배치] 내부의 텍스트박스 세 개 속성 변경하기

컴포넌트 창에서 [텍스트박스1] 선택 후 [이름바꾸기]를 클릭하여 "이름"으로 변경한다. 속성창에서 [높이] 40픽셀, [너비] 75퍼센트, [힌트]는 글자를 삭제한다. [텍스트박스2]와 [텍스트박스3]도 모두 같은 속성으로 변경한다. 단 컴포넌트 이름은 순서대로 "연락처", "생일"로 변경한다.

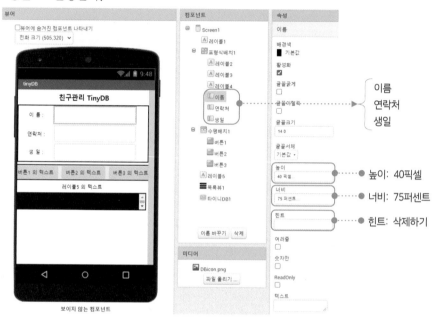

❼ [수평배치] 내부의 버튼 세 개 속성 변경하기

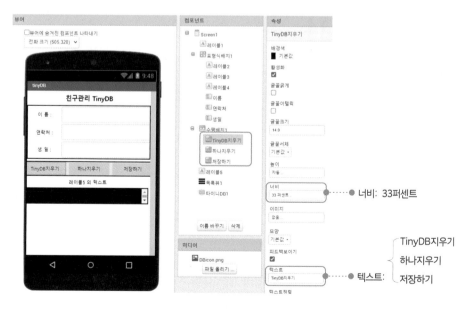

컴포넌트 창의 [수평배치1] 내부의 [버튼1]을 선택 후 [이름바꾸기]를 클릭하고 컴포넌트 이름을 "TinyDB지우기"로 입력한다. 속성창에서 [너비] 33퍼센트를 선택하고 [텍스트]에 "TinyDB지우기"를 동일하게 입력한다.

[버튼2] 선택 후 컴포넌트 이름과 [텍스트]를 동일하게 "하나지우기"로 입력한다.

[버튼3] 선택 후 컴포넌트 이름과 [텍스트]를 동일하게 "저장하기"로 입력한다.

⑧ 레이블 속성 변경하기

[레이블5]는 속성창에서 [텍스트] "친구 리스트 보기"로 입력하고 [글꼴크기] 17, [너비] 부모요소에 맞추기를 선택하고 [텍스트정렬] 가운데를 선택한다.

⑨ 목록뷰 속성 변경하기

[목록뷰] 선택 후 속성창에서 [너비]와 [높이]는 부모 요소에 맞추기하고 [텍스트크기]는 25로 한다.

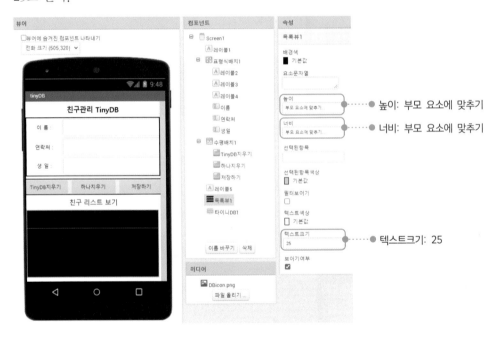

10.2.4 블록

첫화면이 나타나면 오른쪽 텍스트박스에 이름, 연락처, 생일을 적는다. 그리고나서 [저장하기] 버튼을 클릭했을 때 타이니DB에 저장해야 한다. 타이니DB는 태그를 사용하여 저장한다.

우리는 [이름]을 태그로 사용하여 [연락처]와 [생일]을 저장할 것이다. 자료가 둘 이상일 때는 리스트를 사용하여 연결하여 저장할 수 있다.

[저장하기] 후에는 다음 입력을 위해 [텍스트박스]는 모두 비운다.

그리고 타이니DB에서 저장된 태그들만 불러와서 [목록뷰]에 지정한다.

언제 저장하기 ▼ .클릭했을때
실행   호출 타이니DB1 ▼ .값저장하기
              태그   이름 ▼ . 텍스트 ▼
           저장할값   ⚙ 리스트 만들기   이름 ▼ . 텍스트 ▼
                                      연락처 ▼ . 텍스트 ▼
                                      생일 ▼ . 텍스트 ▼
       지정하기 이름 ▼ . 텍스트 ▼ 값   " "
       지정하기 연락처 ▼ . 텍스트 ▼ 값   " "
       지정하기 생일 ▼ . 텍스트 ▼ 값   " "
       지정하기 목록뷰1 ▼ . 요소 ▼ 값   호출 타이니DB1 ▼ .태그가져오기

Screen1이 초기화 되었을때에도 타이니DB에서 목록을 가져와서 [목록뷰.요소]에 지정한다.

언제 Screen1 ▼ .초기화되었을때
실행   지정하기 목록뷰1 ▼ . 요소 ▼ 값   호출 타이니DB1 ▼ .태그가져오기

목록뷰 항목중 하나를 클릭하면 내부 변수 data를 만들어 항목을 분리한다.

[하나지우기] 버튼을 클릭하면 현재 [목록뷰.선택된항목] 하나를 지우고 전체 태그를 다시 가져온다.

[TinyDB지우기]를 클릭하면 모두 지우고 [텍스트박스]도 모두 비운다.

전체 코드는 다음과 같다.

10.3 파이어베이스DB 친구관리

웹상의 저장공간인 파이어베이스DB에 계정을 만들고 내가 필요한 자료를 업로드한 후 업데이트 및 접근할 수 있다. 같은 공간을 친구와 공유할 수 있는 앱

10.3.1 결과보기 firebaseDB.aia

10.3.2 컴포넌트와 블록 설명

■ 보이지 않는 컴포넌트

블록	설명
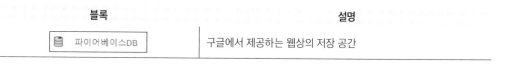 파이어베이스DB	구글에서 제공하는 웹상의 저장 공간

■ 블록

블록	기능
호출 파이어베이스DB1 ▼ .값저장하기 태그 저장할값	태그를 이용하여 파이어베이스DB에 값 저장하기
호출 파이어베이스DB1 ▼ .값가져오기 태그 찾는태그가이없을경우	태그를 이용하여 파이어베이스DB에서 값 가져오기
호출 파이어베이스DB1 ▼ .태그지우기 태그	태그를 이용하여 파이어베이스DB에서 항목 하나 지우기
호출 파이어베이스DB1 ▼ .태그리스트가져오기	파이어베이스DB 에서 태그만 모두 가져오기
언제 파이어베이스DB1 ▼ .값을받았을때 태그 값 실행	파이어베이스DB에서 값을 받았을 때 실행할 블록 추가하기
언제 파이어베이스DB1 ▼ .태그리스트를받았을 값 실행	파이어베이스DB에서 태그리스트를 받았을 때 실행할 블록 추가하기

⬇ 미디어파일 준비하기

firebase.png

10.3.3 디자이너

❶ tinyDB를 복사하여 사용하기 위해 [프로젝트]–[프로젝트 다른 이름으로 저장]을 클릭한다. 프로젝트 이름은 "firebaseDB"로 입력 후 [확인] 버튼을 클릭한다.

❷ 보이지 않는 컴포넌트에서 [타이니DB]를 삭제하고 [파이어베이스DB]를 추가한다.

❸ [레이블1]의 텍스트 "친구관리 TinyDB"를 수정하여 "친구관리 firebaseDB" 로 수정한다.

❹ [수평배치] 내의 [TinyDB지우기] 버튼의 [컴포넌트] 이름과 [텍스트]를 "DB지우기"로 수정한다.

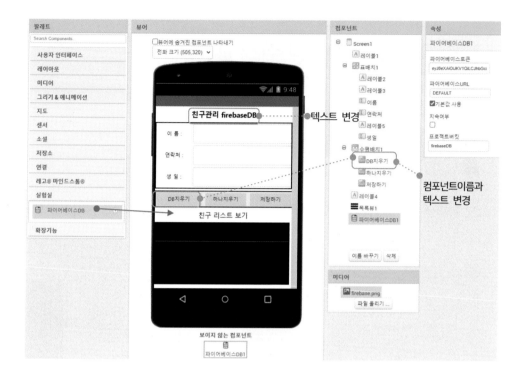

■ 파이어베이스DB 속성 3가지 설정하기

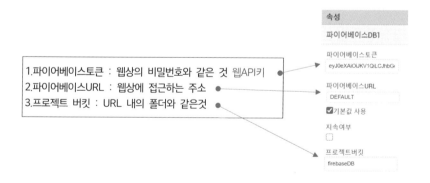

1.파이어베이스토큰 : 웹상의 비밀번호와 같은 것 웹API키
2.파이어베이스URL : 웹상에 접근하는 주소
3.프로젝트 버킷 : URL 내의 폴더와 같은것

■ firebase 계정 만들기

1 파이어베이스 계정을 만들기 위해 사이트로 들어간다. https://firebase.google.com/
우리는 앱인벤터를 쓰기 위해 로그인 되어있으나 그렇지 않은 사용자는 구글계정으로
로그인한다.

2 파이어베이스DB의 [Realtime Database] 리소스를 사용하기 위한 작업을 진행한다.

첫 화면에서 [시작하기] 버튼을 클릭하고 다음 화면에서 [+ 프로젝트 추가] 버튼을 클릭한다.

"test0808"과 같은 중복되지 않는 프로젝트 이름을 입력하고 [계속]-[계속]을 클릭한다.

애널리틱스 구성에서 [Default Account for Firebase] 선택된 상태에서 [프로젝트 만들기]를 클릭한다. 이제 리소스 사용 준비는 완료 되었다. [계속]을 클릭한다. 프로젝트는 10개까지 만들 수 있다.

❸ 이제 Realtime Database를 만들어보자.

왼쪽 메뉴에서 [Realtime Database]를 선택하고 상단의 [데이터베이스 만들기] 버튼을 클릭한다.

데이터베이스는 [잠금모드]에서는 접근이 불가능하다. [테스트모드]를 선택하고 [사용설정] 버튼을 클릭한다.

읽기와 쓰기 상태를 보여준다. 여기서 ".read" : 오른쪽과 ".write" : 오른쪽을 모두 지우고 오른쪽 그림과 같이 ".read" : true, ".write" true로 수정한다.

왼쪽에서 [Realtime Database] 선택 후 ★파이어베이스URL을 복사하여 앱인벤터의 [파이어베이스URL]에 붙여넣기 한다. 이것은 주소 역할을 한다.

왼쪽 메뉴상단의 [기어모양 ⚙]-[프로젝트 설정]을 클릭한다. ★웹API키 오른쪽의 주소를 복사하여 [파이어베이스토큰]에 붙여넣기 한다. 이것은 비밀번호와 같은 역할을 한다.

[프로젝트버킷]은 폴더와 같은 역할로 우리는 "phone"을 입력해보자.

파이어베이스DB 사용중 "permission denied" 허가거부 메시지가 나타난다면, [규칙]으로 들어가서 오른쪽과 같이 "read" : true, "write" : true로 변경한다. 그리고 [게시]를 클릭한다.

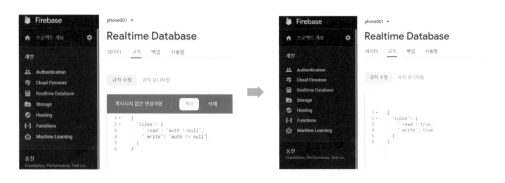

10.3.4 블록

Screen이 초기화되면 [파이어베이스DB.태그리스트]를 가져온다. 이어서 태그리스트를 받으면 [목록뷰.요소]로 보기 위해 코드를 넣어줘야 한다.

이름, 연락처, 생일을 입력 후 [저장하기] 버튼을 클릭했을 때 파이어베이스에 저장하고 텍스트박스를 모두 비우는 코드이다. 저장 후에는 [파이어베이스DB.태그리스트]를 가져와서 확인한다.

목록뷰 내용 중 하나를 선택할 때는 해당 태그의 자료를 가져온다. 가져온 후에는 입력된 자료를 지역변수를 사용해서 각 텍스트박스에 분리하여 보여준다.

목록을 선택하여 [이름] 텍스트박스와 그 외 텍스트박스에 자료가 있는 상태에서 [하나지우기] 버튼을 클릭하면 [파이어베이스DB.태그지우기]를 사용하여 하나의 자료를 삭제한다. 태그만 지우면 나머지 자료는 제거된다. 삭제 후 태그리스트를 가져와서 확인한다.

[텍스트박스] 세 개는 모두 비운다.

언제 하나지우기▼ .클릭했을때
실행   호출 파이어베이스DB1▼ .태그지우기
                                   태그 이름▼ . 텍스트
        호출 파이어베이스DB1▼ .태그리스트가져오기
        지정하기 이름▼ . 텍스트▼ 값 " "
        지정하기 연락처▼ . 텍스트▼ 값 " "
        지정하기 생일▼ . 텍스트▼ 값 " "

[DB지우기] 버튼을 클릭하면 데이터베이스DB의 인증을 취소한다.

언제 DB지우기▼ .클릭했을때
실행   호출 파이어베이스DB1▼ .인증취소하기

firebase의 Realtime Database를 열어둔다. 그리고 스마트폰에 앱 설치 후 몇 명의 이름, 전화번호, 생일을 입력해보자. 실시간으로 데이터가 업데이트 되는 것을 확인할 수 있다.

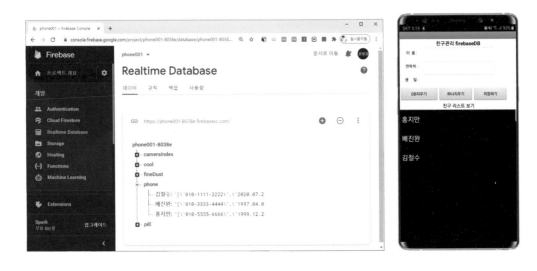

완성된 코드는 다음과 같다.

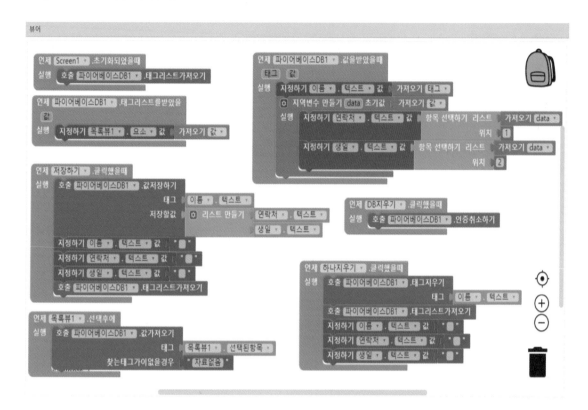

정·리·하·기

1. 데이터베이스란

   컴퓨터 또는 클라우드 컴퓨팅 환경에 저장하는 구조화된 정보 또는 데이터의 체계적인 집합.

2. 앱인벤터의 저장소

   타이니DB, 타이니웹DB, 파일, 클라우드DB, 파이어베이스DB

3. 타이니DB(TinyDB)

   앱에서 사용할 정보를 저장하는 공간으로 스마트폰에 저장된다. '태그'와 '값' 쌍을 이루는 형태로 저장되며 태그는 유일해야 한다. 보통 '이름'이 태그가 되며 전화번호, 생일 등은 값이 된다. 값이 2개 이상이면 리스트 형식을 사용한다.

4. 파이어베이스DB(firebaseDB)

   구글에서 제공하는 저장공간으로 웹상에 저장된다. 클라우드 데이터 저장과 기기 간 동기화 기능을 지원하는 플랫폼이다. 사용자 인증, 호스팅 서비스를 간편하게 사용할 수 있다. 실시간으로 데이터 업데이트를 확인할 수 있다. 읽기와 쓰기를 true로 설정해야 한다.

   <파이어베이스DB 속성 설정하기>

   1. 파이어베이스토큰 : 웹상의 비밀번호와 같은 것 웹API키

   2. 파이어베이스URL : 웹상에 접근하는 주소

   3. 프로젝트 버킷 : URL 내의 폴더와 같은 것

1. 다음 중 앱인벤터의 [저장소] 팔레트에 속한 DB가 아닌 것은 어느 것인가?

① 클라우드DB ② 파이어베이스DB

③ 타이니DB ④ 타이니웹DB

2. 다음 DB 중에서 스마트폰에만 저장되는 DB는 어느 것인가?

① 클라우드DB ② 파이어베이스DB

③ 타이니DB ④ 타이니웹DB

3. 아래와 같은 자료를 타이니DB에 저장하고자 한다. 이름을 '태그'로 사용하고 나머지 데이터를 '값'으로 사용하고자 한다. 이때 값을 저장하기 위해 필요하지 않은 블록은 어느 것인가?

이름	전화번호	생일	분반
김철수	010-1111-2222	2020.07.21	22
배진완	010-3333-4444	1997.04.05	33
홍지만	010-5555-6666	1999.12.23	44

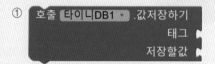

4. 스마트폰에서 앱이 실행될 때 파이어베이스DB에서 태그리스트를 가져와서 목록뷰에 요소로 지정하고자 한다. 이때 사용하지 않는 블록은 어느 것인가?

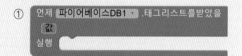

연·습·문·제

5.   [실습문제] 아래 조건에 적합한 영어단어장 앱을 만들어 보자.

※ 영어 단어와 한글 뜻을 반복해서 저장하고, 목록뷰에서 단어를 선택하면 음성으로 읽어주는 영
어단어장 만들기

1. 결과보기 TinyDB_engdic.aia

2. 작성순서
(1) '영어 단어'와 '한글 뜻'을 입력한 후 [저장하기] –〉 타이니DB에 저장
   – 타이니DB에서 태그를 가져와서 요소로 지정하기
(2) 목록뷰 내의 영어단어를 터치하면 텍스트 박스에 태그와 값 보여주기
   – 영어단어 음성으로 읽어주기
(3) 목록뷰에서 선택된항목 하나 지우기
(4) 타이니DB 모두 지우기
(5) 스크린이 초기화될 때 태그를 가져와서 목록뷰에 요소로 지정하기

CHAPTER 11

생활 편의를 위한 앱 만들기

11.1 유통기한 확인 앱

구입한 음식물의 이름과 유통기한을 파이어베이스DB에 저장한다. 유통기한이 다가오면 알림을 통해 미리 섭취하여 음식물쓰레기를 줄일 수 있고, 실시간 확인함으로써 중복구입을 방지할 수 있다.

11.1.1 결과보기 expirationDate.aia

11.1.2 컴포넌트와 블록 설명

■ 컴포넌트

블록	설명
날짜선택버튼	년-월-일을 선택하는 컴포넌트
⚠ 알림	경고창이나 메시지를 일시적으로 보여주는 컴포넌트
🕐 시계	시간을 알려주는 컴포넌트로 타이머 간격을 조절하여 타이머를 작동시키거나 시간을 여러 방식으로 표현하는 컴포넌트

■ 보이지 않는 컴포넌트

블록	설명
🗄 파이어베이스DB	구글에서 제공하는 클라우드 호스팅 데이터베이스

- ## 블록

블록	컴포넌트	기능
언제 유통기한선택 ▾ .터치다운했을때 실행	날짜선택버튼	날짜선택버튼을 터치다운했을때실행할 블록 추가하기
호출 유통기한선택 ▾ .선택창열기	날짜선택버튼	날짜를 선택할 수 있는 창 호출
언제 유통기한선택 ▾ .날짜선택후에 실행	날짜선택버튼	날짜 선택 후 실행할 블록 추가하기
호출 FirebaseDB1 ▾ .값가져오기 태그 찾는태그가이없을경우	파이어베이스 DB	태그를 사용하여 파이어베이스DB값을 가져오기
언제 FirebaseDB1 ▾ .값을받았을때 태그 값 실행	파이어베이스 DB	값을 받아서 태그와 값을 담고 있다. 그 후 실행할 블록 추가하기
▢ = ▾ ▢	논리	참과 거짓을 판별하는 블록으로 같으면 참 다르면 거짓
호출 시계1 ▾ .날짜형식으로바꾸기 인스턴트 패턴	시계	인스턴트로 입력되는 내용을 날짜 형식으로 변경하는 블록 이때 패턴은 YYYY-M-d와 같은 형식으로 텍스트로 입력
호출 알림1 ▾ .경고창보이기 알림	알림	알림 홈에 입력되는 내용을 경고창에 보이기 하는 블럭

⬇ 미디어파일 준비하기

fridge.png

음식물 쓰레기를 줄이자.

- 냉장고 속 음식물의 유통기한이 되면 알림 메시지가 온다.
- 식품을 사러 갔을 때 집에 있는지 확인하여 중복구입을 방지할 수 있다.

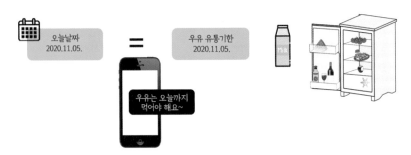

또한, 파이어베이스DB 에 저장하여 가족과 자료를 실시간 공유할 수 있다.

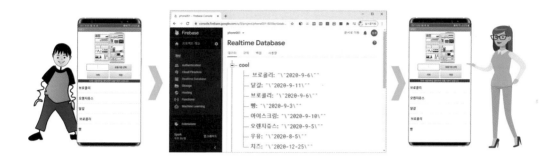

11.1.3 디자이너

❶ 새로운 프로젝트를 작성하기 위해 [프로젝트]–[새프로젝트 시작하기]를 클릭한다. 프로젝트 이름은 "expirationDate"로 입력 후 [확인] 버튼을 클릭한다.

❷ 컴포넌트 배치하기와 미디어파일 업로드하기

[이미지], [수평배치] 2개, [레이블], [목록] 순서대로 배치한다. [수평배치1]에는 [텍스트박스]와 [날짜선택버튼]을 추가하고, [수평배치2]에는 [버튼] 2개를 배치한다.

준비한 미디어 파일을 업로드한다.

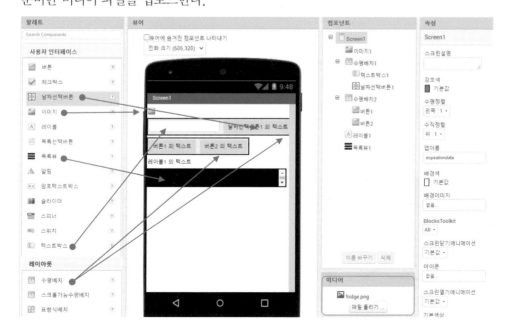

❸ 보이지않는 컴포넌트 추가하기와 Screen1 속성 변경하기

[사용자인터페이스] 팔레트에서 [알림], [센서] 팔레트에서 [시계], [실험실]에서 [파이어베이스DB] 컴포넌트를 추가한다.

Screen1 선택 후 속성창에서 [수평정렬] 가운데, [아이콘] 'fridge.png'를 선택하고 [제목]은 "냉장고"로 입력한다.

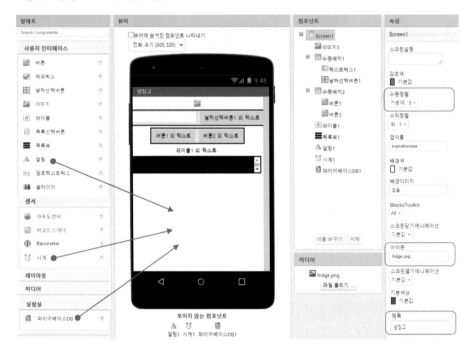

④ 이미지 속성 변경하기

[이미지1] 선택후 [너비] 200픽셀, [높이] 200픽셀, [사진]은 'fridge.png'를 선택한다.

⑤ 텍스트박스 속성 변경하기

[텍스트박스1] 선택 후 [글꼴크기] 16, [너비] 50퍼센트, [힌트]는 모두 삭제한다.

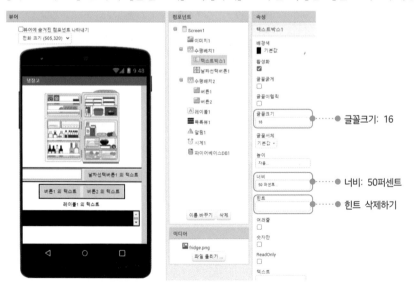

⑥ 날짜선택버튼 속성 변경하기

컴포넌트 창에서 [날짜선택버튼1] 선택 후 [이름바꾸기]를 클릭하여 "유통기한선택"으로 변경한다. 속성창에서 [글꼴크기] 16, [너비] 50퍼센트, [텍스트]는 "유통기한선택"으로 수정한다.

⑦ 버튼 속성 변경하기

컴포넌트 창에서 [버튼1] 선택후 [이름바꾸기]를 클릭하여 "삭제"로 수정한다. 속성창에서 [텍스트]도 "삭제"를 입력하고 [너비] 40퍼센트로 한다.

컴포넌트 창의 [버튼2]도 [이름바꾸기]를 클릭하여 "저장"으로 수정한다. 속성창에서 [텍스트]도 "저장"을 입력하고 [너비] 40퍼센트로 한다.

❽ 레이블 속성 변경하기

[레이블1] 선택 후 속성창에서 [배경색] 어두운 회색, [너비] 부모 요소에 맞추기, [텍스트] "아래 식품목록을 터치하면 유통기한이 보입니다"를 입력한다. [텍스트정렬]은 가운데를 선택하고 [텍스트색상]은 흰색을 선택한다.

❾ 목록뷰 속성 변경하기

[목록뷰1]을 선택 후 속성창에서 [배경색] 흰색, [높이]와 [너비] 부모요소에 맞추기를 선택하고 [텍스트색상] 검정, [텍스트크기] 25로 입력한다.

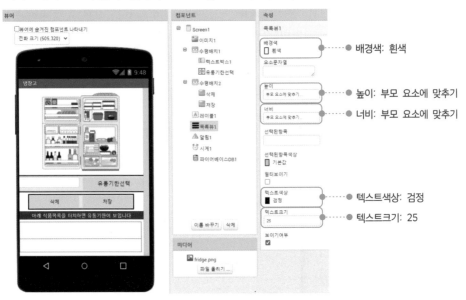

11.1.4 블록

맨처음 Screen1이 초기화되었을 때 [파이어베이스DB] 태그리스트를 가져온다. 태그리스트를 받으면 그 값을 목록뷰의 요소로 지정한다.

[유통기한선택] 버튼을 터치하면 선택할 수 있는 창이 열린다. 그리고 년, 월, 일을 선택한 후 [확인] 버튼을 터치하면 어떤형식으로 텍스트를 표시할지를 정해준다. 가장 많이 사용하는 '2020-12-21'과 같이 표시하기 위해 "년-월-일" 형식으로 지정한다.

[텍스트박스1]에 음식물 이름을 입력하고 [유통기한선택]에서 날짜를 선택했다면 [저장]버튼을 클릭한다. 이때 파이어베이스DB에 저장할 것이다. 태그는 [텍스트박스1.텍스트]로 하고 값은 [유통기한.텍스트]로 한다.

저장 후 바로 [파이어베이스DB]의 태그리스트를 다시 가져오게 하여 저장이 잘 되었는지 확인한다. 다음 자료를 준비하기 위해 [텍스트박스1]은 비우고, [유통기한선택]은 "유통기한선택"이라는 글자가 표시되도록 한다.

마지막으로 목록뷰에 표시된 글자를 터치하면 [파이어베이스DB]에서 값을 가져온다. 이때 태그와 값을 위쪽 [텍스트박스]와 [유통기한선택]에 지정하여 사용자가 확인할 수 있도록 한다.

모든 코드가 완성되었다. 여기에 유통기한이 오늘까지인 음식에 알림 기능을 추가해보자.

■ 유통기한이 오늘이면 알림을 실행

[목록뷰]를 터치할 때 값을 가져오면 이 값이 시계의 오늘 날짜와 비교하여 같으면 "오늘까지 먹어야 해요"라는 알림을 보낸다. 이 코드는 [목록뷰1.선택후에] 블록에만 추가하면 된다.

전체 코드는 다음과 같다.

11.2　미세먼지 수집 앱

미세먼지 데이터를 웹 크롤링하여 동 이름으로 웹에 저장하고, 궁금한 지역을 터치하면 상
태와 등급을 보여준다.

11.2.1　결과보기 finedust.aia

11.2.2　컴포넌트와 블록 설명

■ 컴포넌트

블록	설명
⋮ 수직배치	내부에 수직으로 배치하는 컴포넌트

■ 보이지 않는 컴포넌트

블록	설명
🌐 웹	웹뷰어와 비슷하나 텍스트로 나타내준다.
🗄 파이어베이스DB	구글에서 제공하는 클라우드 호스팅 데이터베이스

■ **블록**

블록	컴포넌트	기능
호출 웹1 ▾ .가져오기	웹	텍스트로 출력된 웹 자료 가져오기
언제 웹1 ▾ .텍스트를받았을때 url 응답코드 응답타입 응답콘텐츠 실행	웹	웹 텍스트를 받았을 때 실행할 블록 추가하기
함수 호출하기 함수 ▾	함수	함수 호출하기
⚙ 함수 만들기 함수 실행	함수	실제 실행할 함수를 코딩하는 블록
⚙ 만약 이라면 실행 아니라면	제어	조건이 참일 때와 거짓일 때 실행할 블록을 구분해서 코딩하는 경우 사용하는 블록

⮭ **미디어파일 준비하기**

dust.png, good.png, normal.png, bad.png

11.2.3 디자이너

❶ 새로운 프로젝트를 작성하기 위해 [프로젝트]–[새프로젝트 시작하기]를 클릭한다. 프로
젝트 이름은 "finedust"로 입력 후 [확인] 버튼을 클릭한다.

❷ 컴포넌트 배치하기

먼저 [수평배치] 컴포넌트를 추가하고 속성창에서 [너비] 부모 요소에 맞추기를 선택한
다. 그 안에 [이미지]와 [수직배치] 컴포넌트를 추가한다.

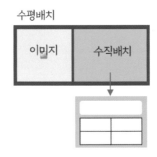

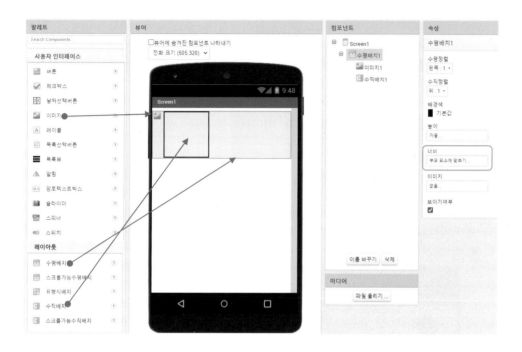

❸ 수직배치 내부 추가하기와 보이지 않는 컴포넌트 추가하기

[수직배치]내부에는 [텍스트박스]와 [표형식배치]를 넣고 [너비] 부모에 맞추기 한다.

[표형식배치] 첫 열에는 [레이블] 2개, 두 번째 열에는 [버튼] 2개를 추가한다. [너비] 부모에 맞추기 한다.

보이지 않는 컴포넌트로는 [연결] 팔레트에서 [웹] 컴포넌트를 추가하고 [실험실] 팔레트에서 [파이어베이스DB]를 추가한다. 미디어파일 4개를 업로드한다.

④ 이미지 파일

[이미지1] 컴포넌트 선택 후 속성창에서 [높이] 150픽셀, [너비] 150픽셀, [사진]은 'dust.png'를 선택한다.

⑤ 레이블 컴포넌트 2개 속성 변경하기

컴포넌트 창에서 [레이블1] 선택 후 [이름바꾸기] 클릭하여 "미세먼지농도"를 입력한다. 속성창에서 [텍스트]도 동일하게 "미세먼지농도"로 입력한다. [글꼴크기] 16, [너비] 30 퍼센트, [텍스트정렬] 가운데로 선택한다.

[레이블1] 선택 후 [이름바꾸기] 클릭하여 "상태"를 입력하고 속성창에서 [텍스트]도 동일하게 "상태"를 입력한다. 나머지 속성은 [레이블1] 동일하게 변경한다.

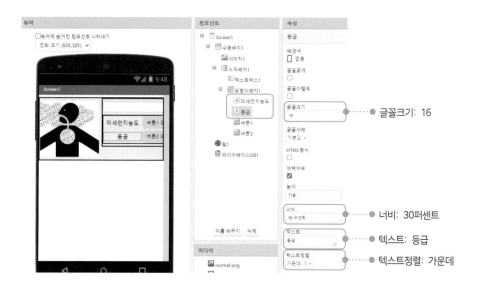

글꼴크기: 16

너비: 30퍼센트

텍스트: 등급

텍스트정렬: 가운데

⑥ 버튼 2개 속성 변경하기

컴포넌트 창에서 [버튼1] 선택 후 [이름바꾸기]를 클릭하여 "미세먼지조회"로 입력한다.
속성창에서 [텍스트]도 동일하게 "미세먼지조회"로 변경한다. [너비] 부모 요소에 맞추
기로 선택한다.

[버튼2] 선택 후 [이름바꾸기]를 클릭하여 "저장하기"로 입력한다. [텍스트]도 "저장하
기"로 입력하고 [너비]도 부모 요소에 맞추기로 선택한다.

너비: 부모 요소에 맞추기

텍스트: 저장하기

❼ 텍스트박스 속성 변경하기

[텍스트박스1] 선택 후 [글꼴크기] 16, [너비] 부모에 요소에 맞추기, [힌트]는 삭제한다.

❽ 목록뷰 속성 변경하기

[목록뷰]를 추가하고 속성창에서 [배경색] 흰색, [높이] 부모 요소에 맞추기, [텍스트색상] 검정으로 선택한다. 화면 하단에 연습을 위해 [레이블1] 컴포넌트를 하나 추가한다.

❾ 파이어베이스DB 속성 입력하기

1. 파이어베이스토큰

2. 파이어베이스URL

3. 프로젝트버킷

■ https://firebase.google.com/ 들어가기

[시작하기] 클릭 후 자신의 프로젝트를 선택한다.

❶ [기어모양]-[프로젝트 설정]을 클릭한 후 **[웹API키]**를 복사하여 앱인벤터의 [파이어베이스토큰]에 붙여넣기한다.

❷ 왼쪽 메뉴 [Realtime Database]클릭 후 오른쪽 URL을 복사하여 앱인벤터의 [파이어베이스URL]에 붙여넣기 한다.

❸ 프로젝트 버킷에는 "finedust"를 입력한다.

11.2.4 블록

블록을 작성하기 전에 웹 크롤링에 대해 이해해야 한다. 이 자료는 [레이블1]에 결과를 먼저 확인하자.

(1) 미세먼지 측정값 검색하기

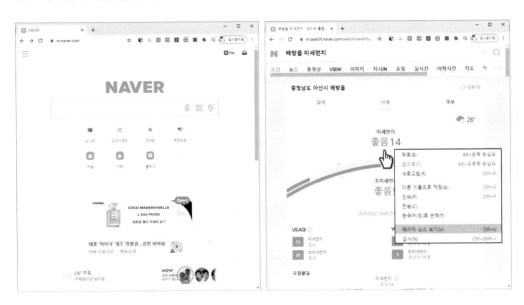

우리가 스마트폰에서 볼 것이므로 m.naver.com 으로 들어가서 네이버에 "배방읍 미세먼지"
를 검색한다.

나타난 결과 페이지에 커서를 두고 [오른버튼]-[페이지 소스보기]를 클릭하면 약 20000줄
정도의 자료가 텍스트로 나타난다.

(2) 주소 살펴보기

어딘가 배방읍 미세먼지 14라는 자료가 있을 것이다. 어쨌든 이 주소가 필요하므로 주소표시줄을 복사해서 [메모장]에 붙여넣기 해보자.

view-source:https://m.search.naver.com/search.naver?sm=mtp_hty.top&where=m&query=%EB%B0%B0%EB%B0%A9%EC%9D%8D+%EB%AF%B8%EC%84%B8%EB%A8%BC%EC%A7%80

이 주소 끝에 %~~ 부분은 검색어가 변형된 부분이다. 이런 자료는 필요없고 우리는 다음과 같이 필요하다.

https://m.search.naver.com/search.naver?sm=mtp_hty.top&where=m&query=배방읍+미세먼지

파란색 "배방읍"이라는 글자는 사용자마다 다른 동이름을 적을 [텍스트박스]에 입력되는 자료이다. 이 자료를 블록으로 만들면 다음과 같다. 첫줄의 빨간색 주소는 첫 번째 [텍스트] 블록에 복사하고, 두 번째는 사용자로부터 입력받을 [텍스트박스1.텍스트], 세 번째는 미세먼지를 [텍스트]에 입력한다.

(3) 미세먼지 측정 값 가져오기

웹상의 자료를 가져오기 위해 (2)의 주소를 사용하며 🌐 웹 [웹] 컴포넌트를 사용한다. 웹 URL 이 지정되었으면, 웹1을 호출하여 가져온다.

받아온 이 자료를 앱인벤터에 표시하기 위해 [웹1.텍스트를 받았을 때] 블록을 사용하여 [레이블]에 텍스트로 지정한다.

[레이블.텍스트]에 20000줄의 텍스트가 표시된다. 이제 이 많은 텍스트에서 특정 자료를 추출하는 작업을 해보자.

스마트폰 화면에 많은줄을 스크롤하여 보고싶다면 Screen1 속성창에서 [스크롤 가능여부]에 체크한다.

(4) 개발자 기능 이용하기

오른쪽 상단 [크롬설정버튼] 클릭 후 –[도구 더보기]–[개발자 도구]를 선택한다.

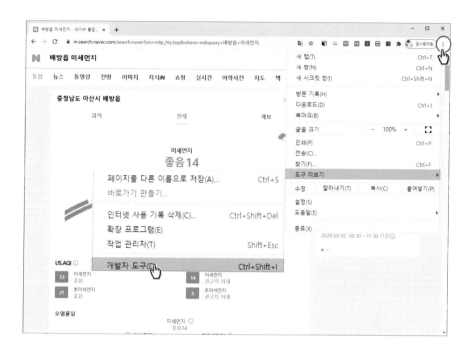

소스창 왼쪽 상단의 셀렉트[ ]버튼을 클릭한다. 그리고 미세먼지 글자에서 클릭한다.

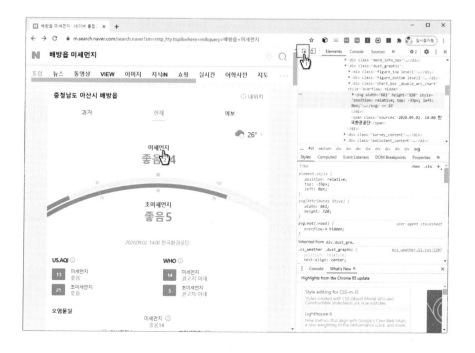

(5) '미세먼지' 또는 '14'를 찾아보자

▶을 열면서 미세먼지 또는 14라는 글자를 찾아보자.

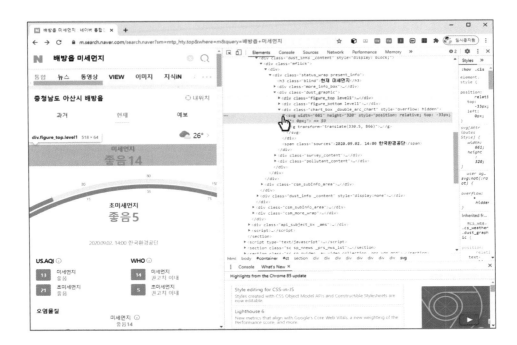

열어보면 오른쪽과같이 '미세먼지', '14'라는 숫자가 있다. 홈페이지는 항상 이런 구조를 가지고 저장한다는 점을 기억하자. 커서를 가져가면 그 부분에 파랗게 음영이 지므로 쉽게 찾을 수 있다.

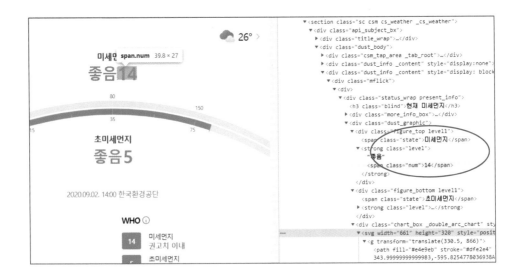

(6) 특정부분의 글자를 복사하여 소스보기에서 찾아보자.

미세먼지

이 부분에 커서를 두고 [오른버튼]–[Copy]–[Copy element]를 선택한다.

결과 페이지에서 다시한번 [오른버튼]–[소스보기]를 클릭한 후 [CTRL]+F 로 찾아보자.

(7) 이 글자는 앞에서부터 몇 번째 글자일까 알아보기

[레이블.텍스트]에 가져온 값 중에서 특정 단어를 찾는 코드를 만들어보자.

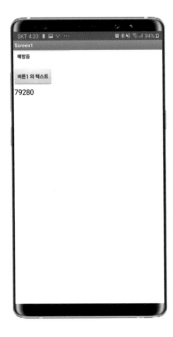

79,280번째 줄에 〈span~~ 이라는 텍스트가 있다.

(8) 79,280번째 글자부터 100개 글자를 가져와보자.

[응답콘텐츠]에서 시작위치부터 몇 개 문자열을 가져오는지 코딩한다.

시작위치는 좀전에 찾은 79,280번째를 찾은 코드를 그대로 사용하면 된다.

자료를 만들다 보니 미세먼지 14에서 12로 변경되어 있다. 여러분이 작업할 때는 미세먼지 농도가 또 달라질 것이다. 이 점을 참고하기 바란다.

(9) 필요한 숫자만 추출하기

찾아보니 100개가 다 필요하지 않고 원래 찾은 79,280번째 위치에서 74 번째 글자가 12이다.
이 숫자를 넉넉히 3글자 가져오면 되겠다.

맨 처음 79,280을 찾은 블록을 초기값으로 시작한다.

코드를 간단하게 하기 위해 지역변수를 사용한다. 79,280을 초기값으로 하여 여기서부터
+74번째 위치부터 3개의 문자를 가져온다. 미세먼지 농도가 100단위로 나올수도 있기때문
이다.

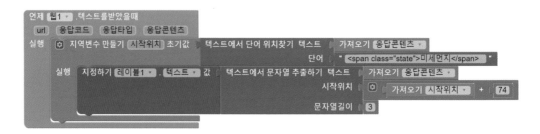

그 결과는 다음과 같다.

(10) 특수문자 공백으로 처리하기

숫자의 앞이나 뒤에 〈 또는 〉 문자가 나오는 것을 공백으로 처리하는 코드를 작성해보자. 이 기능은 [텍스트에서 문자열 교체하기] 블록을 사용하면 된다. 이 블록은 [레이블1.텍스트]의 내용 중 '〈'를 찾아 공백으로 바꾸어준다. '〉'를 찾아 공백으로 바꾸는 블록도 추가한다.

완성된 코드이다.

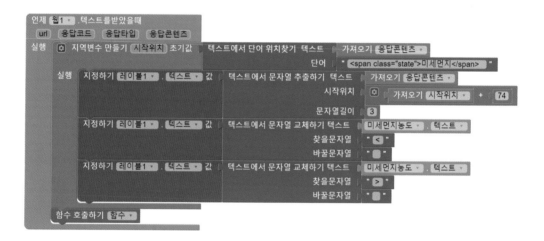

마지막 함수 호출은 미세먼지 농도에 따라 단계를 설정하여 좋음, 보통, 나쁨으로 표시하고 [이미지]에 상태를 표시하는 함수를 호출하는 것이다.

상태	텍스트	미세먼지농도	상태	텍스트	미세먼지농도
😃	좋음	0~30	🙁	나쁨	80~150
🙁	보통	31~80	☹️	매우나쁨	151~

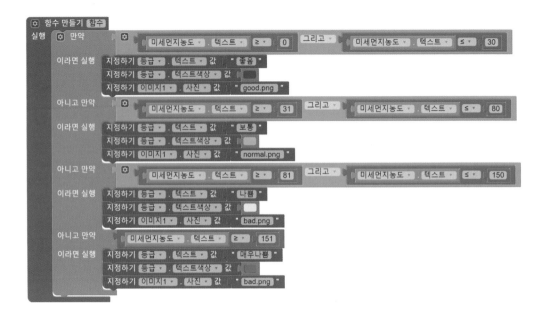

이 결과를 이해하고 앱을 완성해보자.

완성된 코드는 다음과 같다.

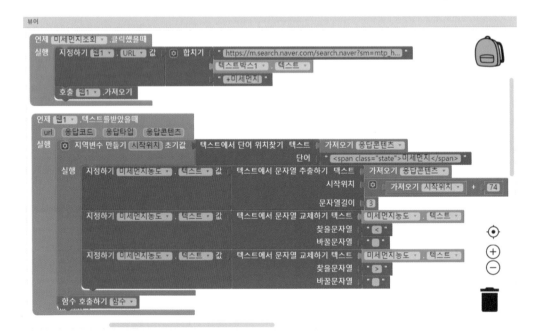

뷰어

언제 Screen1 ▾ .초기화되었을때
실행 호출 파이어베이스DB1 ▾ .태그리스트가져오기

언제 파이어베이스DB1 ▾ .태그리스트를받았을
값
실행 지정하기 목록뷰1 ▾ . 요소 ▾ 값 가져오기 값 ▾

언제 목록뷰1 ▾ .선택후에
실행 호출 파이어베이스DB1 ▾ .값가져오기
태그 목록뷰1 ▾ . 선택된항목 ▾
찾는태그가이없을경우 " ER "

언제 파이어베이스DB1 ▾ .값을받았을때
태그 값
실행 지정하기 텍스트박스1 ▾ . 텍스트 ▾ 값 가져오기 태그 ▾
지정하기 미세먼지농도 ▾ . 텍스트 ▾ 값 가져오기 값 ▾
함수 호출하기 함수 ▾

언제 저장하기 ▾ .클릭했을때
실행 호출 파이어베이스DB1 ▾ .값저장하기
태그 텍스트박스1 ▾ . 텍스트 ▾
저장할값 미세먼지농도 ▾ . 텍스트 ▾
호출 파이어베이스DB1 ▾ .태그리스트가져오기

뷰어

함수 만들기 함수
실행 만약 미세먼지농도 ▾ . 텍스트 ▾ ≥ ▾ 0 그리고 ▾ 미세먼지농도 ▾ . 텍스트 ▾ ≤ ▾ 30
이라면 실행 지정하기 등급 ▾ . 텍스트 ▾ 값 " 좋음 "
지정하기 등급 ▾ . 텍스트색상 ▾ 값
지정하기 이미지1 ▾ . 사진 ▾ 값 " good.png "
아니고 만약 미세먼지농도 ▾ . 텍스트 ▾ ≥ ▾ 31 그리고 ▾ 미세먼지농도 ▾ . 텍스트 ▾ ≤ ▾ 80
이라면 실행 지정하기 등급 ▾ . 텍스트 ▾ 값 " 보통 "
지정하기 등급 ▾ . 텍스트색상 ▾ 값
지정하기 이미지1 ▾ . 사진 ▾ 값 " normal.png "
아니고 만약 미세먼지농도 ▾ . 텍스트 ▾ ≥ ▾ 81 그리고 ▾ 미세먼지농도 ▾ . 텍스트 ▾ ≤ ▾ 150
이라면 실행 지정하기 등급 ▾ . 텍스트 ▾ 값 " 나쁨 "
지정하기 등급 ▾ . 텍스트색상 ▾ 값
지정하기 이미지1 ▾ . 사진 ▾ 값 " bad.png "
아니고 만약 미세먼지농도 ▾ . 텍스트 ▾ ≥ ▾ 151
이라면 실행 지정하기 등급 ▾ . 텍스트 ▾ 값 " 매우나쁨 "
지정하기 등급 ▾ . 텍스트색상 ▾ 값
지정하기 이미지1 ▾ . 사진 ▾ 값 " bad.png "

정·리·하·기

1. 냉장고에 넣어둔 음식물 정보 저장하기
   - 구입한 음식물의 이름과 날짜를 파이어베이스DB에 저장한다.

   1) 가족과 공유하여 음식물의 중복구입을 방지할 수 있다.

   2) 음식물 쓰레기를 줄일 수 있다.

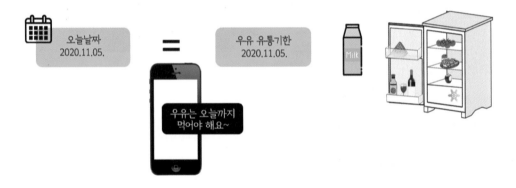

2. 여러 가지 컴포넌트 기능 알기
   - 날짜선택버튼 날짜 선택버튼 : 년-월-일을 선택하는 컴포넌트
   - 알림 : 경고창이나 메시지를 일시적으로 보여주는 컴포넌트
   - 파이어베이스DB : 구글에서 제공하는 클라우드 호스팅 데이터베이스
   - 시계 : 시간을 여러 방식으로 표현

1. 동 이름으로 기온 데이터를 웹검색하여 파이어베이스DB에 저장하고, 궁금한 지역을 터치하면
기온에 따라 그림을 보여준다.

(1) 결과보기 temperature.aia

(2) 작성순서

① m.naver.com에서 검색어 "배방읍 기온"과 같은 방식으로 현재온도를 조회 한다.

> https://m.search.naver.com/search.naver?sm=mtp_hty.top&where=m&query=
> 텍스트박스1.텍스트
> +기온

위와 같은 방식으로 검색한 후 온도의 결과 값은 온도.레이블에 지정한다.
–이때 온도값에 따라 사진을 변경한다. (온도는 본인이 변경)

> -5~5도 : winter.png
> 6~20도 : spring.png
> 20~ : summer.png

② [저장하기] 버튼을 터치하면 파이어베이스DB에 저장한다.
　 파이어베이스DB의 프로젝트 버킷은 "temperature"로 지정한다.
③ 목록뷰에서 항목을 선택하면 지역명과 온도가 텍스트박스와 온도레이블에 표시된다.
④ 스크린이 초기화될 때 태그를 가져와서 목록뷰에 요소로 지정하기

CHAPTER 12

건강을 위한 앱 만들기

12.1 팀 회의 진행하기

■ 스탠포드공대, 버나드로스교수의 Design Thinking단계별 적용

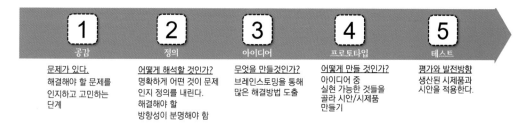

1 공감	2 정의	3 아이디어	4 프로토타입	5 테스트
문제가 있다. 해결해야 할 문제를 인지하고 고민하는 단계	어떻게 해석할 것인가? 명확하게 어떤 것이 문제인지 정의를 내린다. 해결해야 할 방향성이 분명해야 함	무엇을 만들것인가? 브레인스토밍을 통해 많은 해결방법 도출	어떻게 만들 것인가? 아이디어 중 실현 가능한 것들을 골라 시안/시제품 만들기	평가와 발전방향 생산된 시제품과 시안을 적용한다.

[진행순서]

① 건강에 대한 문제의 불편함 대해 토론한다.

② 문제를 정의한다.

③ 정의한 문제를 해결하기 위한 아이디어 회의를 도출한다.

④ 아이디어 중 해결 가능한 아이디어를 골라 프로토타입을 만든다.

⑤ 무엇을 해결했는지 어떤 개선사항이 있는지 문제점이 무엇인지 생각한다.

그룹활동 워크시트

주제 : _____

1단계. 공감하기 - 문제 조사하기   _____ 분반 _____ 조

불편했던 점 생각하기 - 8분 (2회 × 각 4분)

평소 자신의 경험으로부터 불편했던 점을 생각해 봅시다.

> 개인별로 2가지 이상 적으세요.
>
> 약을 먹었는지 기억나지 않아요
> 살을 효과적으로 빼고 싶어요
> 내 몸의 상태를 정확히 알고 싶어요

더 깊이 생각하기 -8분 (각 4분)

서로 팀원의 경험 내용을 발전시켜 근본적인 문제점을 생각해 봅시다.

> 왼쪽에 적은 내용을 발전시켜 추가 질문을 합니다. 그에 대한 답변을 적으세요.

2단계. 정의하기 - 문제 정의하기 　　　　　　　　　　　＿＿＿분반 　＿＿＿조

의견을 수집과 정의

제시된 문제에 대해 정리해 보고, 정리된 문제를 하나의 문장으로 정리해봅시다.

> **우리가 원하는 것** : 하려고 하는 것들(동사 사용)
>
> 　　　　　　　　약을 빼먹지 않고 먹고 중복 복용을 방지하자.
>
>
> **이해한 것** : 문제 해결을 위한 상대방의 감정/생각에서 얻은 새로운 교훈(추론)
>
>

> **(우리가 원하는 것)**
>
> ＿＿＿＿＿＿＿＿＿＿＿＿＿＿＿＿＿＿＿＿＿＿＿＿＿＿＿＿＿을 위한 방법이 필요하다.
>
> **(놀랍게도 ~ 그러므로 ~ 그러나 ~)를 이용하여 문장 완성**
>
> 놀랍게도 ＿＿＿＿＿＿＿＿＿＿＿＿＿＿＿＿＿＿＿＿＿＿＿ 문제가 있다.
>
> 그러므로 ＿＿＿＿＿＿＿＿＿＿＿＿＿＿＿＿＿＿＿＿＿＿＿ 를 원한다.
>
> 그러나 ＿＿＿＿＿＿＿＿＿＿＿＿＿＿＿＿＿＿＿＿＿＿＿＿ 제약이 있다.

3단계. 아이디어 내기 - 문제 해결을 위한 대안 생성하기 　　＿＿＿분반 　＿＿＿조

원하는 것을 해결하기 위안 반안 적기(1인당 3가지 이상)

  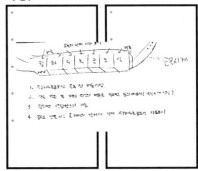

해결방법 공유 & 의견 수렴

팀원들의 아이디어를 공유하고 수렴하여 가장 좋은 아이디어를 선정합니다.

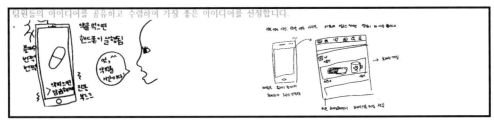

4단계. 프로토타입 - 의견을 바탕으로...   _____분반 _____조

새로운 해결방법 생성 & 반영

선정된 아이디어에 대한 주요 내용을 정리해 봅시다.

•
•
• '시계' 기능을 사용하여 약 먹을 시간 알리기
• '시간선택' 기능으로 시간을 선택 하도록 하기
• 재미를 위해 게임을 하듯 알약이 움직이도록 만들기

5단계. 테스트 - 발전시키기   _____분반 _____조

해결 방법을 공유하고 의견을 받는다.   8분 (2회 × 각 4분)

완성된 해결방법에 대해 정리하고, 토론하여 보완점 및 개선점을 생각해 봅시다.

＋ 무엇이 이루어졌는가...

• 원하는 시간에 알람을 울려준다.
• 알약을 먹으면 클릭하여 먹은 것을 확인할 수 있다.

－ 무엇이 개선될 수 있는가...

• 재 알람을 설정하면 좋을 것 같다.

？ 문제점은...

！ 아이디어는...

12.2 약먹을 시간 알림 앱

바쁘게 살다 보면, 내가 오늘 약을 먹었는지 잊어버릴 때가 있다. 약 먹을 시간을 알려주고, 약을 먹었는지 확인할 수 있는 앱을 만들어보자.

12.2.1 결과보기 pill.aia

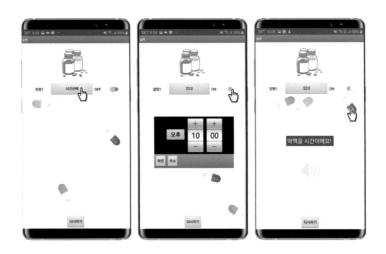

12.2.2 컴포넌트와 블록 설명

■ 컴포넌트

블록	설명
시간선택버튼	시간 : 분을 선택하는 컴포넌트
시계	시간을 체크하고 타이머 간격을 조절하여 시간을 여러 방식으로 표현하는 컴포넌트
알림	경고창이나 메시지를 일시적으로 보여주는 컴포넌트
플레이어	소리나 음악을 재생하는 컴포넌트
스위치	참과 거짓을 나타내는 컴포넌트

■ 보이지 않는 컴포넌트

블록	설명
파이어베이스DB	소리를 재생하거나 진동을 울리는 멀티미디어 컴포넌트

▪ 블록

블록	컴포넌트	기능
언제 Screen1 ▼ .초기화되었을때 / 실행	Screen1	앱이 처음 실행될 때 실행 해야하는 블록 추가하기
호출 파이어베이스DB1 ▼ .값가져오기 / 태그 / 찾는태그가이없을경우	파이어베이스 DB	태그를 이용하여 파이어베이스DB에서 값 가져오기
언제 파이어베이스DB1 ▼ .값을받았을때 / 태그 값 / 실행	파이어베이스 DB	파이어베이스DB에서 값을 가져온 후 실행할 블록 추가하기
언제 시간선택 ▼ .터치다운했을때 / 실행	시간선택 버튼	시간선택 버튼을 터치했을때할 일 - 시간선택창을 열어주기
언제 시간선택 ▼ .시간설정후에 / 실행	시간선택 버튼	시간을 선택한 후에 할 일을 블록으로 추가하기
언제 스위치1 ▼ .변경되었을때 / 실행	스위치	스위치 참일 때 실행할 것과 거짓일 때 실행할 블록 추가하기
언제 아침 ▼ .모서리에닿았을때 / 모서리 / 실행	이미지스 프라이트	아침 알약이 모서리에 닿으면 튕기도록 실행 블록 추가하기
언제 아침 ▼ .터치다운했을때 / X Y / 실행	이미지스 프라이트	아침 알약을 터치했을때약을 사라지도록 실행 블록 추가하기
언제 시계1 ▼ .타이머가작동할때 / 실행	시계	시계 아침이 실행될 때 할 일 블록추가하기

⬇ 미디어파일 준비하기

1.png, 2.png, 3.png, pill.png, alarm.mp3

12.2.3 디자이너

❶ 새로운 프로젝트를 작성하기 위해 [프로젝트]-[새프로젝트 시작하기]를 클릭한다. 프로젝트 이름은 "pill"로 입력 후 [확인] 버튼을 클릭한다.

❷ 컴포넌트 배치하기

[이미지], [레이아웃] 팔레트에서 [수평배치], [그리기&애니메이션] 팔레트에서 [캔버스], [버튼] 컴포넌트를 배치한다.

[수평배치]는 속성창에서 [수직정렬] 가운데를 선택하고 내부에 [레이블], [시간선택버튼], [스위치]를 차례로 배치한다. [캔버스]는 먼저 속성창에서 [높이]와 [너비]를 부모 요소에 맞추기 한다. [이미지스프라이트]를 3개 넣는다.

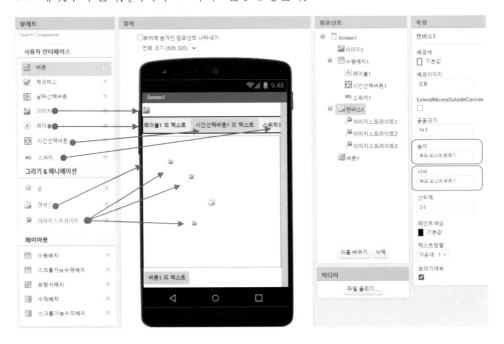

❸ 보이지않는 컴포넌트 추가와 미디어 업로드하기

[사용자인터페이스] 팔레트에서 [알림], [미디어] 팔레트에서 [플레이어], [센서] 팔레트에서 [시계], [실험실] 팔레트에서 [파이어베이스] 컴포넌트를 추가한다.

미디어 파일을 업로드한 후 Screen1 의 속성창에서 [수평정렬] 가운데, [아이콘] 'pill.png' 선택, [제목]은 "pill"로 입력한다.

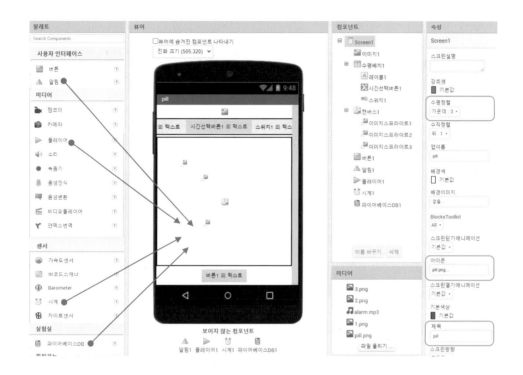

④ 이미지 속성 변경하기

[이미지1] 선택 후 속성창에서 [높이] 100픽셀, [너비] 100픽셀, [사진] 'pill.png'를 선택한다.

⑤ [수평정렬] 속성 변경하기

[수평정렬] 가운데, [수직정렬] 가운데, [너비] 부모 요소에 맞추기를 선택한다.

⑥ 레이블 변경하기

[레이블1] 선택 후 속성창에서 [너비] 20퍼센트, [텍스트] "알람1"을 입력하고 [텍스트정렬] 가운데를 선택한다.

⑦ 시간선택버튼 속성변경하기

[시간선택버튼1]을 선택 후 속성창에서 [텍스트]를 "시간선택"으로 변경하고 [너비] 40퍼센트로 선택한다.

⑧ 스위치 속성 변경하기

[스위치1]을 선택하고 속성창에서 [너비] 25퍼센트, [텍스트] "OFF"를 입력한다.

❾ 이미지스프라이트 3개 속성 변경하기

[이미지스프라이트1] 선택 후 [이름바꾸기]를 클릭하고 "아침"을 입력한다. 속성창에서 [높이] 30픽셀, [너비] 70픽셀, 사진은 '1.png'를 선택한다.

[이미지스프라이트2]는 "점심", '2.png', [이미지스프라이트3]은 "저녁", '3.png'를 선택하고 크기는 동일하게 변경한다.

❿ 버튼 속성 변경하기

[버튼1] 선택 후 [이름바꾸기]를 클릭하여 컴포넌트 이름을 "다시하기"로 변경하고, 속성창에서 [텍스트]도 동일하게 "다시하기"로 입력한다.

⓫ 플레이어의 [소스]는 'alarm.mp3'로 선택한다.

⓬ 파이어베이스DB 속성 입력하기

1. 파이어베이스토큰

2. 파이어베이스URL

3. 프로젝트버킷

- ## https://firebase.google.com/ 들어가기

[시작하기] 클릭 후 자신의 프로젝트를 선택한다.

❶ [기어모양]–[프로젝트 설정]을 클릭한 후 [웹API키]를 복사하여 앱인벤터의 [파이어베이스토큰]에 붙여넣기한다.

❷ 왼쪽 메뉴 [Realtime Database]클릭 후 오른쪽 URL을 복사하여 앱인벤터의 [파이어베이스URL]에 붙여넣기 한다.

❸ [프로젝트버킷]은 "pill"을 입력한다.

12.2.4   블록

(1) 약 먹을 시간 선택하기와 DB에 저장하기

알람을 사용하기 위해 [시간선택]을 터치하면 시간 선택창이 열린다. 보통 시간과 분을 입력한 후 [확인]버튼을 누르면 이 값이 저장될 것이다. 또한 [시간선택.텍스트]에 선택한 시간이 표시된다.

[파이어베이스DB]에 값을 저장하기 위해서는 '태그'와 '값'이 필요하다. 시간 태그는 "Hour"정하고 값은 [시간선택]에서 선택한 시간이다. 분 태그는 "Minute"로 정하고 값은 [시간선택]에서 정한 분이다.

시간을 선택했으면 이 기능을 사용하기 위해 ON/OFF 기능을 사용한다. 우리는 스위치 ◖ 를 사용할 것이다. 스위치를 터치해서 켜지면(즉 스위치1.에 이 참이면) [스위치.텍스트]를 "ON"으로(ON ◖) 변경한다. 그리고 [파이어베이스DB] 상태를 표시하기 위해 태그를 "State"로 정하고 값을 참 으로 하여 저장한다. 실제 저장되는 값은 "ture"이다.

참이 아니라면 [스위치.텍스트]를 OFF로(OFF ◗) 변경하고 [파이어베이스DB]에 "State"를 태그로 값을 거짓 으로 저장한다. 실제 저장되는 값은 "false"이다.

현재 [파이어베이스DB] 창을 확인하자.

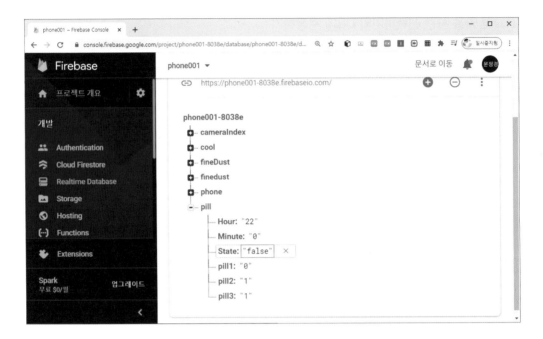

(2) 알약 움직이기와 알람 조건 설정하기

화면을 보면 3 개의 알약이 계속해서 돌아다니고 있다. 이것은 [시계1.타이머가 작동할 때] 계속움직이도록 해 놓았기 때문이다. [이미지스프라이트] 세 개를 아침, 점심, 저녁 알약으로 지정해두었었다. 그 중 아침만 변경해보면 다음과 같다. 15의 속도로 임의의 방향으로 계속해서 움직인다. 속도는 알약을 보면서 변경하는 것이 좋다.

이 코드를 아침, 점심 저녁 만들어주면 된다. 그리고 [시계]의 기능은 하나 더 있다.

[시간선택]에서 선택한 시간과 현재시간이 같으면 알림과 알람소리가 나도록 하는 것이다. 조금 더 자세히 생각하면, 만약 (1) 스위치가 ON상태이고 (2) 선택한 시간과 현재시간이 같다면 알림과 알람소리가 나도록 하는 것이다.

알약은 움직이면서 벽에 닿으면 튕기도록 한다.

(3) 알람이 울리면 알약 터치하여 없애기

알람이 울리는 것은 약을 먹는 시간을 알려주는 것이다. 약을 먹고 먹은 것을 표시하기 위해 알약을 터치하면 화면에서 사라지게 한다. [아침.사진]을 빈 공백을 주면 된다. 그리고 이것을 [파이어베이스DB]에 저장하자. 태그는 pill1로 정하고 먹었다는 것을 표시하기 위해 0을 저장하자.

약을 안먹었을때는 보이는 상태로 1, 약을 먹었을때는 숨기는 상태로 0으로 사용한다.

같은 코드가 점심, 저녁도 필요하다. 점심알약 태그는 pill2, 저녁 알약 태그는 pill3이다.

혹시 무언가 틀려서 다시 알약을 나오도록 하려면 [다시하기] 버튼을 누르면 된다.

[다시하기] 버튼을 클릭하면 [아침.사진]을 '1.png'로, [점심.사진]을 '2.png'로, [저녁.사진]을 '3.png'로 지정한다.

이때 [파이어베이스DB]로 태그를 사용해 저장하는데 '태그'는 각각 pill1, pill2, pill3이다. '값'은 1이다.

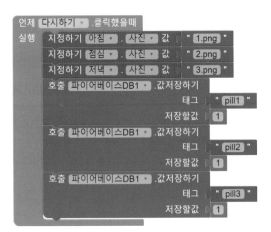

이렇게 데이터베이스에 저장하는 이유는 무엇일까? 언젠가 사용하기 위해서이다. 약을 먹었는지 기억이 나지 않으면 앱을 실행하여 화면을 보면 아침 알약이 사라졌다면 약을 먹은 것이다. 이 값을 데이터베이스에 저장해두고 앱이 맨 처음 실행될 때 값을 가져오기 해야한다. 이제 이 기능을 작성해보자.

Screen1이 초기화되면 [파이어베이스DB1]에서 값을 자동으로 가져온다. 바로 위 블록에서 pill1, pill2, pill3을 저장했으니 가지고 와보자.

화면에서 보듯 pill값이 다르게 지정되어 있다. 저 값을 가져오기 위해 다음과 같이 블록을
사용한다. 해당 태그가 없다면  에러 메시지를 출력해준다.

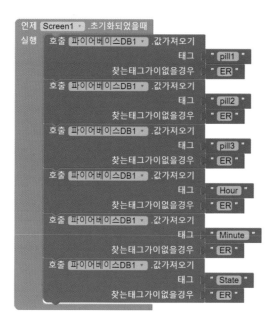

위에서 보는 [파이어베이스.값가져오기] 블록은 쌍이 있다. 값을 가져왔을 때 무엇을 할것인
지를 정해주는 블록이 그것이다.

값을 받았으면 '태그'와 '값'을 모두 보관하고 있다.

- 만약 '태그'가 pill1이고, '값'이 1이라면 사진을 보이도록 해주고 0이면 공백으로 둔다.
- 만약 '태그'가 State이고 '값'이 참이라면 [스위치.에]를 ON으로 해주고 아니면 OFF로 둔다.
- 만약 '태그'가 Hour이면 [시]에 잠시 값을 넣어둔다.
- 만약 '태그'가 Minute라면 [분]에 잠시 값을 넣어둔다.

[합치기]를 이용해 [시]:[분] 형식으로 합친 후 [시간선택.텍스트]에 지정한다. 실제로 우리는
알람을 설정하면 ON이거나 OFF일 때 선택한 시간이 저장되어있는 것을 볼 수 있을 것이다.

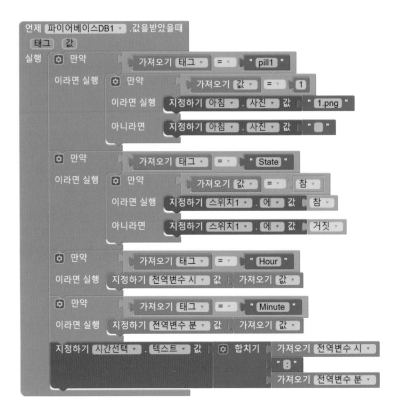

전체 코드는 다음과 같다.

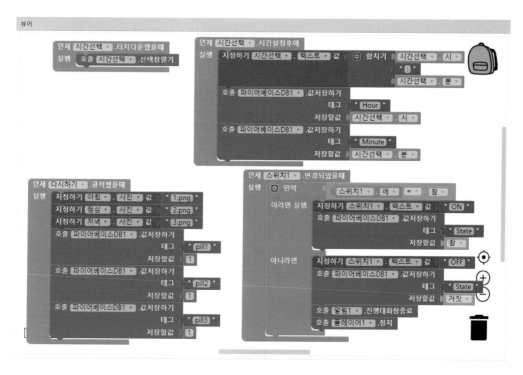

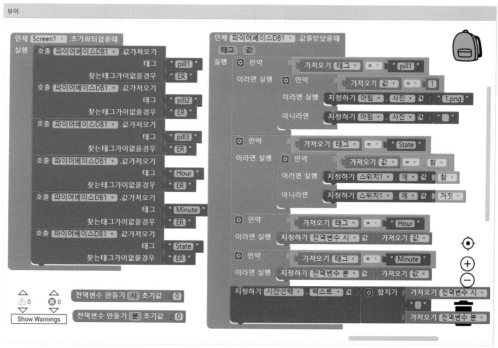

12.3 | BMI 계산기

나의 몸을 건강하게 지켜주기위한 만보기 앱. 걸음수와 거리 그리고 칼로리를 계산하여 알려주도록 작성하자.

12.3.1 결과보기 BMI.aia

12.3.2 컴포넌트와 블록 설명

■ 블록

블록	컴포넌트	기능		
전역변수 만들기 BMI 초기값 0	변수	계산의 값을 담을 변수		
키 ▾ . 텍스트 ▾ / 100	수학	cm로 입력받는 값을 m단위로 변경하기		
⚙ 만약 / 이라면 실행 / 아니고 만약 / 이라면 실행 / 아니라면	제어	신체질량지수를 판별하기 위한 도구		
		구분	**BMI**	
		저체중	<18.5	
		정상	18.5~22.9	
		과체중	23~24.9	
		경도비만	25~29.9	
		고도비만	30 이상	

⬇ 미디어파일 준비하기

bmi.png, BMI_table.png

■ **신체질량지수(Body Mass Index:BMI,카우프지수)에 의한 비만도 계산법**

비만의 판정의 올바른 지표는 체중이 아니라 체지방량이므로 몸의 지방량을 직접 측정하는 것이 이상적이나 이것은 기술적인 어려움이 있기때문에 표준체중, 신체질량지수 등 체지방량을 간접적으로 측정한다.

$$BMI = \frac{체중\,(kg)}{[신장\,(m)]^2}$$

신장을 보통은 170 이런식으로 cm 단위로 입력하기 때문에 170/100 = 1.7로 만들어주어야 한다. 그러므로, 수식은 다음과 같이 입력한다.

$$BMI = \frac{체중\,(kg)}{[(신장/100)\times(신장/100)]}$$

12.3.3 디자이너

❶ 새로운 프로젝트를 작성하기 위해 [프로젝트]–[새프로젝트 시작하기]를 클릭한다. 프로젝트 이름은 "BMI"로 입력 후 [확인] 버튼을 클릭한다.

❷ 컴포넌트 추가하기

[이미지], [수평배치], [수평배치], [이미지] 컴포넌트를 추가한다.

[수평배치1] 안에는 [레이블1], [텍스트박스1], [레이블2], [텍스트박스2], [버튼1]을 추가한다.

[수평배치2] 안에는 [레이블] 3개를 추가한다.

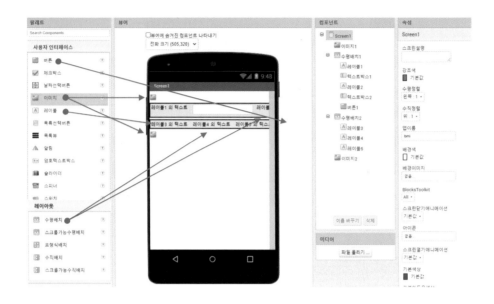

③ 미디어 추가하기와 Screen1 속성 변경하기

Screen1 선택후 속성창에서 [수평정렬] 가운데, [아이콘]은 'bmi.png' 선택, [제목]은 "비
만도 측정"을 입력한다. 미디어 파일을 업로드 한다.

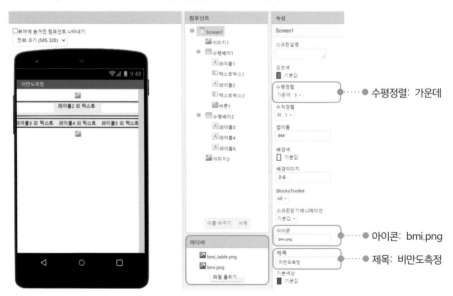

④ 이미지 속성 변경하기

[이미지1] 선택 후 [높이] 220픽셀, [너비] 부모 요소에 맞추기, [사진] 'bmi.png' 선택,
사진크기에 맞추기에 체크한다.

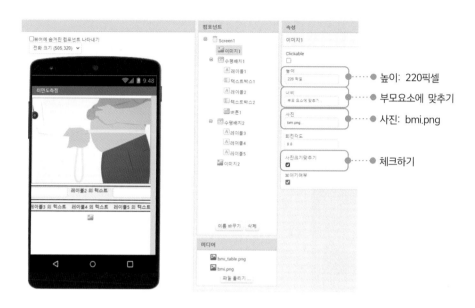

⑤ 레이블1, 레이블2 속성 변경하기와 수평배치 변경하기

[레이블1] 속성창에서 [텍스트]를 "몸무게: "로 변경하고 [레이블2] 속성창에서 [텍스트]를 " 키: "로 변경한다. [수평배치1] 선택후 속성창에서 [수평정렬] 가운데, [수직정렬] 가운데, [너비] 부모요소에 맞추기를 선택한다.

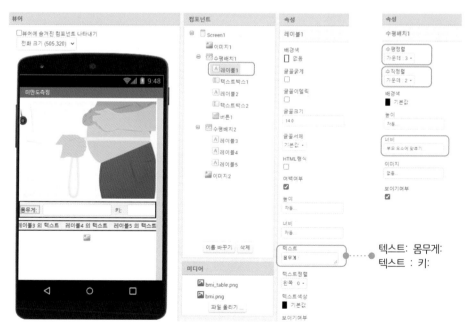

❻ 텍스트박스1, 텍스트박스2 컴포넌트 이름과 속성 변경하기

[텍스트박스1]의 컴포넌트 이름을 "몸무게"로 변경하고 속성창에서 [너비] 80픽셀, [힌트]는 삭제한다. [텍스트박스2]의 컴포넌트 이름을 "키"로 변경하고 속성은 동일하게 변경한다.

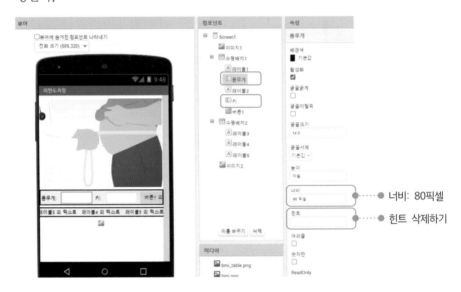

❼ 버튼과 이미지2 속성 변경하기

[버튼1]의 컴포넌트 이름과 [텍스트]를 "계산하기"로 변경하고 속성창에서 [너비] 80픽셀로 입력한다.

[이미지2] 선택후 속성창에서 [너비] 200픽셀, [사진] 'bmi_table.png'를 선택하고 [사진크기맞추기]에 체크한다.

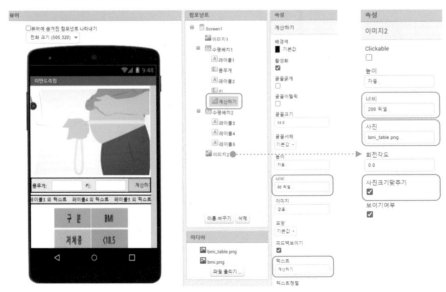

❽ 레이블3, 레이블4 속성 변경하기

[레이블3]의 컴포넌트 이름과 [텍스트]를 "신체질량지수"로 변경하고 속성창에서 [글꼴
굵게]에 체크한다. [글꼴크기] 16으로 입력하고 [텍스트색상]은 파랑을 선택한다.
[레이블4]는 속성창에서 [텍스트]를 "_"를 입력한다.

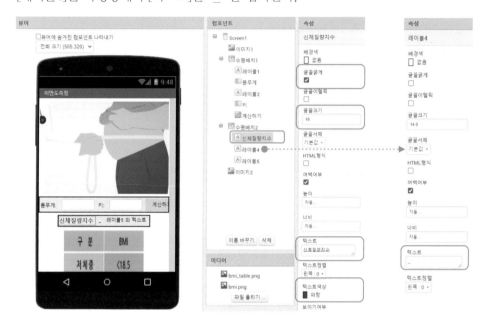

❾ 레이블5 속성 변경하기

[레이블5]의 컴포넌트 이름과 [텍스트]이름은 "판정"으로 입력한다. 속성창에서 [글꼴굵
게]에 체크하고 [글꼴크기] 16, [텍스트색상]은 빨강으로 선택한다.

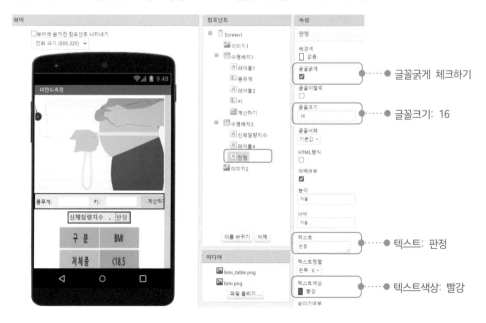

12.3.4 블록

사용자가 몸무게와 키를 입력 후 [계산하기] 버튼을 클릭하면 텍스트박스에 담긴 두 자료를 가져와서 계산한다. 이때 변수 [BMI]에 결과를 저장한다.

BMI값이 18.5보다 작으면 "저체중입니다."

BMI값이 23보다 작으면 "정상체중입니다."

BMI값이 25보다 작으면 "과체중입니다."

BMI값이 30보다 작으면 "저체중입니다."

아니라면 "고도비만입니다"

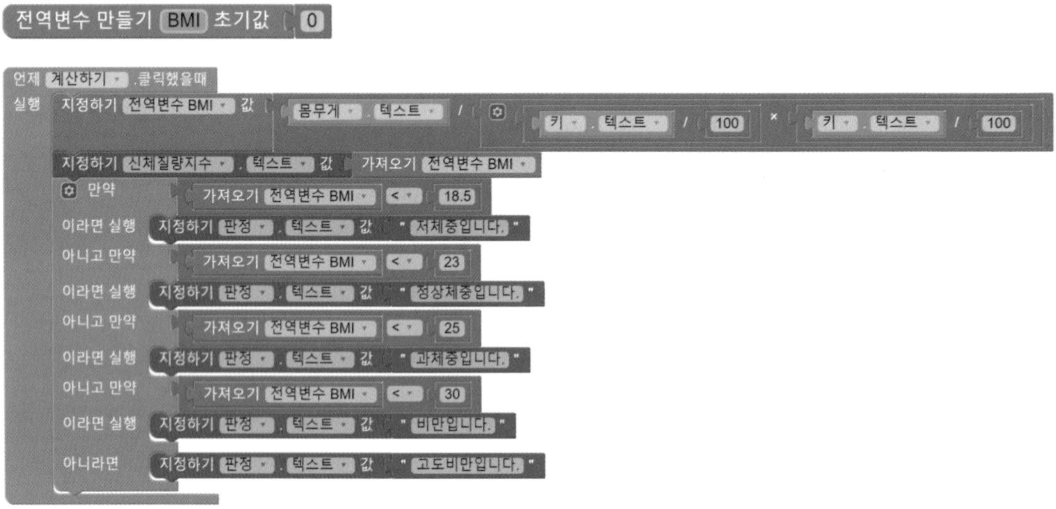

CHAPTER 13

설문조사 퀴즈 앱 만들기

13.1 팀 회의 진행하기

■ 스탠포드공대, 버나드로스교수의 Design Thinking단계별 적용

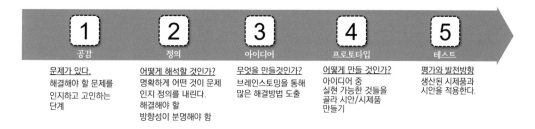

1 공감	2 정의	3 아이디어	4 프로토타입	5 테스트
문제가 있다. 해결해야 할 문제를 인지하고 고민하는 단계	어떻게 해석할 것인가? 명확하게 어떤 것이 문제 인지 정의를 내린다. 해결해야 할 방향성이 분명해야 함	무엇을 만들것인가? 브레인스토밍을 통해 많은 해결방법 도출	어떻게 만들 것인가? 아이디어 중 실현 가능한 것들을 골라 시안/시제품 만들기	평가와 발전방향 생산된 시제품과 시안을 적용한다.

[진행순서]

① 설문조사 방법에 대해 토론한다.

② 문제를 정의한다.

③ 정의한 문제를 해결하기 위한 아이디어 회의를 도출한다.

④ 아이디어 중 해결 가능한 아이디어를 골라 프로토타입을 만든다.

⑤ 무엇을 해결했는지 어떤 개선사항이 있는지 문제점이 무엇인지 생각한다.

그룹활동 워크시트

주제 : _____

1단계. 공감하기 - 문제 조사하기   ____분반 ____조

불편했던 점 생각하기 - 8분 (2회 × 각 4분)

평소 자신의 경험으로부터 불편했던 점을 생각해 봅시다.

개인별로 2가지 이상 적으세요.

나의 피부 타입 알아보기
✓ 나의 성격 테스트하기
사람들이 좋아하는 혈액형 조사하기

더 깊이 생각하기 - 8분 (각 4분)

서로 팀원의 경험 내용을 발전시켜 근본적인 문제점을 생각해 봅시다.

왼쪽에 적은 내용을 발전시켜 추가 질문을 합니다. 그 에 대한 답변을 적으세요.

2단계. 정의하기 - 문제 정의하기 　　_____분반 　_____조

의견을 수집과 정의
제시된 문제에 대해 정리해 보고, 정리된 문제를 하나의 문장으로 정리해봅시다.

- **우리가 원하는 것** : 하려고 하는 것들(동사 사용)

　　　　　　　　　　　　　나의 성격을 알아보자

- **이해한 것** : 문제 해결을 위한 상대방의 감정/생각에서 얻은 새로운 교훈(추론)

- (우리가 원하는 것)

　_____을 위한 방법이 필요하다.

- (놀랍게도 ~ 그러므로 ~ 그러나 ~)를 이용하여 문장 완성

놀랍게도 　_____ 문제가 있다.

그러므로 　_____ 를 원한다.

그러나 　_____ 제약이 있다.

3단계. 아이디어 내기 - 문제 해결을 위한 대안 생성하기 　　_____분반 　_____조

원하는 것을 해결하기 위한 방안 적기(1인당 3가지 이상)

- 부탁 받으면 거절하지 못한다.
- 번화한 곳보다 조용한 것이 좋다.
- 미움 받을까 봐 할 말을 못한다.
- 다른 사람에게 나를 소개하기 힘들다.
- 보통 대화를 먼저 시작하지 않는다.

해결방법 공유 & 의견 수렴
팀원들의 아이디어를 공유하고 수렴하여 가장 좋은 아이디어를 선정합니다.

4단계. 프로토타입 - 의견을 바탕으로...

_____분반 _____조

새로운 해결방법 생성 & 반영

선정된 아이디어에 대한 주요 내용을 정리해 봅시다.

☐ 부탁 받으면 거절하지 못한다.
☐ 번화한 곳보다 조용한 곳이 좋다.
☐ 미움 받을까 봐 할말을 못한다.
☐ 다른 사람에게 나를 소개하기 힘들다.
☐ 보통 대화를 먼저 시작하지 않는다.

5단계. 테스트 - 발전시키기

_____분반 _____조

해결 방법을 공유하고 의견을 받는다.   8분 (2회 × 각 4분)

완성된 해결방법에 대해 정리하고, 토론하여 보완점 및 개선점을 생각해 봅시다.

＋ 무엇이 이루어졌는가...

• 성격테스트를 진행해 볼 수 있다.

－ 무엇이 개선될 수 있는가...

• -올바른 성격진단을 위한 항목이 부족하다.
• -여러 방면으로 질문이 필요하다.

? 문제점은...

! 아이디어는...

13.2 성격테스트 앱

성격테스트 항목을 보고 해당하는 문항에 체크하고 그 개수에 따라 성격을 알아본다. 더 자세한 정보를 보기 위해 결과로 나온 성격을 포털사이트에서 검색한 결과를 보여준다.

13.2.1 결과보기 personalityTest.aia

13.2.2 컴포넌트와 블록 설명

■ 컴포넌트

블록	설명
✔ 체크박스	체크박스를 선택하면 참, 해제하면 거짓을 반환하는 컴포넌트
수직배치	내부에 컴포넌트들을 수직으로 배치하는 컴포넌트
수평배치	내부에 컴포넌트들을 수평으로 배치하는 컴포넌트

■ 보이지 않는 컴포넌트

블록	설명
액티비티스타터	새로운 창에 외부 인터넷 브라우저로 특정 홈페이지를 열어주는 컴포넌트

▪ 블록

블록	컴포넌트	기능
전역변수 만들기 선택값 초기값	변수	값을 저장하는 변수 만들기 블록
언제 체크박스1 .변경되었을때 실행	체크박스	참과 거짓을 가지는 체크박스의 값이 변경될 때 실행할 블록 추가하기
만약 이라면 실행 아니라면	제어	참과 거짓 판단하는 블록으로 참이면 실행할 블록과 거짓일 때 실행할 블록 추가하기
지정하기 액티비티스타터1 . 데이터URI 값		액티비티 스타터가 이동할 주소를 지정하는 블록
호출 액티비티스타터1 .액티비티시작하기		동작과 데이터URI를 가지고 액티비티 시작하는 블록
합치기	텍스트	여러 개의 텍스트를 합치는 블록

⬇ 미디어파일 준비하기

charater.png

13.2.3   디자이너

❶ 새로운 프로젝트를 작성하기 위해 [프로젝트]-[새프로젝트 시작하기]를 클릭한다. 프로젝트 이름은 "personalityTest"로 입력 후 [확인] 버튼을 클릭한다.

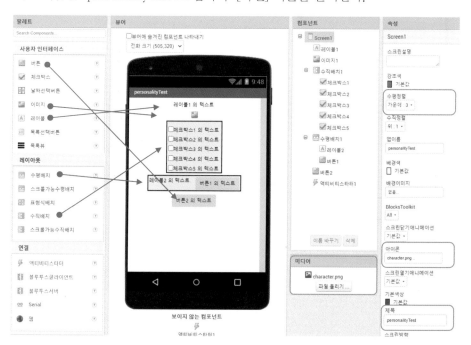

② 컴포넌트 배치하기와 미디어 파일 업로드하기

[레이블], [이미지], [수직배치], [수평배치], [버튼] 순서대로 배치한다.

[수직배치1] 내부에는 [사용자인터페이스] 팔레트에서 [체크박스]를 5개 배치한다.

[수평배치1] 내부에는 [레이블]과 [버튼]을 배치한다.

미디어 파일 업로드한 후 Screen1 속성 창에서 [수평정렬] 가운데, [아이콘] 'character.png'를 선택한다. [제목]은 "personalityTest"를 입력한다.

③ 레이블과 이미지 속성 변경하기

[레이블1] 속성창에서 [글꼴굵게]에 체크하고 [글꼴크기] 16 그리고 [텍스트]는 "나의 성격 알아보기"를 입력한다. [이미지1]은 [높이] 150픽셀, [너비] 부모 요소에 맞추기 [사진]은 'character.png'를 선택한다.

④ 수직배치와 체크박스 내용 입력하기

[수직배치1] 선택 후 [너비] 90퍼센트로 입력한다.

[체크박스1] ~ [체크박스5] 까지 [텍스트] 내용은 다음과 같다.

- 부탁 받으면 거절하지 못한다.
- 번화한 곳보다 조용한 곳이 좋다.
- 미움 받을까 봐 할 말을 못한다.
- 다른 사람에게 나를 소개하기 힘들다.
- 보통 대화를 먼저 시작하지 않는다.

⑤ 수평배치와 레이블 속성 변경하기

[수평배치1]은 [수직정렬] 가운데를 선택한다.

[레이블2]의 컴포넌트 이름은 "선택값"으로 변경하고 속성창에서 [너비] 100픽셀, [텍스트] 0 그리고 [텍스트정렬] 가운데를 선택한다.

⑥ 버튼1과 버튼2 속성 변경하기

[버튼1] 선택 후 컴포넌트 이름과 [텍스트]를 동일하게 "결과"로 변경한다. 속성창에서 [너비] 100픽셀로 한다.

[버튼2] 선택 후 컴포넌트 이름과 [텍스트]를 동일하게 "성적결과"로 변경한다. 속성창에서 [너비] 200픽셀로 한다.

❼ 액티비티스타터 속성 변경하기

[액티비티스타터] 선택후 속성창에서 [동작]에 android.intent.action.VIEW를 입력한다.

■ 구글 서치 원리

성격테스트 진행후 [결과] 버튼을 클릭하면 [성격결과] 버튼에 '내성적' 또는 '외향적' 텍스트가 나타난다. 이 텍스트를 사용하여 구글 검색을 진행할 수 있다. 구글 검색 URL은 "https://www.google.co.kr/search?q="이며 끝에 [성격결과.텍스트]를 합치기 하여 검색한다.

■ 네이버 서치 원리

성격테스트 진행후 [결과] 버튼을 클릭하면 [성격결과] 버튼에 '내성적' 또는 '외향적' 텍스트가 나타난다. 이 텍스트를 사용하여 구글 검색을 진행할 수 있다. 구글 검색 URL은 "https://www.google.co.kr/search?q="이며 끝에 [성격결과.텍스트]를 합치기 하여 검색한다.

13.2.4 블록

(1) 체크박스 사용 원리 이해하기

성격테스트 5개의 항목 중 하나를 체크하면 [선택값]에 1이 증가한다. 해제하면 1이 감소한다.

체크박스에 체크 여부에 따라 체크가 되면 '참', 체크해제 되면 '거짓'이다.

값을 1 증가시킨다.

값을 1 감소시킨다.

체크박스가 체크되었는지 확인하여 [체크값] 변수에 값을 증가 또는 감소시키기 위해 제어 블록이 사용된다.

이 결과값을 사용자가 볼 수 있도록 [선택값.텍스트]에 지정한다.

체크를 해제할 때에도 변경이 되면 즉시 감지하여 숫자를 감소한 후 사용자가 볼 수 있도록 한다.

이 블록은 [체크박스1]이다. [체크박스2]부터 [체크박스5]까지 총 5개가 필요한 블록이다.

(2) 결과보기

성격테스트가 끝났다면 [결과] 버튼을 눌러 [선택값]이 3 이상이면 '내성적' 그렇지 않으면 '외향성'을 [성격결과.텍스트]에 지정한다.

(3) 결과로 구글 검색하기

결과값인 [성격결과.텍스트]를 사용하여 구글 검색을 진행해보자

전체 코드는 다음과 같다.

13.3 퀴즈 앱

정답을 터치하면서 퀴즈 풀기. 정답을 터치하면 정답여부를 알려주고 점수를 누적한다. [다음] 버튼을 눌러 문제를 풀고, 마지막 문제를 풀고 [다음]을 누르면 점수를 말해준다.

13.3.1 결과보기 quiz.aia

13.3.2 컴포넌트와 블록 설명

■ 컴포넌트

블록	설명
버튼	클릭하면 버튼에 연결된 동작을 수행하는 컴포넌트
수평배치	내부에 컴포넌트들을 수평으로 배치하는 컴포넌트

■ 블록

블록	컴포넌트	기능
전역변수 만들기 문제 초기값	변수	값을 저장할 변수나 리스트 만들고 초기값 지정
리스트 만들기	리스트	퀴즈처럼 여러 개의 자료를 저장하기 위한 리스트 만들기 블록

블록	컴포넌트	기능
언제 Screen1 .초기화되었을때 실행	Screen	처음앱이 켜질때실행할 블록 추가하기
함수 호출하기 문제호출 ⚙ 함수 만들기 문제호출 실행	함수	함수 호출하기 실행할 함수 만드는 블럭
텍스트 모두 분할하기 텍스트 구분자	텍스트	텍스트 내용 중 구분자(/)를이용하여 분리하는 블록 보통 분리한 후 리스트에 넣어준다.

⬇ 미디어파일 준비하기

quiz.png, prince.png, star.png, snake.png

13.3.3   디자이너

❶ 새로운 프로젝트를 작성하기 위해 [프로젝트]–[새프로젝트 시작하기]를 클릭한다. 프로젝트 이름은 "quiz"로 입력 후 [확인] 버튼을 클릭한다.

❷ 컴포넌트 배치하기와 미디어파일 업로드하기

위부터 [이미지], [레이블], [이미지], [수평배치1], [수평배치2], [수평배치3]을 추가한다. [수평배치1]과 [수평배치2]에는 [버튼]을 두 개씩 추가하고 [수평배치3]에는 [레이블]과 [버튼]을 배치한다.

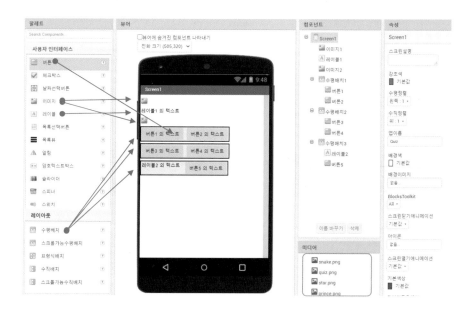

❸ Screen1 속성 변경하기

Screen1을 선택한 후 [수평정렬] 가운데, [아이콘] quiz.png, [제목] "quiz"를 입력한다.

❹ 이미지1, 이미지2 속성 변경하기

[이미지1] 속성창에서 [사진] 'quiz.png'를 선택한다. [이미지2]는 [높이] 70퍼센트로 선택한다.

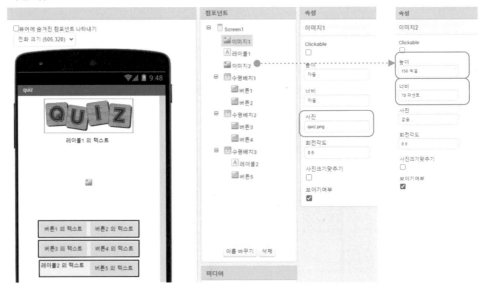

❺ 레이블1 속성 변경하기

[레이블1]의 컴포넌트 이름은 "문제"로 변경하고 속성창에서 [글꼴크기] 20, [너비] 95퍼센트 그리고 [텍스트]는 "문제읽기"로 입력한다.

❻ 수평배치와 버튼 속성 변경하기

[수평배치1], [수평배치2], [수평배치3] 모두 속성창에서 [수직정렬] 가운데를 선택하고 [너비]는 95퍼센트로 한다.

[버튼1], [버튼2], [버튼3], [버튼4]는 모두 속성창에서 [높이] 80픽셀, [너비] 부모요소에 맞추기를 선택한다. [텍스트]는 차례로 "답안1", "답안2", "답안3", "답안4"를 입력한다.

❼ 레이블 속성 변경하기

[레이블]의 컴포넌트 이름과 [텍스트]는 동일하게 "정답여부"로 입력한다. 속성창에서
[글꼴굵게]에 체크하고 [글꼴크기] 17, [너비] 220픽셀, [텍스트정렬] 가운데 그리고 [텍
스트색상]은 빨강으로 한다.

❽ 버튼 속성 변경하기

[버튼] 선택 후 컴포넌트 이름을 "다음"으로 입력한다. 속성창에서 [텍스트]는 "다음〉〉〉"
로 입력한다.

[수평배치3] 선택 후 [수평정렬] 오른쪽으로 선택하고 [높이] 100픽셀로 지정한다. [수직
정렬] 가운데와 [너비] 95퍼센트이다.

13.3.4 블록

(1) 문제 이해하기와 분리하기

먼저 퀴즈로 사용할 문제를 리스트로 만든다. [문제] 리스트는 3개 항목을 작성할 것이며 각 항목의 구성은 다음과 같다.

맨 처음 [색인] 변수가 가리키는 첫 번째 문제를 가리킬 것이다.

첫 번째 문제를 살펴보면 하나의 텍스트로 연결되어 있다.

문제 / (1)답안1 / (2)답안2 / (3)답안3 / (4)답안4 / 정답

자세히 보면 (문제 그림 답안예시 정답) 사이사이에 / 로 구분되어있다. 이 문제를 화면에 뿌려주기 위해서는 분리해야 한다.

/를 구분자로 하여 텍스트를 분리하여 빈리스트에 넣어주는 다음과 같은 블록이 있다. 먼저 빈 리스트를 하나 만든다.

이 블록은 텍스트로 입력되는 자료를 구분자로 분리하는 기능을 가지고 있다. 보통 분리된 데이터는 리스트에 차례차례 추가된다.

이 블록을 사용하여 [문제]리스트의 색인번째 텍스트를 선택하여 '/'를 구분자로 하여 [분리] 리스트에 넣어주는 블록은 다음과 같다.

이 블록이 실행되고 나면 다음과 같은 [분리] 리스트가 내부적으로 만들어진다.

(2) 문제 화면에 뿌려주기

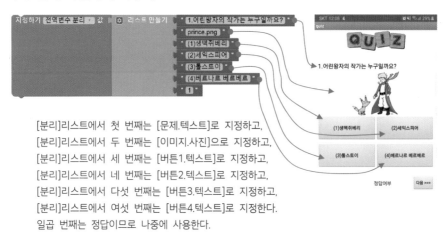

[분리]리스트에서 첫 번째는 [문제.텍스트]로 지정하고,
[분리]리스트에서 두 번째는 [이미지.사진]으로 지정하고,
[분리]리스트에서 세 번째는 [버튼1.텍스트]로 지정하고,
[분리]리스트에서 네 번째는 [버튼2.텍스트]로 지정하고,
[분리]리스트에서 다섯 번째는 [버튼3.텍스트]로 지정하고,
[분리]리스트에서 여섯 번째는 [버튼4.텍스트]로 지정한다.
일곱 번째는 정답이므로 나중에 사용한다.

문제를 화면에 뿌려주는 이 작업은 [다음] 버튼을 누를때마다 사용해야 하므로 함수를 사용하는 것이 좋다.

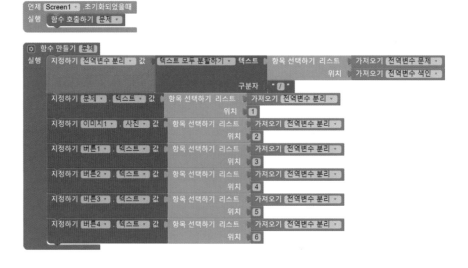

(3) 정답유무 확인하기

첫 번째 문제를 뿌려주었으니 이제 정답을 터치했을 때 정답유무를 확인하는 작업을 해보자.

일곱 번째는 정답이므로 사용자가 터치한 번호와 일치하는지 비교할 때 사용할 것이다.

일곱 번째 자료를 가져와서 사용자가 선택한 번호와 일치하는지 비교하는 블록은 다음과 같다.

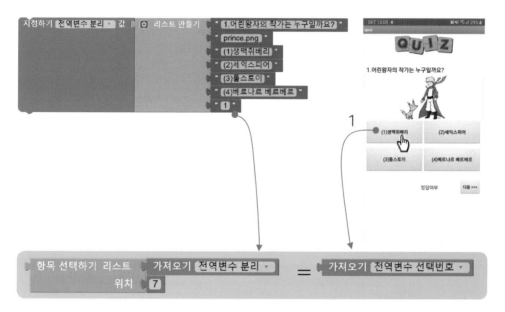

[분리] 리스트의 7번째에서 가져온 값과 사용자가 선택한 번호(버튼1을 터치하면 1이 변수에 지정됨)와 같다면 "정답입니다." 그렇지 않으면 "오답입니다."를 보여준다.

정답인 경우 [점수] 변수가 1 증가하는 것도 잊지 말자.

정답유무 확인은 버튼이 4개이므로 4번을 진행해야한다. 이것은 함수로 만들얻주는 것이 효율적인다.

(4) 다음 문제로 넘어가기

이제 다음문제로 넘어가자. [다음>>>] 버튼을 클릭하면 두 번째 문제를 보여줘야한다. 값을 하나 증가한다. 이제 색인값은 2가 된다.

이때, 만약 [문제]리스트 길이보다 작으면 문제를 호출하여 뿌려주지만 그렇지 않은 경우에는 즉, 3보다 커서 더 이상 문제가 없는 경우에는 점수를 보여주고 종료해야 한다.

함수를 호출하는 경우에는 문제1과 마찬가지로 문제2를 가져와서 [분리]리스트에 추가하는 작업을 하고, 폰에 문제를 뿌려주는 작업을 해야한다.

이제 [분리] 리스트에는 이렇게 만들어질 것이다.

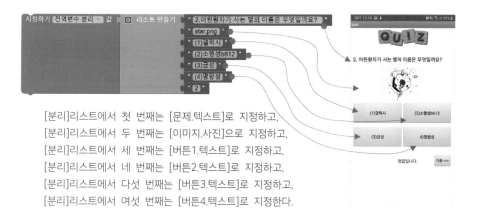

[분리]리스트에서 첫 번째는 [문제.텍스트]로 지정하고,
[분리]리스트에서 두 번째는 [이미지.사진]으로 지정하고,
[분리]리스트에서 세 번째는 [버튼1.텍스트]로 지정하고,
[분리]리스트에서 네 번째는 [버튼2.텍스트]로 지정하고,
[분리]리스트에서 다섯 번째는 [버튼3.텍스트]로 지정하고,
[분리]리스트에서 여섯 번째는 [버튼4.텍스트]로 지정한다.

문제3 까지 이 작업을 반복하면 된다.

전체 코드는 다음과 같다.

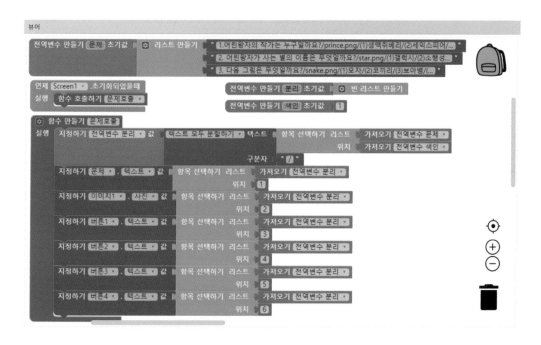

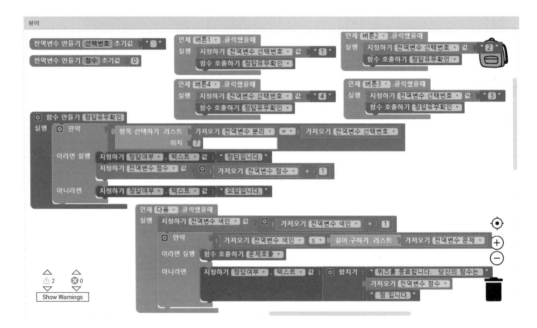

CHAPTER 14

프로젝트 샘플

■ 스탠포드공대, 버나드로스교수의 Design Thinking단계별 적용

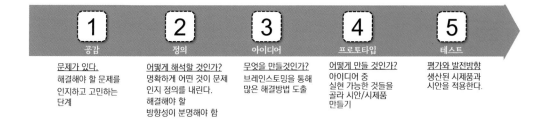

1 공감	2 정의	3 아이디어	4 프로토타입	5 테스트
문제가 있다. 해결해야 할 문제를 인지하고 고민하는 단계	어떻게 해석할 것인가? 명확하게 어떤 것이 문제인지 정의를 내린다. 해결해야 할 방향성이 분명해야 함	무엇을 만들것인가? 브레인스토밍을 통해 많은 해결방법 도출	어떻게 만들 것인가? 아이디어 중 실현 가능한 것들을 골라 시안/시제품 만들기	평가와 발전방향 생산된 시제품과 시안을 적용한다.

3개의 샘플을 참고하여 학생들 스스로 팀별 프로젝트를 진행한다.

[진행순서]

① 설문조사 방법에 대해 토론한다.

② 문제를 정의한다.

③ 정의한 문제를 해결하기 위한 아이디어 회의를 도출한다.

④ 아이디어 중 해결 가능한 아이디어를 골라 프로토타입을 만든다.

⑤ 무엇을 해결했는지 어떤 개선사항이 있는지 문제점이 무엇인지 생각한다.

팀별회의

(1) 공감하기

팀원이 불편했던 점을 토의하여 주제를 정한다. 집에서나 학교 기숙사 또는 학교에서 생활하면서 불편했던 점을 자세히 생각하고 약간의 불편함이었더라도 팀원간의 토론을 통해 주제를 선정하는 시간을 가져보자. 토론을 통하여 특이한 사항, 새롭게 알게된 점, 예상치 못한점 등을 공유하고 워크시트에 작성해보자.

이번 예시는 자주 사용하는 식당의 전화번호를 매번 찾아 주문하는 것이 불편하다는 학생들의 문제를 공감하고 해결해보고자 한다.

그룹활동 워크시트

주제 : _____

1단계. 공감하기 - 문제 조사하기   ____분반 ____조

불편했던 점 생각하기 – 8분 (2회 × 각 4분)	**더 깊이 생각하기** –8분 (각 4분)
평소 자신의 경험으로부터 불편했던 점을 생각해 봅시다.	서로 팀원의 경험 내용을 발전시켜 근본적인 문제점을 생각해 봅시다.
개인별로 2가지 이상 적으세요. 자주 사용하는 식당을 매번 등록하기 힘들다	왼쪽에 적은 내용을 발전시켜 추가 질문을 합니다. 그에 대한 답변을 적으세요.

(2) 정의하기

공감 단계에서 얻은 내용을 통해 문제점을 정의하는 단계이다. 팀원들이 공감하는 문제점에 대해 수집한 정보를 연결하고 패턴을 발견한다. 하나의 문장으로 목표하는 바를 정확하게 정의한다.

- 정확하게 불편한점 찾기.
- 해결하고자 하는 목표성 갖기

2단계. 정의하기 - 문제 정의하기   _____문반 ____조

의견을 수집과 정의

제시된 문제에 대해 정리해 보고. 정리된 문제를 하나의 문장으로 정리해봅시다.

- **우리가 원하는 것** : 하려고 하는 것들(동사 사용)

  자주 주문하는 배달식당 앱 만들기

- **이해한 것** : 문제 해결을 위한 상대방의 감정/생각에서 얻은 새로운 교훈(추론)

- (우리가 원하는 것)

  _____을 위한 방법이 필요하다.

- **(놀랍게도 ~ 그러므로 ~ 그러나 ~)를 이용하여 문장 완성**

  놀랍게도 _____ 문제가 있다.

  그러므로 _____ 를 원한다.

  그러나 _____ 제약이 있다.

(3) 아이디어 내기

정의된 문제를 해결하기 위한 아이디어를 도출하는 단계이다. 팀원들은 아이디어 발상기법 (브레인스토밍 발상법, 체크리스트 발상법, Six Thinking hat, Five-why 등) 중 하나를 선택하여 문제를 해결하기 위한 아이디어를 생각한다.

- 문제를 해결하기 위한 방안 기입
- 깊은관찰, 역발상, 다른 용도로 활용, 강제 결합, 엽기적 생각, 결점 보완 등을 통해서 창의적인 아이디어를 도출한다.
- 도출된 여러 가지 아이디어 후보들 중에서 최종적으로 한 개를 선택한다.

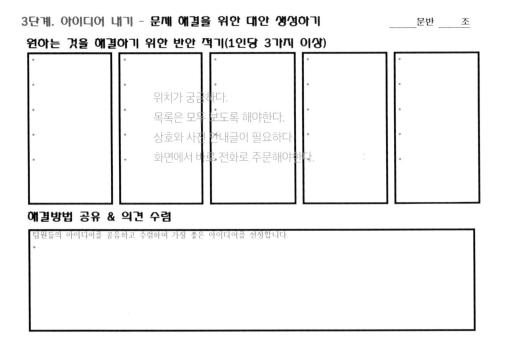

(4) 프로토타입

도출된 아이디어를 실제와 비슷하게 프로토타입으로 만드는 단계이다. 아이디어를 바탕으로 구체적으로 정리하고 화면을 설계한다.

- 각 단계마다 필요한 화면을 그리고 필요하면 선으로 연결한다.

4단계. 프로토타입 – 의견을 바탕으로...   _____분반 _____조

새로운 해결방법 생성 & 반영

선정된 아이디어에 대한 주요 내용을 정리해 봅시다.

- 사용자가 보기 쉬운 UI(User Interface)를 고려하여 설계한다.
- 첫 화면, 다음 화면의 단계를 그리고 선으로 연결한다.

(5) 테스트

완성된 프로토타입을 기반으로 앱을 제작하여 실제로 사용해보고 사용성을 평가한다. 마지막으로 본 프로젝트를 진행하면서 무엇을 이루었는가를 정리하고, 무엇이 개선될 수 있는지 생각해본다.

5단계. 테스트 - 발전시키기   _____분반 _____조

해결 방법을 공유하고 의견을 받는다.   8분 (2회 × 각 4분)

완성된 해결방법에 대해 정리하고, 토론하여 보완점 및 개선점을 생각해 봅시다.

+ 무엇이 이루어졌는가...	**−** 무엇이 개선될 수 있는가...
• 쉽게 보고 주문할 수 있다.	• 자주가는 식당을 추가하거나 삭제할 수 있으면 좋겠다.
? 문제점은...	**!** 아이디어는...

배달 앱 만들기

자주 주문하는 매장의 정보를 등록하고 다음번에 다른 매장과 비교하여보고 전화로 쉽게 주문하는 앱을 만들어보자.

14.1.1   결과보기 deliveryApp.aia

14.1.2   컴포넌트와 블록 설명

■ 컴포넌트

블록	설명
전화	전화번호를 지정하여 전화를 거는 컴포넌트
목록뷰	여러 항목을 목록으로 나열하여 볼 수 있는 컴포넌트
지도	미국지질조사국에서 제공하는 2차원 지도
마커	지도에 위치를 표시
수평배치 / 수직배치	내부에 컴포넌트를 수평/수직으로 배치하는 컴포넌트

■ 블록

블록	컴포넌트	기능
전역변수 만들기 상호 초기값	변수	값을 저장할 변수나 리스트 만들고 초기값 지정하는 블록
⚙ 리스트 만들기	리스트	퀴즈처럼 여러 개의 자료를 저장하기 위한 리스트 만들기 블록
언제 Screen1 .초기화되었을때 실행	Screen	처음앱이 켜질때실행할 블록 추가하기
함수 호출하기 문제호출 함수 만들기 문제호출 실행	함수	함수 호출하기 실행할 함수 만드는 블록
텍스트 모두 분할하기 ▾ 텍스트 구분자	텍스트	텍스트 내용 중 구분자(/)를이용하여 분리하는 블록 보통 분리한 후 리스트에 넣어준다.
호출 전화1 ▾ .전화걸기	전화	전화번호를 지정한 후 전화걸기를 실행하는 블록

⬇ 미디어파일 준비하기

1.png ~ 10.png, delivery.png

14.1.3   디자이너

프로젝트를 작성하기 위해 deliveryApp.aia 파일을 불러온다.

전체 코드는 다음과 같다.

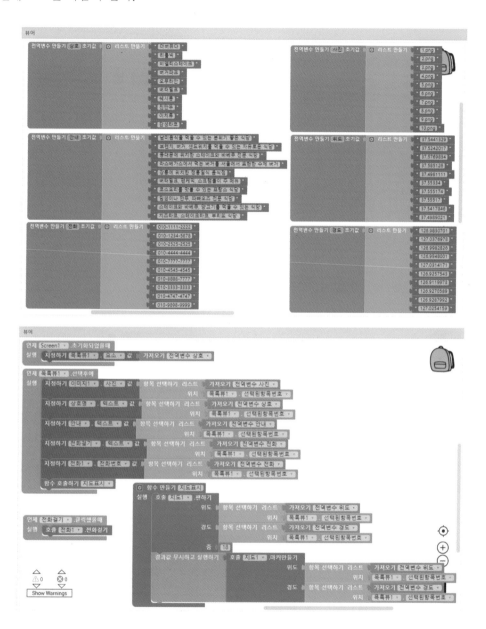

이와같이 앱에 직접 데이터를 입력하여 작성할 수 있다. 그러나 이 방법은 새로운 가게를 추가하고자 할 때 앱을 수정하여 다시 게시해야 한다. 이와같은 불편함을 해결하기 위해 구글 스프레드시트를 사용하는 방법을 추가한다.

❶ 먼저 구글 스프레드 시트를 사용한다.

google.com에서 "구글스프레드시트"를 검색하여 아래와 같이 필요한 자료를 입력한다.

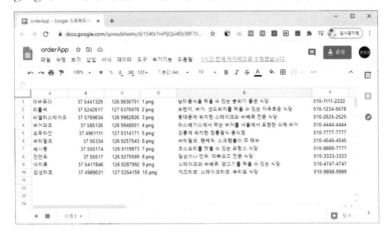

❷ 파일을 공유한다. [파일]−[공유]−[완료]

❸ 웹에 게시한다. [파일]−[웹에 게시]−[게시]

❹ 링크 복사하기

우측상단의 [공유]버튼 클릭 후 나타나는 상자에서 [링크복사] 클릭

❺ 복사한 내용을 메모장이나 원하는 자리에 붙여넣기 하면 아래와 같이 나타난다.

https://docs.google.com/spreadsheets/d/1540r7mPljQzi4Ek3BF70Wf9ijpuk7rk1Dv1

tAunNksg/edit?usp=sharing

끝부분 edit?usp=sharing을 export?format=csv 로 변경한다.

https://docs.google.com/spreadsheets/d/1540r7mPljQzi4Ek3BF70Wf9ijpuk7rk1Dv1

tAunNksg/export?format=csv

❻ 이 내용을 웹 컴포넌트의 URL로 사용한다.

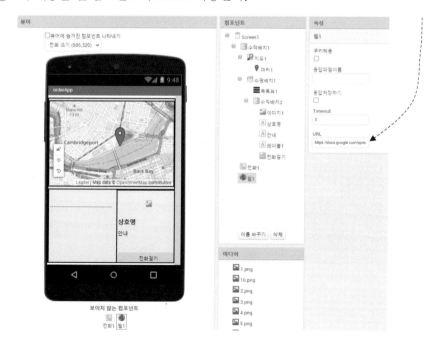

전체 코드는 다음과 같다.

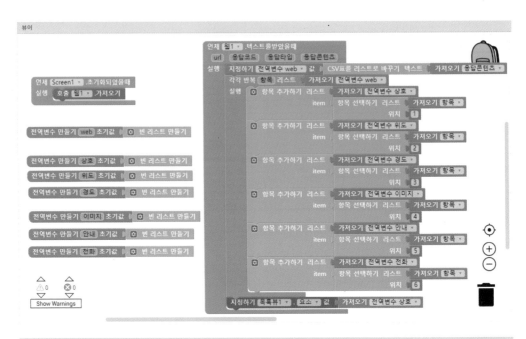

팀별회의

(1) 공감하기

팀원이 불편했던 점을 의논하여 친구와 함께 자주 사용하는 기능을 정한다. 카카오톡 오픈 채팅방을 만들거나 나의 위치 공유하기 그리고 전화걸기 등 추가하고 싶은 기능을 찾아보고 각자 사용방법을 조사하여 작성해보자.

- 친구와 자주 사용하는 앱은 어떤 것들이 있는가
- 몇명의 친구와 얼마나 자주 사용하는가

그룹활동 워크시트

주제 : _____

1단계. 공감하기 - 문제 조사하기   ____분반 ____조

불편했던 점 생각하기 - 8분 (2회 × 각 4분)	더 깊이 생각하기 - 8분 (각 4분)
평소 자신의 경험으로부터 불편했던 점을 생각해 봅시다.	서로 팀원의 경험 내용을 발전시켜 근본적인 문제점을 생각해 봅시다.
개인별로 2가지 이상 적으세요.	왼쪽에 적은 내용을 발전시켜 추가 질문을 합니다. 그에 대한 답변을 적으세요.
친구끼리 소통할 때 자주 사용하는 앱들을 왔다갔다 실행하기가 불편하다.	

(2) 정의하기

공감 단계에서 얻은 내용을 통해 문제점을 정의하는 단계이다. 팀원들이 공감하는 문제점에 대해 수집한 정보를 연결하고 패턴을 발견한다. 하나의 문장으로 목표하는 바를 정확하게 정의한다.

- 정확하게 불편한점 찾기
- 해결하고자 하는 목표성 갖기

2단계. 정의하기 - 문제 정의하기   _____분반 _____조

의견을 수집과 정의

제시된 문제에 대해 정리해 보고, 정리된 문제를 하나의 문장으로 정리해봅시다.

- **우리가 원하는 것** : 하려고 하는 것들(동사 사용)

  친구끼리 자주 사용하는 기능을 하나의 앱으로 만들자

- **이해한 것** : 문제 해결을 위한 상대방의 감정/생각에서 얻은 새로운 교훈(추론)

- (우리가 원하는 것)

  _____을 위한 방법이 필요하다.

- **(놀랍게도 ~ 그러므로 ~ 그러나 ~)를 이용하여 문장 완성**

  놀랍게도 _____ 문제가 있다.

  그러므로 _____ 를 원한다.

  그러나 _____ 제약이 있다.

(3) 아이디어 내기

정의된 문제를 해결하기 위한 아이디어를 도출하는 단계이다. 팀원들은 아이디어 발상기법 (브레인스토밍 발상법, 체크리스트 발상법, Six Thinking hat, Five-why 등) 중 하나를 선택하여 문제를 해결하기 위한 아이디어를 생각한다.

- 문제를 해결하기 위한 방안 기입
- 깊은관찰, 역발상, 다른 용도로 활용, 강제 결합, 엽기적 생각, 결점 보완 등을 통해서 창의적인 아이디어를 도출한다.
- 도출된 여러 가지 아이디어 후보들 중에서 최종적으로 한 개를 선택한다.

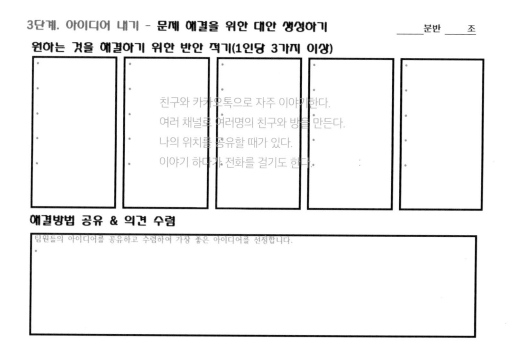

(4) 프로토타입

도출된 아이디어를 실제와 비슷하게 프로토타입으로 만드는 단계이다. 아이디어를 바탕으로 구체적으로 정리하고 화면을 설계한다.

- 단계마다 필요한 화면을 그리고 필요하면 선으로 연결한다.

4단계. 프로토타입 - 의견을 바탕으로...   _____분반   _____조

새로운 해결방법 생성 & 반영

선정된 아이디어에 대한 주요 내용을 정리해 봅시다.

- 사용자가 보기 쉬운 UI(User Interface)를 고려하여 설계한다.
- 첫 화면, 다음 화면의 단계를 그리고 선으로 연결한다.

(5) 테스트

완성된 프로토타입을 기반으로 앱을 제작하여 실제로 사용해보고 사용성을 평가한다. 마지막으로 본 프로젝트를 진행하면서 무엇을 이루었는가를 정리하고, 무엇이 개선될 수 있는지 생각해본다.

5단계. 테스트 – **발전시키기**   _____ 분반 _____ 조

해결 방법을 공유하고 의견을 받는다.   8분 (2회 × 각 4분)

완성된 해결방법에 대해 정리하고, 토론하여 보완점 및 개선점을 생각해 봅시다.

+ 무엇이 이루어졌는가...	**−** 무엇이 개선될 수 있는가...
• 친구들과 소통이 쉬워졌다.	• 영상을 찍어 올려주는 기능도 추가하고 싶다.
? 문제점은...	**!** 아이디어는...

14.2   친구사이 앱 만들기

친구끼리 자주 사용하는 기능을 하나의 앱으로 만들어 소통하는 창구를 만들자. 오픈채팅
방을 만들어 함께 얘기하거나 내 위치를 공유하기도 하고 전화번호를 사진으로 등록하여 바
로 전화할 수 있도록 한다.

14.2.1   결과보기 friends.aia

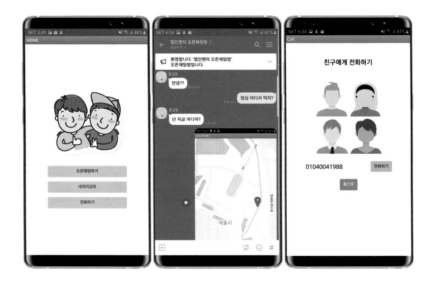

14.2.2   컴포넌트와 블록 설명

■ 컴포넌트

블록	설명
⚡ 액티비티스타터	새로운 창에 인터넷 브라우저를 띄우는 컴포넌트
📍 위치센서	위도, 경도, 고도, 현재주소를 알려주는 컴포넌트
🔎 지도	미국지질조사국에서 제공하는 2차원 지도
📍 마커	지도에 위치를 표시
📷 수평배치 / 📷 표형식배치	내부에 컴포넌트를 수평/표형식으로 배치하는 컴포넌트
📱 전화	전화번호를 기반으로 전화 걸기 컴포넌트

■ **블록**

블록	컴포넌트	기능
언제 위치_센서1 .위치가변경되었을때 위도 경도 고도 속도 실행	위치센서	위치센서의 위치가 변경될때위도, 경도, 고도, 속도 측정
호출 Map1 .마커만들기 위도 경도	Map	위도, 경도 지점에 새로운 마커 만들기
언제 전화하기 .클릭했을때 실행	버튼	지정한 전화번호로 전화하기
지정하기 전화1 . 전화번호 값	전화	전화하기 위해 전화번호 지정하기
호출 전화1 .전화걸기	전화	전화걸기

⬇ **미디어파일 준비하기**

a.png, b.png, c.png, d.png, friend.png

14.2.3 디자이너

새로운 프로젝트를 작성하기 위해 [프로젝트]−[새프로젝트 시작하기]를 클릭한다. 프로젝트 이름은 "friendsApp"으로 입력 후 [확인] 버튼을 클릭한다.

[Screen1]

[Screen2]

[Screen3]

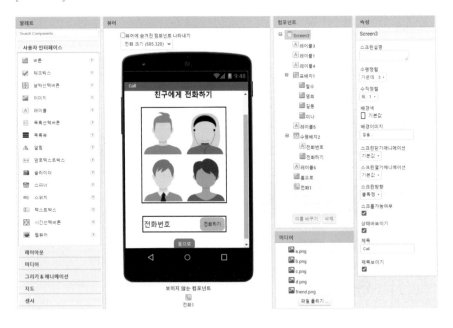

14.2.4 블록

전체 코드는 다음과 같다.

[Screen1]

```
뷰어

언제 오픈채팅하기 .클릭했을때
실행  지정하기 액티비티스타터1 . 데이터URI 값  " https://open.kakao.com/o/gtslXUcb "
      호출 액티비티스타터1 .액티비티시작하기

언제 내위치공유 .클릭했을때
실행  다른 스크린 열기 스크린 이름  " Screen2 "

언제 전화하기 .클릭했을때
실행  다른 스크린 열기 스크린 이름  " Screen3 "
```

[Screen2]

```
뷰어

언제 위치센서1 .위치가변경되었을때
위도 경도 고도 속도
실행  지정하기 위도 . 텍스트 값  가져오기 위도
      지정하기 경도 . 텍스트 값  가져오기 경도

언제 내위치_알기 .클릭했을때               언제 홈으로 .클릭했을때
실행  호출 Map1 .팬하기               실행  다른 스크린 열기 스크린 이름  " Screen1 "
            위도  위도 . 텍스트
            경도  경도 . 텍스트
            줌  17
      결과값 무시하고 실행하기  호출 Map1 .마커만들기
                              위도  위도 . 텍스트
                              경도  경도 . 텍스트
```

[Screen3]

```
뷰어

언제 전화하기 .클릭했을때
실행  지정하기 전화1 . 전화번호 값  전화번호 . 텍스트
      호출 전화1 .전화걸기

언제 철수 .클릭했을때
실행  지정하기 전화번호 . 텍스트 값  " 01011112222 "

                          언제 영희 .클릭했을때
                          실행  지정하기 전화번호 . 텍스트 값  " 01033334444 "

언제 길동 .클릭했을때
실행  지정하기 전화번호 . 텍스트 값  " 01055556666 "

                          언제 미나 .클릭했을때
                          실행  지정하기 전화번호 . 텍스트 값  " 01040041988 "

언제 홈으로 .클릭했을때
실행  다른 스크린 열기 스크린 이름  " Screen1 "
```

팀별회의

(1) 공감하기

학교생활에서 불편했던 점을 의논하여 필요한 기능을 선별한다. 학과별 홈페이지나 주요부서별 전화번호, 우리 과 친구들의 연락처 등 추가하고 싶은 기능을 찾아보고 각자 사용방법을 조사하여 작성해보자.

- 학교 생활에서 필요한 기능에는 어떤 것들이 있는가
- 어떤 기능을 자주 사용하는가

그룹활동 워크시트

주제 : _____

1단계. 공감하기 - 문제 조사하기   _____분반 _____조

불편했던 점 생각하기 – 8분 (2회 × 각 4분)	**더 깊이 생각하기** –8분 (각 4분)
평소 자신의 경험으로부터 불편했던 점을 생각해 봅시다.	서로 팀원의 경험 내용을 발전시켜 근본적인 문제점을 생각해 봅시다.
개인별로 2가지 이상 적으세요. 학교 생활에서 급히 필요한 연락처를 찾기가 불편하다.	왼쪽에 적은 내용을 발전시켜 추가 질문을 합니다. 그에 대한 답변을 적으세요.

(2) 정의하기

공감 단계에서 얻은 내용을 통해 문제점을 정의하는 단계이다. 팀원들이 공감하는 문제점에 대해 수집한 정보를 연결하고 패턴을 발견한다. 하나의 문장으로 목표하는 바를 정확하게 정의한다.

- 정확하게 불편한점 찾기
- 해결하고자 하는 목표성 갖기

2단계. 정의하기 - 문제 정의하기 　　_____분반 _____조

의견을 수집과 정의
제시된 문제에 대해 정리해 보고, 정리된 문제를 하나의 문장으로 정리해봅시다.

- **우리가 원하는 것** : 하려고 하는 것들(동사 사용)

　　학교 생활에서 자자 필요로 하는 기능을 하나의 앱으로 만들자

- **이해한 것** : 문제 해결을 위한 상대방의 감정/생각에서 얻은 새로운 교훈(추론)

- (우리가 원하는 것)

_____ 을 위한 방법이 필요하다.

- (놀랍게도 ~ 그러므로 ~ 그러나 ~)를 이용하여 문장 완성

놀랍게도 _____ 문제가 있다.

그러므로 _____ 를 원한다.

그러나 _____ 제약이 있다.

(3) 아이디어 내기

정의된 문제를 해결하기 위한 아이디어를 도출하는 단계이다. 팀원들은 아이디어 발상기법 (브레인스토밍 발상법, 체크리스트 발상법, Six Thinking hat, Five-why 등) 중 하나를 선택하여 문제를 해결하기 위한 아이디어를 생각한다.

- 문제를 해결하기 위한 방안 기입
- 깊은관찰, 역발상, 다른 용도로 활용, 강제 결합, 엽기적 생각, 결점 보완 등을 통해서 창의적인 아이디어를 도출한다.
- 도출된 여러 가지 아이디어 후보들 중에서 최종적으로 한 개를 선택한다.

3단계. 아이디어 내기 - 문제 해결을 위한 대안 생성하기   ＿＿＿분반 ＿＿조

원하는 것을 해결하기 위한 방안 적기(1인당 3가지 이상)

다른 학과 전화번호가 필요하다.
홈페이지에서 무언가 찾아야한다.
도서관, 교무처, 학사처 등 전화번호가 급히 필요하다.
우리반 친구에게 전화할 일이 생겼다.

해결방법 공유 & 의견 수렴

팀원들의 아이디어를 공유하고 수렴하여 가장 좋은 아이디어를 선정합니다.

(4) 프로토타입

도출된 아이디어를 실제와 비슷하게 프로토타입으로 만드는 단계이다. 아이디어를 바탕으로 구체적으로 정리하고 화면을 설계한다.

- 각 단계마다 필요한 화면을 그리고 필요하면 선으로 연결한다.

- 사용자가 보기 쉬운 UI(User Interface)를 고려하여 설계한다.
- 첫 화면, 다음 화면의 단계를 그리고 선으로 연결한다.

(5) 테스트

완성된 프로토타입을 기반으로 앱을 제작하여 실제로 사용해보고 사용성을 평가한다. 마지막으로 본 프로젝트를 진행하면서 무엇을 이루었는가를 정리하고, 무엇이 개선될 수 있는지 생각해본다.

5단계. 테스트 – 발전시키기   _____분반 ____조

해결 방법을 공유하고 의견을 받는다. 8분 (2회 × 각 4분)

완성된 해결방법에 대해 정리하고, 토론하여 보완점 및 개선점을 생각해 봅시다.

+ 무엇이 이루어졌는가…	− 무엇이 개선될 수 있는가…
• 학교에서 필요한 정보를 찾는 게 편리해졌다.	• 전화번호가 변경되면 수정하기 힘들다.
? 문제점은…	! 아이디어는…

14.3 학교생활 앱 만들기

학교 생활을 하다보면 과사무실 전화나 서점 전화번호 또는 학사처 전화번호가 필요한 경우가 있다. 홈페이지에 들어가서 찾아보기는 번거롭다. 학교생활을 하면서 필요한 전화번호를 모아 쉽게 찾아 바로 전화할 수 있도록 만들어보자.

14.3.1 결과보기 school.aia

14.3.2 컴포넌트와 블록 설명

■ 컴포넌트

블록	설명
웹뷰어	웹페이지를 보여주는 컴포넌트
스피너	설정한 항목 중 하나를 선택하는 컴포넌트
목록뷰	여러 항목을 목록으로 나열하여 볼 수 있는 컴포넌트
수평배치	내부에 컴포넌트를 수평으로 배치하는 컴포넌트
전화	전화번호를 기반으로 전화 걸기 컴포넌트
웹	웹에 있는 정보를 가져와 사용하는 컴포넌트. 구글 스프레드시트의 영어 단어를 가져와서 사용하기로 함

■ 블록

블록	컴포넌트	기능
언제 웹1▾ .텍스트를받았을때 / url 응답코드 응답타입 응답콘텐츠 / 실행	웹	웹에서 가져온 응답콘텐츠를 받았을 때 무엇을 할 것인지 추가
호출 웹1▾ .가져오기	웹	웹을 호출하여 정보 가져오기 URL은 미리 지정함
다른 스크린 열기 스크린 이름	Screen	홈에 지정된 스크린으로 이동하기
언제 스피너1▾ .선택후에 / 선택된항목 / 실행	스피너	스피너 중 하나를 선택한 후에 실행할 블록 추가하기
호출 웹뷰어1▾ .URL로이동하기 / url	웹뷰어	홈에 지정된 URL을 웹뷰어에 보여주기
위치 구하기 항목 / 리스트	리스트	리스트 중 해당 항목의 위치 구하기
항목 선택하기 리스트 / 위치	리스트	리스트 중 해당 위치의 항목 선택하기

⬇ 미디어파일 준비하기

logo.png

14.3.3 디자이너

새로운 프로젝트를 작성하기 위해 [프로젝트]–[새프로젝트 시작하기]를 클릭한다. 프로젝트 이름은 "schoolApp"으로 입력 후 [확인] 버튼을 클릭한다.

[Screen1]

[Homepage]

[Place]

[friends]

14.3.4 블록

전체 코드는 다음과 같다.

[Screen1]

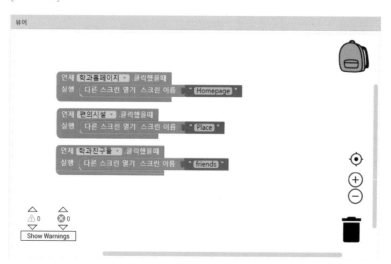

[Homepage]

[Place]

뷰어

전역변수 만들기 편의시설 초기값   ⚙ 리스트 만들기 " 도서관 "
                                            " 중학생회 "
                                            " 상담센터 "
                                            " 학사처 "
                                            " 교무처 "
                                            " 학군단 "
                                            " 학생식당 "
                                            " 문구점 "

전역변수 만들기 색인 초기값 0

언제 홈으로 ▼ .클릭했을때
실행 다른 스크린 열기 스크린 이름 " Screen1 "

전역변수 만들기 편의시설_전화번호 초기값   ⚙ 리스트 만들기 (041-540-1111)
                                                      (041-540-2222)
                                                      (041-540-3333)
                                                      (041-540-4444)
                                                      (041-540-5555)
                                                      (041-540-6666)
                                                      (041-540-7777)
                                                      (041-540-8888)

언제 연락처 ▼ .클릭했을때
실행 지정하기 전화1 ▼ . 전화번호 ▼ 값 연락처 ▼ . 텍스트 ▼
     호출 전화1 ▼ .전화걸기

언제 스피너1 ▼ .선택후에
선택된항목
실행 지정하기 전역변수 색인 ▼ 값 위치 구하기 항목 스피너1 ▼ . 선택된항목 ▼
                                      리스트   가져오기 전역변수 편의시설 ▼
     지정하기 연락처 ▼ . 텍스트 ▼ 값 항목 선택하기 리스트 가져오기 전역변수 편의시설_전화번호 ▼
                                              위치 가져오기 전역변수 색인 ▼

[friends]

뷰어

언제 friends ▼ .초기화되있을때
실행 호출 웹1 ▼ .가져오기

언제 웹1 ▼ .텍스트를받았을때
(url) (응답코드) (응답타입) (응답콘텐츠)
실행 지정하기 전역변수 table ▼ 값 CSV표를 리스트로 바꾸기 텍스트 가져오기 응답콘텐츠 ▼
     각각 반복 항목 리스트 가져오기 전역변수 table ▼
     실행 ⚙ 항목 추가하기 리스트 가져오기 전역변수 friends ▼
                      item 항목 선택하기 리스트 가져오기 항목 ▼
                                      위치 1
          ⚙ 항목 추가하기 리스트 가져오기 전역변수 phone ▼
                      item 항목 선택하기 리스트 가져오기 항목 ▼
                                      위치 2
          지정하기 목록뷰1 ▼ . 요소 ▼ 값 가져오기 전역변수 friends ▼

전역변수 만들기 table 초기값 ⚙ 빈 리스트 만들기
전역변수 만들기 friends 초기값 ⚙ 빈 리스트 만들기
전역변수 만들기 phone 초기값 ⚙ 빈 리스트 만들기

언제 목록뷰1 ▼ .선택후에
실행 지정하기 전화번호 ▼ . 텍스트 ▼ 값 항목 선택하기 리스트 가져오기 전역변수 phone ▼
                                          위치 목록뷰1 ▼ . 선택된항목번호 ▼

언제 전화번호 ▼ .클릭했을때
실행 지정하기 전화1 ▼ . 전화번호 ▼ 값 전화번호 ▼ . 텍스트 ▼
     호출 전화1 ▼ .전화걸기

언제 홈으로 ▼ .클릭했을때
실행 다른 스크린 열기 스크린 이름 " Screen1 "

INDEX